I0127024

LA
CONSTITUTION ESSENTIELLE
DE L'HUMANITÉ

EXPOSÉ

DES PRINCIPES ET DES COUTUMES QUI CRÉENT LA PROSPÉRITÉ
OU LA SOUFFRANCE DES NATIONS

PAR

PIERRE-FRÉDÉRIC LE PLAY

Ancien Sénateur, ancien Conseiller d'État, Inspecteur général des mines
Commissaire général aux Expositions universelles de Paris et de Londres
Auteur des *Ouvriers européens*

« Il faut que les pères, par leur travail, laissent à
leurs fils un patrimoine où ils trouvent une subsistance facile et sûre, de sorte qu'en supposant les
dernières calamités, les *familles subsistent comme
origine de nouvelles nations.* » (VICO, *Œuvres choi-
sies*, 2 vol. in-8°, Paris, 1835, tome II, p. 107 et 108.)

DEUXIÈME ÉDITION

15516

TOURS

ALFRED MAME ET FILS, LIBRAIRES-ÉDITEURS

PARIS, DENTU, LIBRAIRE
PALAIS-ROYAL, 3, PLACE VALOIS

M DCCC XCIII

LA

CONSTITUTION ESSENTIELLE

DE L'HUMANITÉ

8°
12185

LA
CONSTITUTION ESSENTIELLE
DE L'HUMANITÉ

EXPOSÉ

DES PRINCIPES ET DES COUTUMES QUI CRÉENT LA PROSPÉRITÉ
OU LA SOUFFRANCE DES NATIONS

PAR

Pierre-Frédéric LE PLAY

Ancien Sénateur, ancien Conseiller d'État, inspecteur général des mines
Commissaire général aux Expositions universelles de Paris et de Londres
Auteur des *Ouvriers européens.*

« Il faut que les pères, par leur travail, laissent à
leurs fils un patrimoine où ils trouvent une subsistance facile et sûre, de sorte qu'en supposant les
dernières calamités, les *familles subsistent* comme
origine de nouvelles nations. » (VICO, *Œuvres choi-
sies,* 2 vol. in-8°; Paris, 1835, tome II, p. 107 et 108.)

DEUXIÈME ÉDITION

TOURS
ALFRED MAME ET FILS, LIBRAIRES-ÉDITEURS
—
PARIS, DENTU, LIBRAIRE
PALAIS-ROYAL, 3, PLACE VALOIS
—
M DCCC XCIII

SOMMAIRE

PRÉFACE

La constitution essentielle de l'humanité est
l'ensemble des principes et des coutumes qui,
depuis les premiers âges, règlent les idées, les
mœurs et les institutions des peuples prospères.
Sauf les nuances nombreuses qui varient selon
les lieux et les temps, ces règles suprêmes sont
partout identiques, parce qu'elles donnent satisfaction aux besoins permanents, et inséparables
de la nature humaine.

Dans l'état extrême de simplicité, ces besoins
permanents sont à la rigueur satisfaits par les
seuls rapports du père, de la mère et de l'enfant. Ces rapports ont leur source dans les défaillances, les aptitudes et les sentiments, sur lesquels repose l'organisation des sociétés. L'enfant

naît incapable de produire « le pain quotidien »
nécessaire à sa subsistance, et de pratiquer la loi
morale sans laquelle, devenu homme fait, il ne
saurait vivre en paix avec ses semblables. Pour
la plupart des enfants, cette incapacité persiste-
rait, si elle n'était pas combattue par l'éducation.

Le père et la mère procurent l'éducation à
l'enfant, sous l'inspiration de l'amour paternel qui
les porte à se dévouer au bonheur de leurs descendants, et par l'évidence des motifs qui lient
indissolublement leur bonheur propre à celui de
la famille entière. La race souffre et même se
dégrade, dès que la nécessité de l'éducation n'apparaît plus aux parents comme l'intérêt principal de leur vie.

Les moyens d'éducation offrent, chez toutes les
races prospères, les mêmes traits généraux : ils
répriment le vice originel qui se montre chez les
nouveau-nés avec les premières manifestations
de la volonté ; ils développent les tendances innées
vers le bien ; ils donnent à l'adolescent l'apprentissage de la profession qui procure le pain quotidien nécessaire à chacun ; ils assurent la pratique du Décalogue, qui crée le règne de la paix
dans la société.

La grande difficulté de l'éducation consiste à

tenir l'enfant, l'adolescent et l'homme fait, soumis à l'autorité paternelle. Si ce problème n'est
pas résolu, l'œuvre entière s'écroule au grand
détriment de la famille et de la société. C'est sur
ce point décisif que se concentre surtout la sollicitude des parents ; c'est à l'esprit d'obéissance
envers ces derniers que se reconnaissent, soit
les individus qui ont le moins souffert du vice
originel, soit ceux qui en ont été le mieux
corrigés. Pour se faire obéir de leurs enfants,
les pères emploient en général le procédé dont
se servent les autres pouvoirs humains; ils ont
recours à « la verge de la discipline » ; mais,
plus que tout autre pouvoir, par une tendance
qu'inspire la nature, que fortifie la réflexion, ils
prennent pour auxiliaires les sentiments d'amour
et de dévouement. Ces sentiments, toutefois,
sont loin de suffire à dompter l'esprit de révolte
qui est naturel aux jeunes générations. Les parents sont conduits par une sorte d'instinct à
s'appuyer sur une autorité plus haute, qu
puisse être acceptée des enfants sous la pression d'une crainte salutaire. A l'égard de la
première enfance, quand la raison est encore
absente, les mères et les nourrices ont souvent
le tort d'invoquer des pouvoirs imaginaires ;

mais, à mesure que se développe la raison, les parents demandent un appui croissant à l'Être suprême. D'avance, en effet, la famille s'est assuré ce concours auprès des enfants, en leur donnant l'exemple du culte rendu à Dieu. Chez tous les peuples prospères, elle sent le besoin de développer ainsi le sentiment religieux dans leur âme, afin que les écueils de la vie ne viennent pas trop tardivement en faire comprendre la nécessité. Ce grand phénomène social est révélé, chez tous les peuples prospères, par l'étude de l'histoire et par l'observation des faits contemporains. C'est en le constatant que Voltaire a dit : « Si Dieu n'existait pas, il faudrait l'inventer. »

Sauf de rares exceptions, les philosophes du dernier siècle admettaient l'existence de Dieu, et combattaient moins la religion que le clergé. Leurs disciples de la révolution s'inspiraient de ce même sentiment ; et, jusqu'aux limites extrêmes de la Terreur, ils continuèrent à inscrire le nom de Dieu dans leurs déclarations de droit. L'école révolutionnaire de 1848 ne niait pas davantage l'existence de Dieu ; elle se montrait même favorable à la religion.

Deux motifs principaux tendent à développer d'autres sentiments au sein de quelques partis

politiques, formés sous l'impression des catastrophes nationales de 1871. Les uns reprochent
au clergé des préoccupations politiques et une
opposition latente au régime actuel; les autres,
plus audacieux dans leurs négations, vont jusqu'à soutenir que « la science » est en mesure
de démontrer que Dieu n'existe pas.

Beaucoup de savants, il est vrai, ont acquis de
nos jours une légitime renommée en découvrant
certaines lois du monde physique. Les plus célèbres comprennent qu'en observant des faits matériels, ils ne devaient pas rencontrer sensiblement
sous leur scalpel ou leur microscope Dieu, qui est
un pur esprit. Quelques-uns, moins réservés,
s'appuient sur des faits qu'ils n'ont point observés
personnellement pour affirmer que l'homme, livré
à ses impulsions naturelles, n'a pas la connaissance de Dieu. Adoptant les récits de voyageurs
peu compétents, ils allèguent que certaines races
simples sont dans ce cas et possèdent néanmoins
le bonheur fondé sur la paix. J'ai constaté dans
mes voyages le fait opposé : les races simples
et heureuses n'ont pas seulement la connaissance de Dieu : en l'absence de toute impulsion
venant du dehors, elles organisent spontanément le culte domestique. Je signale cette orga-

nisation traditionnelle dans les chapitres III, IV et V de ce livre. J'indique même, dans le chapitre III et dans le tome deuxième des *Ouvriers européens* (*Introduction*, § 2), comment les races pastorales de l'Asie, avec lesquelles j'ai entretenu des rapports suivis pendant dix-huit années, s'expliquent que les rites de la religion soient indispensables à la conservation de la paix sociale.

Dans le chapitre VI, qui traite de la réforme des idées et des institutions, j'expose les moyens à employer par les hommes de paix pour faire cesser le malentendu qui commence à régner sur ce point entre les sciences physiques et les sciences sociales. Ils ont à démontrer que la méthode scientifique doit conduire à la même conclusion les deux classes de savants. J'ajoute que, dans la situation où se trouve aujourd'hui l'Europe, il importe de hâter cette démonstration. Enfin, dans les deux derniers paragraphes de ce chapitre, j'indique comment doivent être constituées les deux branches de cet enseignement.

J'établis, en résumé, dans ce livre, que la pratique de la Constitution essentielle, et le bonheur qui en résulte pour toutes les races, se manifestent par un trait principal. Le père et la mère, inspirés par l'amour inné qui les

attache à leurs enfants, invoquent l'autorité paternelle déléguée par le Créateur pour réprimer
l'influence qu'exerce le vice originel sur les
générations successives. Ils les dressent au travail, qui procure le pain quotidien, et ils leur
inculquent la pratique de la loi morale, qui
assure la stabilité et la paix. La famille, soumise aux prescriptions du Décalogue, est donc
l'élément éternel des sociétés prospères.

Ce trait principal correspond aux deux premiers termes de la Constitution essentielle, formulée ci-après au chapitre III en sept principes.
Il est plus effacé chez nous que chez nos voisins;
et ainsi s'explique le caractère plus aigu de nos
maladies sociales. Je rappelle dans ce livre, en
m'appuyant sur l'histoire et sur l'observation
des peuples contemporains, que la violation du
Décalogue et le mépris de l'autorité paternelle
ont amené ce même résultat dans tous les temps
et dans tous les lieux. Au contraire, la santé
sociale, dont le symptôme est le règne de la
paix, a toujours été le caractère distinctif des
nations qui sont restées soumises aux principes fondamentaux. C'est donc par le retour à
ces principes de la Constitution essentielle qu'il
faut commencer la réforme sociale de la France.

Cette réforme est plus facile que ne le pensent aujourd'hui les gens de bien dévoués à la patrie. Elle se réduit au fond à des termes simples. Les seules conditions dans lesquelles elle peut s'opérer sont signalées avec évidence par les sentiments qui dominaient, en juillet 1848, dans l'esprit des classes dirigeantes et des gouvernants. A cette époque, en effet, les guerres à l'étranger, qui, depuis deux siècles, avaient imposé à la France tant de sacrifices, avaient été discréditées grâce à la sage conduite du dernier monarque déchu. A l'intérieur, la violence, qui venait de produire coup sur coup deux effusions de sang dans les rues de Paris, n'inspirait plus que l'horreur. Les partis réformistes qui avaient créé, sous la pression de la force, quatre formes de souveraineté pour réagir contre les traditions de l'ancien régime en décadence et les nouveautés de la révolution, étaient alors réunis dans ce sentiment. Ces hommes, par leur union inespérée, produisirent sur mon esprit une impression profonde ; et j'ai cité dans ce livre quelques-uns de ceux qui m'attirèrent spécialement et qui contribuèrent au changement survenu à cette époque dans la direction de mes travaux (VI, § 11). Transformés par l'imminence du péril social, ils renonçaient

momentanément aux préoccupations qui, jusqu'alors, les avaient divisés en quatre groupes
hostiles les uns contre les autres. Cette tendance
se révélait même dans les entretiens privés de ceux
que leurs précédents avaient liés à la souveraineté
élective, c'est-à-dire au gouvernement qui était
alors imposé à la France par la force des choses.
Chez la majorité de ces hommes, il n'existait
aucune idée préconçue en faveur de la tradition
ou de la nouveauté : pour eux, il s'agissait surtout
de chercher, dans le présent comme dans le
passé, les éléments de la réforme qui guérirait
les maux de la patrie. Chacun était d'ailleurs
placé sous l'influence de débats pacifiques, quoique
contradictoires ; et tous s'acheminaient ainsi vers
un régime nouveau, où le pouvoir appartiendrait
aux plus sages et aux plus modérés. J'ai dit dans
ce livre comment cette union bienfaisante a été
rompue par l'acte de violence qui a ramené
l'empire (VI, § II), et comment l'Empereur,
malgré ses convictions personnelles, a échoué
dans les efforts qu'il a faits pour restaurer les
deux premiers principes de la Constitution essentielle (*Document annexé*, § 3). Au moment où
les classes dirigeantes découragées me demandent
de nouveau les conseils qu'elles n'ont pas suivis

en juin 1871 (*La Paix sociale après le désastre*),
je répète ici que la réforme ne se trouvera que
dans le retour à l'esprit de paix.

Enfin, je réponds aux appels réitérés qu'on
me fait depuis 1865 : je fonde avec l'aide de mes
amis, au moment où j'écris ces lignes, la presse
périodique de notre école; mais cette nouveauté
ne portera ses fruits que si les quatre partis réformistes, revenus, comme en juillet 1848, à
l'esprit de paix et d'union, nous accordent un
concours immédiat. Ce concours nous est indispensable pour créer, avec l'ampleur suffisante,
une vraie *Revue sociale*. Dès l'origine de notre
publication, qui n'est encore que bi-mensuelle,
il doit se manifester par l'abandon de nos déplorables habitudes d'antagonisme social et d'indifférence pour la chose publique.

A ce point de vue, je réclame de tous les partis
réformistes les avertissements dont notre conseil
de rédaction a besoin pour réprimer, chez nos
premiers rédacteurs, les dernières traces de
l'esprit de violence incarné, en quelque sorte,
dans notre race depuis deux siècles. Je demande spécialement, sous ces divers rapports,
aux hommes prépondérants de chaque parti,
d'accorder à notre personnel de rédaction les

conseils et, s'il y a lieu, le contrôle de leur expérience. Je demande aux gouvernants de donner aux maîtres respectueux et pacifiques de notre école les libertés d'enseignement dont jouissent les savants de toute école scientifique dans les universités de l'Angleterre, de l'Allemagne et de plusieurs autres pays. Je recommande aux classes dirigeantes qui, par leur condition même, ont devant leurs concitoyens la responsabilité de la paix sociale, d'examiner les moyens de réforme signalés dans notre Bibliothèque ; et, dans le cas où ils les approuveraient, d'accorder à celle-ci leur patronage. Enfin, je voudrais attacher à nos œuvres de publicité les hommes studieux qui, dans tous les pays, avec l'esprit de paix, s'adonnent à la recherche des bonnes traditions de l'humanité. Je les prie de nous communiquer les idées et les faits qui leur sont révélés par l'observation ou la lecture, qui offrent les caractères de la perfection et qui, pouvant être exprimés en peu de lignes, réclameront d'eux seulement quelques instants de travail. Ces idées et ces faits sont d'abord transmis aux lecteurs de la Revue. Coordonnés ensuite sous un classement méthodique, en rapport avec les vérités de la science sociale, ils ajouteront à notre Biblio-

thèque deux collections utiles ayant pour titres :
« La Sagesse des nations » et « La Pratique des
sages ».

P.-F. LE PLAY.

15 janvier 1881.

Note de la deuxième édition (1893). — Quelques mois après
avoir achevé le présent ouvrage, F. Le Play a succombé ; ce livre
est donc la dernière expression de sa pensée, et plus que tout
autre il devait être reproduit sans aucune retouche. Aussi, en
publiant une seconde édition, a-t-on scrupuleusement respecté
le texte primitif, même dans les passages où l'auteur donnait,
sur le fonctionnement des Unions ou la marche de la revue naissante, des détails que le temps a depuis lors profondément modi-
fiés. Un Appendice de 1893, placé à la fin de l'ouvrage, fournit
les renseignements rectificatifs, et fait connaître le développement qu'ont pris, depuis 1881, les institutions et les publications
de l'école de la paix sociale.

APERÇU PRÉLIMINAIRE

LA DÉCOUVERTE DE LA CONSTITUTION ESSENTIELLE

§ 1

Comment l'auteur a cherché la Constitution essentielle pour guérir la souffrance de sa patrie.

Lorsqu'en 1827, je quittai l'École polytechnique pour entrer à l'École royale des mines de Paris, en qualité d'élève ingénieur, je fus frappé des avantages que procuraient à l'humanité les hommes illustres qui venaient d'asseoir sur leurs vraies bases les sciences physiques et chimiques. Mon esprit trouvait dans l'apprentissage de ces sciences un soulagement extraordinaire. En effet, j'avais reçu, seize ans auparavant, mes premières leçons de chimie, en apprenant à lire sur les genoux de ma bonne mère. Mon livre de lecture était *Éraste, ou l'Ami de la jeunesse*, édition de 1773, où l'on exposait encore la théorie des quatre éléments. Mes parents habitaient, loin de toute ressource intellectuelle, dans une chaumière isolée, entre une forêt immense et un rivage semi-maritime bloqué par les péniches anglaises. Placé constamment, pendant le reste de ma jeunesse, en présence de la nature, je ne cessai pas d'avoir l'esprit troublé par le contraste qui existait entre la fausse théorie et les faits que j'avais sous les yeux. Telle fut la cause de la satisfaction que m'inspira la doctrine de Lavoisier, et de l'ardeur avec laquelle je me vouai tout d'abord à la chimie et à la métallurgie.

Cependant, dès mon entrée dans la vie active, je compris que mes concitoyens ignoraient presque tous une science plus indispensable : celle qui apprend aux individus et aux peuples à vivre entre eux dans l'état de paix et de stabilité. Partout, en effet, se manifestaient autour de moi l'esprit de discorde, l'amour du changement, le désir des révolutions. Les lettrés célèbres propageaient dans les chaires publiques le mépris de la tradition nationale ; les politiques influents conseillaient à la tribune la révolte contre le gouvernement établi. Les journaux voués à la nouveauté ou à la tradition passionnaient par leurs débats les questions ainsi soulevées et propageaient l'agitation jusque dans les foyers domestiques et les ateliers de travail. La conclusion de ces désordres sociaux ne se fit pas attendre :

dès 1830, une révolution éclata avec les caractères les plus sinistres ; et, pendant plusieurs années encore, le sang coula plus d'une fois dans les rues.

A cette triste époque, la population parisienne fut saisie d'une sorte de vertige. Elle accueillait les systèmes sociaux des inventeurs de toute sorte avec une déférence qui jusqu'alors n'avait été accordée qu'aux résultats de l'expérience et de la tradition. Plusieurs de mes condisciples éminents, dont l'esprit avait été façonné par les axiomes des sciences exactes et par l'enseignement des faits méthodiquement observés, employèrent même leurs talents, dans un moment d'aberration, à propager les idées préconçues les plus étranges. Après des discussions sans fin engagées avec mes amis, je reconnus que j'étais également incapable, soit de les convaincre d'erreur, soit de leur enseigner la vérité. Je compris alors le devoir imposé à notre patriotisme par cet état d'impuissance. L'indifférence pour la vérité eût été impardonnable dans un temps où l'erreur déchaînait tant de maux sur notre race. Je pris donc la résolution de chercher le remède à ces maux, en même temps que je ferais l'apprentissage de mon métier. Je ne savais pas encore où je trouverais ce remède; mais, après avoir constaté en cette matière la stérilité des idées préconçues, j'étais déjà fixé sur un point

essentiel : à savoir que dans la science des sociétés, comme dans la science des métaux, je
ne me croirais en possession de la vérité que
lorsque ma conviction pourrait s'appuyer sur
l'observation des faits.

§ 2

Comment l'auteur a été naturellement conduit à la méthode sociale.

Cette association des deux sciences avait été,
comme on le voit, purement fortuite : elle m'a
cependant, pour l'une et pour l'autre, conduit au
but cherché par la voie la plus facile et la plus
directe. Tout esprit méthodique, qui procédera
par l'apprentissage préparatoire d'un art usuel
à l'étude des sociétés, obtiendra le même succès.
Toutefois, beaucoup d'essais comparatifs m'ont
donné lieu de croire que l'observation des populations attachées à l'exploitation des mines et
aux arts qui s'y rapportent, est le plus rapide
moyen d'arriver à la connaissance des vérités
sociales propres aux régions contiguës. C'est ce
que j'ai constaté particulièrement auprès des
fondeurs, des affineurs et des forgerons.

Ces ouvriers, en effet, obtiennent, en général
au moyen de manipulations simples en apparence, des réactions physiques et chimiques d'une

complication extrême. Pour acquérir la connaissance approfondie des phénomènes spéciaux à
chaque genre d'ateliers, j'ai dû souvent rester
pendant des jours et des nuits au contact des
ouvriers. Pénétré d'admiration pour la science
qu'ils possèdent sous des formes rudes et incultes,
j'ai appris à les aimer, puis j'ai voulu les mieux
connaître. Souvent même j'ai demeuré sous leur
toit, quand les ateliers étaient épars dans les
montagnes ou les forêts. Après avoir étudié, dans
son atelier de travail, l'ouvrier que j'avais choisi
pour objet spécial de la monographie locale,
j'observais de proche en proche les autres éléments de la famille, avec toutes les circonstances
de son activité. Ces éléments et ces circonstances
se présentaient habituellement dans l'ordre suivant : les membres de la famille; les industries
innombrables auxquelles ils ont recours pour
compléter les moyens de subsistance fournis par
le travail métallurgique ; les habitudes du foyer
domestique; l'histoire de ce foyer; et, enfin, les
mœurs et les institutions qui assurent, dans les
bonnes constitutions sociales, le bien-être physique et moral de la famille prise pour exemple.
Quant aux informations qui devaient compléter
la constitution sociale de la contrée où vivait la
famille décrite, j'observais successivement : les
liens qui unissaient entre eux les divers ouvriers
attachés à l'atelier métallurgique ; les rapports

de ces ouvriers avec le patron et sa famille, et les relations qui rattachaient le personnel de l'atelier à la population de la contrée; les types principaux de la population locale, les mineurs, les bûcherons et les autres forestiers, les flotteurs, les agriculteurs-charretiers et les gens de tout état chargés d'entretenir les bâtiments et le matériel de l'atelier; enfin, les idées générales, les mœurs publiques, les coutumes traditionnelles qui réagissent plus ou moins directement sur la population du voisinage ou de la contrée environnante.

Ces observations simultanées m'ont promptement conduit à un résultat inattendu : les monographies de procédés métallurgiques sont, comme je viens de le dire, un acheminement vers les monographies de familles ouvrières; réciproquement, celles-ci ont été souvent pour moi le moyen de jeter la lumière sur les branches économiques et administratives de la métallurgie, et en particulier sur les questions de salaires. Les productions spontanées du sol et des eaux recueillies, à titre gratuit, par la chasse, la pêche, la cueillette et le pâturage, procurent à certaines populations des ressources qui remplacent avec avantage le salaire en argent. Les monographies de familles, et surtout les budgets domestiques, m'ont souvent expliqué les anomalies qu'offrent les régimes économiques des diverses contrées.

Par exemple, dès le début de mes voyages, étudiant comparativement la fabrication de l'étain dans les îles Britanniques et sur le Continent, j'ai trouvé que le fondeur de Bohème, payé 60 centimes par jour avec jouissance de larges subventions territoriales, avait un bien-être plus assuré que le fondeur du Cornouailles, payé 5 francs, mais privé de toute subvention.

C'est ainsi que, dans mon entreprise, les deux sciences se sont prêté un mutuel appui. Le travail des deux méthodes, commencé en 1829, est arrivé à la même époque pour chacune d'elles au degré de mérite que je pouvais lui donner. En 1848, la méthode métallurgique était publiée, après avoir été acceptée comme modèle par les autorités compétentes [1]. Pendant la même année, au mois de mars, la méthode sociale put, au milieu de nos discordes, amener une heure d'apaisement, dont le *Moniteur,* alors journal officiel, a conservé la trace. Trois mois plus tard, après la terrible effusion de sang qui eut lieu en juin, cette même méthode accomplissait plus efficacement son œuvre de paix et d'union.

---

[1] Cette monographie modèle a pour titre : *Description des procédés métallurgiques employés dans le pays de Galles pour la fabrication du cuivre.* Cette publication d'un savant étranger a été l'un des motifs invoqués par les savants anglais pour fonder l'école des mines de Londres.

§ 3

Comment la méthode sociale a signalé partout la paix comme le criterium du bonheur.

Je trouve cependant une différence digne de remarque dans les dispositions d'esprit qui m'ont porté vers la culture des deux sciences. En ce qui touche la métallurgie, je n'avais qu'une préoccupation : connaître, dans leurs moindres détails, les opérations caractéristiques des ateliers, puis en induire, selon les règles de la raison, les conséquences théoriques et pratiques. Au contraire, en abordant la science sociale, je devais, comme homme, obéir à un sentiment : croire d'avance à la légitimité des mœurs et des institutions qui mettraient fin dans mon pays aux discordes poussées jusqu'à l'effusion du sang. Aucun fait n'a ébranlé cette croyance qui fut le point de départ de mes travaux. Loin de là, tous les faits observés jusqu'à ce jour l'ont affermie. Je constate même que les inspirations de l'esprit de violence dans les rapports sociaux de la vie publique et de la vie privée sont condamnées à la fois par l'expérience et par la raison. J'ai été ainsi amené à reconnaître que la science des sociétés est subordonnée à l'amour de nos semblables, comme la géométrie l'est aux axiomes de l'étendue. Ce sentiment est le principe de la science : il se révèle, dans la vie usuelle, par le dévouement à la paix sociale, et il élève à la dignité de maître ceux qui en sont pénétrés.

Tout homme généreux arrivera à la même conclusion, s'il veut bien prendre la peine de chercher la lumière au moyen de la méthode que j'ai appliquée à l'étude des deux sciences. Il pourra, en effet, vérifier l'exactitude des faits qui établissent cette conclusion et qui sont exposés dans les gros ouvrages que je résume dans ce petit livre. Il n'est pas même nécessaire d'étendre ce travail, comme je le fais depuis un demi-siècle, à des centaines de localités. Il suffit que l'observateur concentre ses investigations, dans son voisinage, sur deux sortes de familles signalées par l'opinion publique, l'une comme modèle de paix, l'autre comme exemple de discorde.

Il existe un autre moyen d'arriver à la connaissance de la même vérité : c'est de se reporter à l'histoire des sociétés qui ont été célèbres par leurs prospérités ou leurs souffrances. Ceux qui ne veulent pas étendre ainsi le cercle de leurs recherches et qui prennent uniquement dans la religion la distinction du bien et du mal, pourront constater que les rites de leur culte proclament journellement les bienfaits suprêmes de la paix.

L'observation comparée de la paix ou de la discorde au sein des sociétés, de la vertu et du vice chez les individus, du bien ou du mal dans les institutions, soulève des questions qui, au premier aperçu, semblent insolubles. Toutes les sociétés prospères ont vu dans la paix le bien suprême; mais les individus sont portés au mal et à la discorde par une tendance innée. Les grandes nations, qui figurent dans l'histoire comme les modèles de l'humanité, ont toutes compris qu'elles avaient un puissant intérêt à instituer des hommes d'élite, chargés de réprimer cette tendance par leur exemple et leur autorité. Comment donc est-il toujours arrivé que ces mêmes nations ont obéi tôt ou tard à une inspiration contraire? Pourquoi certaines races, jadis classées comme modèles, sont-elles maintenant acharnées à la discorde? Pourquoi détruisent-elles avec une sorte de fureur les institutions et les hommes qui autrefois avaient en charge les services de paix? J'indique dans ce livre la réponse fort simple que donnent à ces questions l'histoire et les faits contemporains. Les hommes chargés de ces hautes fonctions se sont corrompus dans la richesse, la science et la force. Ils ont employé pour opprimer le peuple l'autorité qui ne leur avait été confiée que pour le servir.

La science résume donc, dans les trois axiomes

suivants, l'enseignement donné par la méthode sur les sociétés, les individus et les institutions.

« La paix sociale est le criterium du bonheur. »

« Les « bons » sont ceux qui apaisent la discorde; les « méchants », ceux qui la font naître. »

« Le « bien » c'est le bonheur dans la paix et l'accord des âmes; le « mal » c'est l'inquiétude dans l'antagonisme et la haine. »

§ 4

Comment les contrastes de paix et de discorde mettent en lumière les principes de la Constitution essentielle.

Pendant les premières années que je consacrai à l'observation méthodique des sociétés, je n'aperçus pas aussi promptement que je le désirais la lumière que j'allais chercher. Je ne me décourageai pas cependant à la vue des obstacles. Je voulais savoir comment les races humaines se procurent le bonheur. Or, en parcourant d'abord la France et les pays voisins, je rencontrai habituellement un mélange inextricable de bien-être et de malaise, de paix et de discorde. Ces grands phénomènes sociaux offraient d'ailleurs, dans leurs détails, une diversité infinie, selon la tradition des races, la nature des sols, des climats et des productions spontanées, l'organisation des travaux et les moyens de subsistance.

En voyant cette complication, je compris que
la méthode scientifique appliquée à l'étude des
sociétés ne pouvait donner les prompts résultats
que m'avait fournis son application à l'étude
des minéraux. Toutefois, confiant dans la méthode, je poursuivis mon analyse sociale avec la
persuasion que la lumière se ferait tôt ou tard
dans mon esprit. Cet espoir ne fut pas trompé.

Les doutes que mes sept premiers voyages
m'avaient laissés furent même levés plus tôt
que je ne l'avais prévu. Cette transformation
commença à se produire dans mes idées en 1837,
quand j'eus abordé les contrées orientales de
l'Europe, sur les frontières de l'Asie contiguës
au bassin de la Caspienne. Elle fut ensuite achevée par deux autres voyages accomplis dans le
pays d'Orenbourg, dans les monts Ourals et dans
les steppes asiatiques qui s'étendent vers l'Orient.
En vivant au milieu des races simples de ces régions, je constatai que le bonheur dont elles jouis-
saient était le résultat de la soumission aux principes qui faisaient le fond de leur constitution
patriarcale, et qui s'y montraient à la fois nécessaires et suffisants. Cette conclusion jeta dès lors
une lumière complète sur les jugements relatifs
aux races compliquées de l'Occident : les peuples
prospères étaient ceux qui, avec d'autres formes,
restaient soumis aux mêmes principes; les peuples souffrants étaient ceux qui les avaient violés.

A partir de ce moment, les principes qui sont partout la source du bonheur me sont apparus comme « la Constitution essentielle de l'humanité ». C'est celle que je décris, sous ses diverses formes, dans les chapitres suivants.

§ 5

Comment, après avoir découvert la Constitution essentielle, l'auteur s'est aperçu qu'il n'avait rien inventé.

J'ai indiqué incidemment, dans ce qui précède, les analogies qui existent entre les deux sciences que j'ai cultivées, et surtout entre les méthodes qui leur sont propres. Je ne dois pas terminer cet aperçu sans mettre en relief le trait qui établit entre ces mêmes sciences une distinction absolue.

Les arts les plus nécessaires à la subsistance des sociétés stables, la métallurgie entre autres, ont été pratiqués avant l'époque à laquelle se rapportent les plus anciens matériaux de l'histoire. Plusieurs de ces arts, constitués peu à peu par des méthodes purement expérimentales, avaient acquis déjà, à des époques reculées, un remarquable degré de perfection. Par exemple, les scories qui furent déposées, onze siècles avant l'ère chrétienne, sur les côtes de Murcie par les ateliers qui fondaient les minerais d'argent de ce pays, témoignent d'une pratique peu inférieure à celle qui est encore en usage. Cependant, en général, les arts usuels de l'antiquité se sont perfectionnés presque tous, grâce aux méthodes expérimentales, chez les races stables et prospères. Depuis que la renaissance a donné l'impulsion aux sciences physiques, et, surtout, depuis que l'âge de la houille et de la vapeur est ouvert, ce genre de progrès est devenu plus rapide. Dans le passé, l'esprit d'invention, stimulé par le besoin de subsistance, créait ou perfectionnait les arts usuels, en s'appliquant à certains phénomènes qui survenaient fortuitement dans l'ordre matériel. De nos jours, le besoin de subsistance a grandi, et il est devenu un stimulant plus actif. Les principes scientifiques qui président à l'ordre matériel sont mieux connus. Appuyé sur les principes et sur les progrès incessants qu'en fait naître l'application, l'esprit des inventeurs a vu grandir sa puissance en même temps que ses ressources, et il peut maintenant produire à coup sûr certains phénomènes qui améliorent un art ancien ou constituent un art nouveau.

L'art par excellence, celui qui procure aux familles le bonheur dans la stabilité et la paix, est également connu et pratiqué avec succès depuis le premier âge de l'humanité. Mais c'est l'unique trait de ressemblance avec les arts usuels les plus précoces : il diffère absolument de ces derniers, en ce qu'il avait acquis, dès l'origine, toute la perfection que comporte la faiblesse innée de la nature humaine. Les principes du bonheur étaient connus des plus anciens patriarches que l'histoire nous signale. Ils ont été transmis par eux aux petits agriculteurs de la Chine, qui les ont conservés jusqu'à ce jour. J'ai vu ces mêmes principes en pleine vigueur chez les races patriarcales de pasteurs et d'agriculteurs établis aux communes frontières de l'Europe et de l'Asie. J'ai constaté l'autorité souveraine que ces principes exercent sur les constitutions primordiales de ces races. Ce trait est si évident qu'il a toujours déterminé des convictions toutes nouvelles chez les Occidentaux qui se sont associés à mes enquêtes sur l'Orient. Enfin cette importance m'apparut également en complète lumière au milieu des nations les plus compliquées, soit que les principes y eussent été respectés, soit qu'ils y fussent tombés en oubli.

J'arrivai ainsi à une conclusion contraire à celle que m'avait suggérée d'abord l'enseignement polytechnique, qu'avait confirmée l'étude de la métallurgie et des autres arts usuels, mais que j'avais cru à tort pouvoir étendre à mon second art de prédilection. En effet, l'art du bonheur diffère de tous les autres arts usuels, en ce que la pratique y est inséparable des principes. Il a été le premier besoin des sociétés : il a donc été constitué avant les autres; et, grâce à la réunion obligée de ses deux éléments, il a formé, dès le premier âge, une science complète. Dans chaque détail de cette science, le progrès consiste, non pas dans l'invention d'un nouveau principe, mais dans une meilleure pratique des principes les plus anciens. Malgré les erreurs que j'avais puisées dans mon pays natal, j'ai découvert ces principes; mais, en terminant cet aperçu, je devais dire que je n'ai rien inventé.

CHAPITRE I

LES TRAITS PERMANENTS DE L'HUMANITÉ

§ 1

L'homme devant la création et devant ses semblables.

L'œuvre de la création offre, à première vue, une infinité de corps matériels, auxquels l'imagination ne saurait attribuer aucune limite, en ce qui touche leur nature et leur nombre, la durée de leur formation, l'étendue qu'ils occupent, et la variété des phénomènes dont ils sont le siège. Ils sont groupés en systèmes innombrables et compliqués. Les corps de chaque système sont réunis, à l'état de satellites, autour d'un corps central et sont tenus dans sa dépendance par les lois du mouvement ; ces groupes paraissent constituer une infinité de mondes spéciaux. Ceux-ci semblent être liés entre eux, comme le sont leurs propres éléments : ils circulent vraisemblablement autour d'un point qui serait le centre de l'univers.

L'un de ces groupes nous est moins que les autres inconnu dans ses détails : c'est le monde solaire. Il a pour centre de mouvement le soleil, corps lumineux, uniquement formé d'éléments minéraux, conservant en partie la température infinie qui semble avoir marqué l'origine de la création. Sous l'influence de cette chaleur intense, les éléments du soleil réagissent les uns sur les autres avec une activité dont nos phénomènes de combustion sont une image effacée. Cette activité paraît être le trait dominant de l'univers et peut être nommée « la vie minérale ». Quant aux corps qui constituent le monde solaire, il faut placer au premier rang les planètes, la plupart escortées de leurs satellites.

La terre, habitation de l'homme, conserve un reste de la température initiale des astres. La vie minérale, d'abord exclusive, y a longtemps gardé sa prépondérance, et persiste toujours. Elle semble sommeiller, il est vrai, mais sa puissance continue à se manifester par les ruptures violentes du sol, la formation ou la disparition des montagnes et des îles, les éruptions volcaniques, les tremblements de terre et le déplacement des mers.

Les forces propres à la vie organique agissent depuis des époques fort reculées à la surface de la terre, en se modifiant sous l'influence des catastrophes due à l'action des forces minérales.

Cette vie organique a commencé avecles plantes et les animaux de l'Océan. Les plantes et les animaux terrestres ont ensuite apparu; chaque espèce s'est établie en permanence dans les lieux spéciaux qui offraient les éléments nécessaires à son développement. Les animaux sociables, l'abeille par exemple, grâce à l'instinct inséparable de leur organisme, ont réussi depuis leur apparition à perpétuer la paix intérieure dans leurs communautés, malgré les espèces ennemies qui leur disputent les moyens de subsistance. Ils gardent fidèlement, sans que l'effort apparaisse, le régime de vie qui est conforme à leur nature et aux conditions de leur existence.

L'homme constitue, dans la création du globe, une exception unique. Il est apparu le dernier, après tous les êtres doués de vie et de mouvement. Il montre de plus en plus sa supériorité, même parmi les animaux terrestres, qui l'emportent sur lui par certaines qualités et par la puissance de leur organisme physique. Il a conquis l'empire de tous les lieux qu'il lui a plu d'habiter. Il y a marqué fortement son empreinte, et il en a exclu presque tous les êtres vivants qui ne pouvaient lui être utiles. D'un autre côté, les races humaines qui se sont élevées au plus haut degré du bien-être, de la prospérité et de la puissance, n'ont jamais réussi jusqu'à ce jour à s'y maintenir. Sur ce point, elles contrastent absolument avec tous les animaux sociables. Cependant l'instabilité de l'homme n'est pas, comme la permanence des animaux et des plantes, imposée par des lois fatales. L'histoire du passé et l'observation du présent démontrent, au contraire, qu'il pourrait offrir à tous les êtres vivants le modèle de la stabilité dans le bien-être. Il est assujetti, comme eux, aux calamités déchaînées périodiquement par les effets de l'activité minérale ; mais il l'emporte sur tous, dans la lutte pour l'existence, s'il se soumet volontairement à certaines règles, qui lui sont connues depuis l'époque de son apparition. Ces règles ne sont point incarnées dans l'homme, comme l'instinct de la conservation dans l'animal. Loin de là : elles sont en général oubliées ou enfreintes par les sociétés humaines à mesure que celles-ci grandissent en bien-être et en puissance. Toutefois la pratique de la science sociale, résumée dans ce livre, a enseigné de tout temps le moyen fort simple qui perpétue ces règles du bonheur au sein de l'humanité, ou qui les y restaure quand elles sont perdues.

§ 2

Les aptitudes naturelles de l'homme : le libre arbitre et l'instinct.

Le contraste que je viens de signaler abaisse parfois l'homme au-dessous de l'animal. Ce dernier, en effet, n'est jamais l'artisan de son propre malheur ; et, guidé par un instinct infaillible, il ne manque pas de s'assurer les satisfactions que lui présente la nature. En pareil cas, au contraire, l'homme abandonné à son impulsion naturelle choisit, selon les cas, soit « le bien », soit « le mal », pour l'individu ou pour la société.

Cette faculté de choisir entre le bien et le mal est l'aptitude caractéristique de l'homme. Elle a pour nom « le libre arbitre ». Dans ses diverses manifestations, ce principe de liberté n'agit pas avec la même énergie. Il est parfois presque annulé par l'instinct. C'est ainsi que peu de mères se sentent libres d'abandonner leurs nouveau-nés. Souvent aussi, l'exercice du libre arbitre est faussé par l'ignorance, le vice et l'erreur.

§ 3

Les défaillances naturelles de l'homme et le vice originel.

Livré à ses tendances natives, l'individu fait rarement un choix judicieux entre le bien et le mal.

L'animal trouve toujours en lui-même la règle de ses actions. Au sortir de son enveloppe natale, le petit de l'abeille, guidé par l'instinct, prend son vol et entreprend sans hésitation la récolte nécessaire à la communauté. Il n'en est pas de même pour l'homme. L'enfant reste longtemps incapable de subvenir à ses propres besoins. Il n'est pas seulement inutile à sa famille ; il est à la fois une charge et une gêne pour sa communauté naturelle : car il y apporte, dès sa naissance, des ferments d'indiscipline et de révolte. Dans les sociétés les plus prospères, la venue des enfants est, à vrai dire, une invasion de petits barbares : dès que les parents tardent à les dompter par l'éducation, la décadence devient imminente.

Ce penchant inné des enfants vers le mal a toujours été un obstacle à la prospérité des sociétés humaines. Il pèse principalement sur les mères, les nourrices et les maîtres du premier âge. C'est la grande défaillance de l'homme : les sages de tous les temps l'ont nommée « le vice originel ».

Tous les nouveau-nés sont enclins au mal ; mais, à cet égard, il existe entre eux des différences considérables. Chez quelques-uns ces différences s'accentuent jusqu'à devenir de véritables contrastes. Ce fait peut être observé parfois chez deux individus issus des mêmes parents, élevés dans le même lieu, soumis à la même éducation. L'un résiste à la correction et reste toute sa vie un agent de discorde ; l'autre, docile aux bonnes impulsions, offre dès sa jeunesse les caractères d'une perfection relative.

Au surplus, l'inégalité des aptitudes individuelles est une loi caractéristique de l'humanité. Partout cette loi est mise en relief par l'observation des familles et des sociétés. Dans l'ordre moral, elle est démontrée par les manifestations du libre arbitre et du vice originel. Dans l'ordre intellectuel, elle est encore plus évidente : elle ne provient pas seulement de la diversité artificielle des enseignements scolaires ; elle se produit spontanément par l'exercice des travaux qui procurent le pain quotidien.

§ 4

Inégalité naturelle des individus dans leurs tendances innées vers le bien ou le mal.

L'impulsion du vice originel qui nous porte vers le mal, comme les dispositions contraires qui mettent notre libre arbitre au service du bien, ne sont pas également réparties par la nature entre tous les hommes. Sur ce point, plus encore que dans les autres manifestations de l'activité humaine, le fait habituel est l'inégalité. Dès leur naissance, les uns inclinent à la stabilité dans la paix, les autres à l'instabilité dans la discorde. Quelques-unes de ces inclinations, améliorées ou aggravées, persistent au sein de toutes les sociétés. Elles donnent à chaque individu son caractère distinctif.

Ces inégalités correspondent aux différences énormes qui se manifestent dans les phénomènes de bien et de mal, de prospérité ou de souffrance propres à chaque société. Toutefois, même pour deux sociétés très différentes, les plus grands contrastes résultent, non de la nature des nouveau-nés, mais aussi et surtout des institutions auxquelles la race entière est soumise. Un fait sans réplique démontre cette vérité. L'inégalité des tendances apparaît chez les enfants de toutes les races ; et elle est particulièrement frappante, nous venons de le dire, chez ceux qui sont issus d'un même mariage. L'inégalité des caractères est une loi naturelle, comme la différence des sexes. Elle est un des éléments habituels de l'harmonie sociale.

§ 5

Les deux besoins essentiels de l'humanité : la loi morale et le pain quotidien.

L'ensemble des moyens journaliers de subsistance, ou, en termes plus simples, « le pain quotidien », est le besoin qui s'offre d'abord à la pensée comme le plus impérieux. La subsistance journalière est également nécessaire à l'animal, et elle lui suffit ; mais il en est autrement pour l'homme.

Les sociétés humaines ne possèdent pas la prospérité par cela seulement qu'elles ont en abondance le pain quotidien. Il faut en outre que, dans la conquête ou la jouissance de ce bien, elles se soumettent à la loi morale, c'est-à-dire au premier principe de Constitution essentielle qui est l'objet spécial de ce livre. Toute société dépérit également, soit que la subsistance y fasse défaut, soit que la loi morale y ait été violée.

On retrouve, en Asie, les restes de villes populeuses, à peine visibles au milieu de vastes déserts, qui ne sont plus guère habités que par les plantes et les animaux. L'histoire en a parfois gardé le souvenir; elle nous apprend alors que la décadence de ces villes a commencé précisément à l'époque où les ressources matérielles y étaient le plus abondamment accumulées.

§ 6

Comment l'action illimitée du vice originel rend l'individu incapable de pourvoir à ses besoins essentiels.

L'action persistante du vice originel n'est pas seulement démontrée par les ruines éparses sur le globe et par le témoignage des historiens. Elle est mise en évidence par un moyen de conviction plus direct, acquis maintenant à tout homme studieux: je veux dire la méthode des monographies de familles. En étudiant, selon cette méthode, l'histoire de chaque famille observée, on ne constate pas seulement l'inégalité extrême de certains individus, issus du même sang, et élevés sous les mêmes influences; on s'assure qu'il n'y a pas de limites à la dégradation qu'ils subissent, quand l'impulsion du vice originel n'est point entravée par les institutions et les mœurs.

Ainsi, par exemple, l'homme tombe au-dessous de la brute par le développement des appétits sensuels, liés à l'abus des narcotiques et des spiritueux. Cette sorte de dégradation s'aggrave plus que jamais chez les Européens qui sont en voie de complication et de « progrès ». Une dépravation plus redoutable encore émane des appétits qu'on ne saurait nommer dans un livre destiné à l'enseignement public. Ce désordre est d'autant plus pernicieux dans les sociétés corrompues, qu'il exerce surtout ses ravages parmi les riches oisifs. Il constitue à l'état de fléaux les classes qui, dans les sociétés prospères, ont le devoir de garder l'ordre moral et d'en donner l'exemple aux classes pauvres et souffrantes.

§ 7

La guérison du vice originel par la salutaire influence des Autorités sociales.

Ces défaillances sont incompatibles avec la dignité conférée à l'homme par les sociétés modèles; mais elles se sont développées chez toutes les races qui ont abandonné la pratique de la Constitution essentielle. Elles deviennent fréquentes en Europe, chez les peuples ébranlés, où les abus de la richesse, de la science et de la force propagent la souffrance.

Les sociétés qui s'engagent le plus dans cette voie fausse n'ont pas cependant perdu tout moyen de guérison. Partout certains hommes, nés avec des tendances exceptionnelles vers le bien, échappent à la corruption du milieu qui les entoure. Voués aux arts usuels, ils maintiennent dans leurs foyers domestiques et leurs ateliers de travail la stabilité et la paix fondées sur l'affection réciproque du maître et des serviteurs. J'ai toujours vu en action, chez ces hommes, les principes et les coutumes de la Constitution essentielle. Le même enseignement s'est offert aux voyageurs de tous les temps. A une époque aussi critique que la nôtre, Platon[1] a trouvé comme nous le bon exemple dans ces établissements privilégiés. Il a nommé leurs maîtres « les hommes divins ». Il a conseillé aux gouvernants de la Grèce « de se mettre à la piste de ces hommes et de les chercher par terre et par mer ». J'ai ressenti les mêmes impressions dès que j'eus pénétré dans ces demeures de la paix, et j'ai tout d'abord nommé leurs maîtres : « les Autorités sociales. »

[1]. « Il se trouve toujours, parmi la foule, des hommes divins, peu nombreux, à la vérité, dont le commerce est d'un prix inestimable, qui ne naissent pas plutôt dans les États policés que dans les autres. Les citoyens... doivent aller à la piste de ces hommes qui se sont préservés de la corruption...: en partie pour affermir ce qu'il y a de sage dans les lois de leur pays, en partie pour rectifier ce qui s'y trouverait de défectueux... » (PLATON, *les Lois*, liv. XII.)

§ 8

Comment l'éducation neutralise l'action du vice originel et rend l'individu apte à pourvoir à ses deux besoins.

En résumé, l'homme diffère de tous les êtres vivants. Il naît incomplet, mais il peut se compléter sous certaines influences dont le principe n'est pas en lui. Enfin, quand une race a suffisamment atteint ce but, et tant qu'elle résiste aux influences contraires qui tendent toujours à l'en éloigner, l'accroissement de sa prospérité n'a plus que deux limites : la première est fixée par l'étendue des territoires dont la race dispose ; la seconde, par la corruption et la violence des races établies sur les territoires voisins.

Les influences qui, chez les peuples prospères, grandissent l'homme en le complétant, constituent « l'éducation ». Elles se rattachent à trois régimes principaux, qui peuvent être nommés : « la contrainte des parents, l'apprentissage de la profession, l'expérience de la vie ». Toutes agissent sur l'individu depuis la naissance jusqu'à la mort ; mais chacune d'elles améliore spécialement trois âges différents. La contrainte des parents réprime chez l'enfant les impulsions émanant du vice originel ; au besoin, elle oblige l'écolier à recevoir l'enseignement qui l'aidera

plus tard à distinguer sûrement le bien d'avec
le mal et le vrai d'avec le faux. L'apprentissage
de la profession donne la fécondité réelle à l'enseignement scolaire ; il aide l'adulte à conquérir
la condition sociale qui répond à ses vertus et
à ses talents. Enfin l'expérience de la vie donne
la maturité aux fruits que les deux premiers
régimes ont fait naître ; elle confère à l'homme
fait et au vieillard la sagesse qui assure aux
races propères la paix sociale, garantie par le
gouvernement judicieux de la famille et de la
société.

§ 9

La famille, premier moyen d'éducation,
principe constitutif et conservateur des races prospères.

Chez toutes les races, et dans le cours de
chaque existence individuelle, la famille est le
premier moyen d'éducation. C'est le seul en action
chez les races simples, qui se procurent la subsistance journalière en récoltant les productions
spontanées du sol et des eaux. C'est toujours le
plus important, même chez celles qui fondent
leur subsistance sur des méthodes de travail très
compliquées. La famille, en effet, ne produit pas
seulement les rejetons qui perpétuent la race :
elle leur transmet peu à peu, dès la naissance,

la pratique de la loi morale, sans laquelle ils ne sauraient jouir plus tard, ni de la paix, ni du pain quotidien. Malgré le concours qui lui est apporté chez les races compliquées, la famille y reste, au fond, le vrai moyen de perpétuer dans la paix les générations futures en développant le bien et en réprimant le mal chez les nouveau-nés.

Tel est le but assigné par les aptitudes et les défaillances de l'homme à cette institution fondamentale de l'humanité. L'organisation de la famille varie, il est vrai, selon les lieux ; et dans chaque lieu la composition du personnel est sans cesse modifiée par les naissances et les décès. Le but est atteint néanmoins et la société prospère, si ces variations restent subordonnées à certaines règles stables tracées par les coutumes de la Constitution essentielle. Si, au contraire, l'instabilité survient, la famille souffre tout d'abord, puis la société dépérit.

§ 10

Les familles stables sous leur double forme : la famille patriarcale, la famille souche.

Toutes les familles stables se perpétuent sous l'inspiration de certains sentiments, incarnés par l'éducation dans les individus qu'elles réunissent : tels sont surtout l'esprit de travail, de frugalité et d'épargne, le respect de la tradition créée par les ancêtres, l'amour de la propriété familiale, le dévouement au bonheur des descendants. Elles se distinguent, selon les lieux, par deux formes principales. Celles-ci correspondent à deux modes adoptés pour choisir « l'héritier », auquel est imposé le devoir de garder intacte l'institution et de transmettre, d'une génération à une autre, les sentiments qui en sont l'âme. Ces sentiments se lient d'ailleurs à des éléments matériels, qui concourent à la stabilité en procurant à chacun la satisfaction des deux besoins essentiels. Partout l'organisation matérielle de la famille repose sur ces deux établissements : le foyer domestique, où la loi morale est enseignée aux enfants, dès la naissance, par la parole et l'exemple des parents ; l'atelier de travail, où les membres de la famille recueillent ou produisent le pain quotidien.

La famille patriarcale prospère dans les localités, où les moyens d'habitation et de subsistance se prêtent avec élasticité à la réunion de plusieurs ménages. Le patriarche, chef de famille, retient auprès de lui, aussi longtemps que possible, ses frères et ses fils mariés, ainsi que tous les parents qui se complaisent dans le célibat ; quant aux filles qui aspirent au mariage, il les établit dans les familles de la région. Sous ce régime, la communauté s'accroît sans cesse, et

elle entrevoit l'époque où il deviendra nécessaire
d'expédier au dehors un essaim. En vue de cette
éventualité, il se forme peu à peu deux groupes,
animés chacun par l'esprit de tradition ou par
l'esprit de nouveauté, qui contrastent partout
dans les tendances innées de l'homme. Le groupe
qui désire rester au lieu natal et celui qui veut
en sortir s'accordent pour hâter l'époque de l'es-
saimage : en conséquence, tous s'efforcent d'accumuler les ressources qui devront constituer la
dot des futurs émigrants. C'est ainsi qu'un intérêt
commun neutralise l'égoïsme, qui, chez les individualités inférieures, affaiblirait l'esprit de travail et de frugalité. Le culte de ce bon accord et
des autres éléments de la paix domestique est
pour le patriarche le constant objet de sa sollicitude. En accomplissant cette mission, il découvre
à la longue, parmi ses frères ou ses fils, son
meilleur auxiliaire. Il choisit donc sûrement,
avec l'assentiment de la famille, l'héritier, qui
le seconde quand arrivent les défaillances de
l'âge, et qui le remplace quand vient la mort.

La famille-souche, seconde forme de la famille
stable, associe, comme la première, les intérêts et
les sentiments qui perpétuent, à travers les générations successives, la stabilité et la paix. En
général, elle s'impose plus habituellement aux
populations, non par la supériorité absolue du
principe, mais par l'exiguïté relative du lieu que

la famille habite et des ressources qu'elle possède. Toutefois, si le chef de famille et l'héritier ont acquis au degré nécessaire le talent et la vertu, ce régime s'applique aussi aux propriétés les plus vastes et aux établissements les plus compliqués. Il diffère du précédent par un trait caractéristique : le foyer domestique est occupé par un seul ménage ; en sorte qu'en conservant à ce foyer le premier enfant qu'il marie, le père lui attribue en fait la fonction d'héritier. Le mariage de l'héritier est le grand événement de chaque génération. A partir de cette époque, il a le devoir d'assurer le bien-être de ses sœurs et de ses frères comme celui de ses propres enfants. Bien que l'épargne de la maison-souche représente en grande partie le fruit de son travail personnel, elle est néanmoins employée tout entière à doter les rejetons qui s'établissent au dehors, et à procurer un pécule équivalent à ceux qui restent au foyer natal en gardant le célibat.

§ 11

Inégalité des tendances innées qui, dans les familles fécondes, distinguent les enfants issus des mêmes parents.

Les voyageurs signalent avec raison les différences que présente la constitution physique des diverses races d'hommes ; mais trop souvent ils induisent de ce fait des conséquences exagérées et des conclusions fausses. Ceux qui se livrent à ces exagérations et à ces erreurs admettent que l'organisation matérielle du corps humain engendre fatalement dans chaque race certaines aptitudes et certaines défaillances. Ils en concluent que son rang est fixé d'avance d'une manière absolue sur l'échelle de la souffrance ou de la prospérité.

Pour échapper à ce fatalisme dangereux, il n'est pas nécessaire d'étudier comparativement tous les peuples : il suffit d'appliquer la méthode des monographies, soit à un voisinage, soit même à l'observation d'une seule famille féconde. Les enfants issus des mêmes parents montrent les plus grands contrastes dans leurs tendances innées vers le bien ou le mal. Ces contrastes ne sont pas inférieurs à ceux qui sont signalés entre les diverses races ; et parfois, malgré l'uniformité de l'éducation, ils persistent dans le caractère des individus. Les lois naturelles maintiennent donc une sorte d'équilibre dans les tendances innées des enfants, comme dans la répartition des sexes. Considérés au point de vue de leur nature originelle, les peuples ne diffèrent pas entre eux aussi profondément que sembleraient l'indiquer certains phénomènes de prospérité ou de souffrance. Les gouvernants qui ont pour mission de remédier aux maux du passé ne doivent donc jamais désespérer de l'avenir. Quel que soit dans le présent l'état de corruption, ils peuvent, avec confiance, faire appel aux Autorités sociales pour développer les germes de bien qui, chez les jeunes générations, sont toujours mêlés aux manifestations du vice originel.

§ 12

Comment la famille met à profit l'inégalité naturelle de ses enfants pour se perpétuer dans la stabilité et la paix.

Pour guérir le mal ou maintenir le bien, les familles stables sont partout les meilleurs auxiliaires des hommes d'élite qui donnent le bon exemple par leur vie privée, ou qui influent sur la direction de la vie publique. Dans la prospérité, comme dans la souffrance des races humaines, le père et la mère restent toujours la plus sûre garantie contre l'invasion du vice originel. Grâce à l'intimité de la communauté domestique, les parents aperçoivent le mal dès sa source, et voient éclore chez leurs nouveau-nés les instincts perturbateurs qui sont le danger de l'avenir. Ils répriment, dès leur apparition, ces instincts, parce qu'ils en sont les premières victimes. Ils procèdent d'ailleurs à cette répression avec une admirable douceur, parce qu'ils s'inspirent d'un sentiment d'amour qui leur est

propre et qui n'appartient à aucune autre autorité sociale. Ayant à compter sans cesse avec la
diversité des caractères, ils réussissent, avec
un art infini, à la faire tourner au profit de
l'harmonie domestique.

Ainsi pénétrés de l'esprit de paix, les membres
de la communauté s'emploient tout naturellement à concilier les tendances contraires qui
se manifestent toujours à certains égards au sein
de chaque société. Cette conciliation a généralement deux objets principaux : l'esprit de
tradition essentiel à la famille stable ; l'esprit
de nouveauté qui tend à s'introduire au sein
de la race par l'avènement d'une suite de générations.

§ 13

**Comment la tradition et la nouveauté dominent séparément
ou s'équilibrent chez les trois sortes de races issues des familles
stables.**

La nature même des familles stables fait naître
chez elles cette conviction que le bonheur dont
elles jouissent est nécessairement lié à la conservation de la loi morale et des habitudes traditionnelles qui en dérivent. D'un autre côté, la
jouissance de cette heureuse condition amène la
multiplication rapide de la population. De là naît

un impérieux besoin de changement, auquel, selon l'état des lieux, on satisfait de deux manières. Dans le premier cas, la famille qui se multiplie peut établir les essaims de ses rejetons sur un territoire non occupé ; et alors la race s'étend, par la juxtaposition de ses éléments, sans qu'aucun d'eux soit contraint de modifier sa tradition. Dans le second cas, le territoire disponible fait défaut, et les familles établies sont obligées de transformer le sol qu'elles occupent, pour procurer à leurs rejetons de nouveaux moyens de subsistance. C'est alors qu'on voit naître le contraste signalé ci-dessus, à savoir la propension des familles anciennes à conserver la tradition ; la tendance des éléments jeunes à introduire la nouveauté. Chez les peuples prospères, la transformation du territoire reste subordonnée au respect de la stabilité dans les familles anciennes ou modernes, et à la conservation de la paix dans la société. Sous les influences qu'indiquera à plusieurs reprises la suite de cet écrit, on voit naître alors un régime mixte qui établit entre les deux aspirations un juste état d'équilibre. Ailleurs, dans les localités plus favorables à la nouveauté, il se produit un troisième régime où celle-ci prend une prépondérance irrésistible.

Les trois régimes diffèrent seulement par des nuances, en ce qui touche la pratique de la loi morale. Au contraire, ils contrastent beaucoup par la nature du travail qui procure le pain quotidien ; et par ce même motif, ils sont également distribués sur le globe. Ils coexistent, quand la diversité des sols entraîne celle des travaux ; l'un d'eux domine souvent sur une grande étendue de territoires uniformes.

Le « régime de tradition » exclut encore aujourd'hui les deux autres sur de vastes régions. Il est propre à deux sortes de races, les nomades ou sauvages et les pasteurs, qui laissent leur territoire dans l'état où il était avant l'apparition de l'homme, et qui vivent par conséquent des productions spontanées du sol. Celles de ces races qui sont stables se composent de familles patriarcales, qui se groupent généralement en tribus par les liens de la propriété communale.

Le « régime mixte », qui crée l'équilibre entre la tradition et la nouveauté, repose sur la famille-souche. Il assure la prospérité à de nombreuses classes qui, sans modifier notablement le territoire, se rattachent à trois branches principales du travail. Tels sont : les pêcheurs côtiers, qui ont surtout pour domaine le rivage maritime contigu à leur habitation ; les forestiers, qui conservent les massifs boisés en les exploitant ; les mineurs, employés à extraire des profondeurs du sol les métaux qu'a déposés l'action des forces minérales. Ce même régime est de plus en plus

représenté par deux autres branches de travail,
qui transforment le sol en y marquant leur forte
empreinte : l'agriculture et l'industrie manufacturière. La famille-souche est plus apte que la
famille patriarcale à produire une heureuse conciliation entre les deux tendances de l'humanité.
Après une longue cohabitation avec le chef de
famille, l'héritier est dressé à garder la tradition
au foyer des ancêtres ; au contraire, en fondant
de nouvelles familles, les jeunes rejetons sont
plus enclins à y introduire la nouveauté.

Le troisième régime a pour trait caractéristique le grand commerce. Alors même qu'il conserve fidèlement la stabilité dans la famille, il
est plus apte que les précédents à développer
dans la race la prépondérance de la nouveauté.
Trois causes principales amènent ce résultat. Le
commerce, en facilitant les échanges, stimule l'activité du travail dans les anciens ateliers et pro-
voque la création d'ateliers nouveaux. Il sillonne
les territoires par des voies de transport qui,
plus encore que les nouvelles branches de travail, transforment les hommes et les choses.
Enfin, il agit plus directement encore sur les
races en important des pays étrangers une
foule de produits, qui créent des besoins et qui,
en conséquence, modifient, malgré la résistance
des familles les plus stables, les idées, les mœurs
et les institutions. Une fois engagés dans cette

voie, les peuples résistent difficilement à l'invasion des nouveautés dangereuses : l'histoire n'en signale pas un seul qui, après avoir atteint la célébrité, ait pu échapper à la souffrance.

§ 14

L'exagération de la nouveauté : trait caractéristique des familles instables et des races ébranlées ou désorganisées.

Quand l'invasion de la nouveauté dépasse certaines limites, la race s'ébranle, puis se désorganise. Les plus solides familles stables deviennent impuissantes à réprimer dans les jeunes générations les désordres émanant du vice originel. Dès lors elles ne tardent pas à se transformer et elles sont, à la longue, remplacées par des familles anormales qui ont pour caractère distinctif l'instabilité, et pour tendance habituelle la discorde. A cet égard, les « civilisés » qui abandonnent leur tradition se condamnent eux-mêmes à subir les fléaux que déchaînent les pires conditions de la vie sauvage.

La stabilité est conservée chez certaines races sauvages par la soumission à l'autorité paternelle. Les familles instables constituent, au contraire, les peuples chasseurs chez lesquels l'adolescent peut subsister sans le concours des parents. Elles sont particulièrement dégradées

chez ceux qui, dans leurs incessantes migrations, sont contraints d'abandonner les faibles
et les infirmes. Privées de la sagesse et de l'autorité des vieillards, dominées par la prépondérance malsaine de la jeunesse, les populations
tombent dans un état habituel de dégradation
et de souffrance.

Chez les civilisés, comme chez les sauvages,
la famille instable se reconnaît à quelques caractères communs. Elle se constitue par l'union de
deux adultes émancipés, s'accroît par la naissance des enfants, s'amoindrit par les départs
successifs de la nouvelle génération et se dissout
enfin, sans laisser aucune trace, par la mort
précoce des parents abandonnés.

Malgré leur identité, ces phénomènes soulèvent
un plus vif sentiment de répugnance, quand on
les observe chez les populations instables et
désorganisées, après avoir visité les admirables
familles-souches des régions contiguës. Au lieu
d'arbres séculaires, enracinés dans un sol fer-
tile, donnant de vigoureux rejetons, répandant
autour d'eux une ombre protectrice, on n'a plus
devant soi que de maigres arbrisseaux qui ne
dissimulent pas la tristesse d'un territoire des-
séché.

§ 15

La prospérité ou la souffrance réparties parmi les peuples, selon qu'ils affirment ou nient le vice originel.

Tous les peuples n'emploient pas les mêmes moyens pour se procurer le bonheur, qui est le but commun de leur activité. Les contrastes qu'ils offrent, à cet égard, tiennent à beaucoup de causes qui sont successivement exposées dans ce livre. Ces causes elles-mêmes dérivent en partie des opinions opposées que soulèvent les faits signalés dans ce chapitre comme permanents au sein de l'humanité. Au milieu de leur diversité extrême, les opinions qui règnent à cet égard en Europe et dans les régions contiguës de l'Asie dérivent de deux doctrines contradictoires qui nient ou affirment ces faits et qui se résument en peu de mots.

Selon la première doctrine, qui, depuis plus d'un siècle, se propage surtout dans l'Occident, tous les individus naissent également portés vers le bien, c'est-à-dire vers les idées et les actes qui conduisent les hommes au bonheur. Dans un temps où la science met chaque jour en lumière des vérités nouvelles, les parents s'exposeraient à égarer leurs enfants, s'ils continuaient à leur inculquer les traditions groupées dans le passé sous le nom de loi morale. Ils ont seulement à fournir le pain quotidien aux jeunes générations, jusqu'à ce que celles-ci soient devenues capables de le gagner elles-mêmes par leur travail. Dès qu'elle a obtenu ce résultat, la famille n'a plus qu'à se dissoudre. Abstraction faite de ce lien matériel et momentané, la société comprend seulement deux termes, l'individu et l'État. La majorité des individus fixe, par ses votes, les règles d'après lesquelles l'État doit pourvoir au bonheur de la communauté en assurant la paix sociale.

Selon la seconde doctrine exposée dans ce chapitre, l'enfant dès sa naissance incline généralement vers le mal. La famille, guidée par la tradition de la race, est seule capable de l'amener au bien par la discipline de l'éducation. En dressant les individus à pourvoir à leurs deux besoins essentiels, c'est-à-dire à pratiquer la loi morale et à produire le pain quotidien, la famille fonde la société à son image. Conformément à la même tradition et à la nature des lieux, les chefs de famille se concertent pour gouverner, au besoin par la contrainte, les hommes faits qui ne se montrent pas suffisamment initiés à la pratique de la paix sociale. Enfin, l'État, réduit à sa vraie mission, intervient seulement quand il y a défaillance, soit chez les chefs isolés, soit dans les corps dirigeants qu'ils constituent.

J'affirme que cette seconde doctrine est la vraie. J'en ai fourni la preuve dans de longs écrits. Ici j'ai seulement à redire que les faits permanents sur lesquels elle repose peuvent être constatés par tout observateur de bonne foi. Pour connaître la vérité sur ce premier chapitre, comme sur les suivants, chacun peut recourir à la méthode que j'ai employée et que notre école enseigne journellement.

CHAPITRE II

LES TRAITS VARIABLES DE L'HUMANITÉ

---

§ 1

La lutte éternelle de la nouveauté contre la tradition ou la grande loi de l'histoire.

Je viens d'exposer les phénomènes invariables qui se rattachent à la nature de l'homme et à la satisfaction de ses besoins essentiels. J'ai mis ainsi en lumière un enseignement dont l'empreinte est visible sur l'histoire entière de l'humanité. Dans tous les temps, certaines races d'hommes ont conquis, par la pratique de la loi morale, l'empire qu'elles ont exercé sur la création. Elles ont décliné, parfois même elles sont tombées au-dessous des animaux sociables, quand elles ont abandonné cette pratique. Enfin, elles n'y ont conservé leur suprématie qu'en se constituant sous le régime des familles stables. On s'explique donc que la tradition de ce régime,

organisée dans la famille patriarcale ou dans la famille-souche, ait été considérée de tout temps comme la principale condition du bonheur.

Cependant la satisfaction de ce premier besoin n'est pas l'unique enseignement fourni par l'étude de l'histoire et l'observation des peuples contemporains. En même temps qu'elle pratique la loi morale, la famille doit avoir le moyen de subsister, ou, en d'autres termes, être pourvue du pain quotidien. De ce double besoin naît souvent la nécessité qui jusqu'à ce jour, malgré la résistance des chefs de familles stables, a suscité les attaques de la nouveauté contre la tradition et favorisé l'utile intervention des novateurs. En effet, toute race qui prospère, grâce à la satisfaction de ses deux besoins, se multiplie rapidement. L'organisation sociale, qui à un moment donné assure la subsistance d'un peuple prospère, devient bientôt insuffisante, et il est nécessaire alors de la modifier.

La question du pain quotidien, plus encore que celle de la loi morale, a provoqué de tout temps des luttes désastreuses entre les hommes de nouveauté et les hommes de tradition. Dans l'ère actuelle, sous l'influence du vice et de l'erreur, l'antagonisme des deux partis propage plus que jamais la souffrance en Europe. Toutefois l'étude des anciens et l'observation des modernes démontre que les deux tendances ne sont pas nécessairement contradictoires. Le passé et le présent offrent de bons exemples d'harmonie. L'école de la paix sociale recherche avec prédilection ses exemples. Appuyée sur les faits, elle enseigne comment les familles, en se multipliant, ont pu, sans compromettre le bonheur de la race, accroître la production du pain quotidien par la transformation de leurs rapports mutuels et de leurs méthodes de travail.

Les événements de force majeure amenés par cette transformation incessante des sociétés sont décrits ci-après.

§ 2

Comment le travail, nécessaire à la production du pain quotidien, a transformé, durant trois âges successifs, la condition des familles et des sociétés.

Les familles stables ont recours à une foule de combinaisons pour assurer le pain quotidien aux familles que fondent leurs rejetons. En général, elles commencent par défricher les portions de territoire peu fertiles en productions spontanées ; puis elles en augmentent la force productive par certaines variétés du travail agricole. Ailleurs, elles ne changent rien dans l'emploi donné au sol par les régimes antérieurs : elles se bornent à établir sur des espaces très circonscrits des ateliers de mineurs et de manufacturiers qui, sans restreindre le travail ancien, créent des produits nouveaux. Elles introduisent également avec succès l'élaboration des matières brutes et l'exploitation des métaux sur les sols absolument stériles; et elles créent les moyens de transport nécessaires pour y amener leur nourriture aux manufacturiers et aux mineurs. Enfin, elles reproduisent ces mêmes combinaisons sur une plus grande échelle, hors du territoire et dans des régions inoccupées. En même temps, elles organisent des moyens de transport pour conduire les émigrants aux lieux de destination, et pour opérer l'échange de nouveaux produits avec ceux que les colons continuent à recevoir de la mère patrie.

Toutes ces nouveautés développent progressivement, au sein des races primitives et simples, une complication à laquelle l'expérience et la raison n'assignent aucune limite. Elles multiplient et compliquent à la fois les procédés de travail, les moyens de transport, les productions naturelles et les outils employés aux récoltes, les forces matérielles qui secondent à l'infini l'action des bras, enfin et surtout, les cultures intellectuelles qui fortifient l'esprit humain, stimulent les aptitudes d'où sortent les inventions utiles, et président de plus en plus à l'exercice des professions.

L'extension indéfinie des régimes de nouveauté entraîne d'autres conséquences qui ont, sur la destinée des peuples, une action encore plus décisive. Dans l'organisation primitive des sociétés, chaque famille se procure par sa propre activité les produits nécessaires à sa subsistance, et elle les consomme sur les lieux de production. Sous le régime des travaux compliqués et des transports lointains, une variété extrême s'établit successivement dans les rapports mutuels des familles. On voit naître d'abord l'association des efforts dans les conditions d'égalité que comportent les travaux simples, ayant pour objet la récolte des productions spontanées. Viennent ensuite les organisations hiérarchiques, propres aux arts modernes, qui exigent le concours simultané de nombreuses familles pourvues d'aptitudes très diverses et formées, quoique dans le même voisinage, par des éducations fort inégales. Enfin, sous les régimes les plus compliqués, le commerce établit des contacts journaliers entre des hommes qui viennent, de toutes parts, échanger les productions de leur pays. Au milieu de ces associations, de ces hiérarchies et de ces contacts, les parents, même dans les familles stables, ne restent plus maîtres de conformer à la coutume des ancêtres l'éducation de leurs enfants. Selon que les influences dominantes affermissent ou ébranlent la loi morale,

la race marche rapidement vers la prospérité
ou vers la souffrance.

Parmi les nouveautés matérielles et intellectuelles qui transforment si profondément la condition des hommes et des choses, il en est dont
l'action a été particulièrement brusque et puissante. Les époques de leur apparition ont ouvert,
pour les lieux qui en ont été le théâtre, des périodes caractéristiques que l'on a nommées « les
époques de l'histoire ». Cette manière de classer
le temps a souvent contribué à jeter une vive
lumière sur l'exposé d'une longue série d'événements. Quant au classement adopté, il a varié
selon la nature du sujet, le nombre des détails et
le point de vue où l'auteur s'est placé devant les
tableaux de l'histoire. Pour l'aperçu sommaire
qui fait l'objet de ce livre, il m'a suffi de distinguer trois âges dans l'histoire du travail.

Ces trois âges ne sont pas nés simultanément
sur toute la terre habitable. Ils se rattachent,
non à l'histoire générale du globe, mais à
l'histoire spéciale des localités. Le régime de
simplicité décrit à l'orient de l'Europe par les
écrivains de l'Ancien Testament et les premiers
historiens de la Grèce a persisté en partie, jusqu'à ce jour, dans les mêmes lieux. Le régime
de complication, qui domine aujourd'hui dans
l'Occident, s'y est progressivement substitué aux
deux premiers. Ceux-ci, cependant, n'ont pas

complètement disparu au milieu des envahissements des nouveautés dont je viens de faire
l'énumération : ils restent disséminés à l'état
d'oasis dans quelques montagnes qui sont jusqu'à ce jour restées en dehors de grandes voies
commerciales, et qui constituent encore d'heureuses patries à la tradition et à la simplicité.

§ 3

**Les nouveautés caractéristiques qui, pendant les deux derniers
âges, ont modifié l'organisation primitive du travail.**

La variété des constitutions sociales était encore
un des traits dominants de l'Europe à l'époque
où je commençai l'étude des sociétés. Comme
je l'ai dit ci-dessus, l'organisation primitive
subsiste encore çà et là. Toutefois, l'invention
des voies ferrées a ouvert tout récemment un
nouvel âge. Elle a déjà produit, sur les races où
se conservait la constitution de l'âge primitif,
un changement plus profond que tous ceux qui
s'étaient opérés au cours de l'âge précédent.
J'ai pu ainsi, sans m'éloigner beaucoup des
frontières de l'Europe, observer comparativement l'organisation primitive du travail, les
nouveautés caractéristiques qui s'y sont lentement introduites pendant le deuxième âge, enfin
les transformations inouïes qui, depuis l'époque

de mon premier voyage, se sont opérées, des rivages de l'Atlantique aux frontières de l'Asie, et gagnent maintenant les autres parties du monde.

Dans les paragraphes qui suivent, je donne la définition sommaire des trois âges. J'insiste principalement sur les éléments caractéristiques du travail qui procure le pain quotidien. En même temps, je montre comment les professions qui se rapportent aux principales branches de travail apparaissent successivement selon la nature des lieux et l'agglomération des hommes. Quant à l'exposé des conséquences que ces changements ont produites en ce qui touche le bonheur des familles, il se rattache naturellement au chapitre III. Après y avoir décrit les principes de la Constitution essentielle, j'indiquerai comment chaque race, selon la nature du travail dominant, est portée à pratiquer ou à enfreindre la loi morale.

§ 4

Le premier âge de l'humanité, ou l'organisation primitive du travail.

Les races primitives emploient les procédés de travail les plus simples : elles pourvoient à leur subsistance en récoltant les productions spontanées du sol et des eaux. Parmi ces races, il a existé de tout temps des populations nombreuses, qui doivent principalement à l'une de ses productions léur stabilité et leur bien-être. Le territoire où elles sont établies porte en abondance des herbes éminemment propres au développement naturel des animaux terrestres, qui fournissent des éléments utiles à la nourriture, à l'habitation et au vêtement de l'homme. Au milieu de nuances variées, ces races se rattachent à deux catégories principales. Les premières, vivant à l'état nomade, sans résidence fixe, sont habituellement nommées « sauvages », comme le gibier qu'elles poursuivent. Les secondes, demi-sédentaires pour la plupart, réduisent en domesticité les animaux les plus utiles et les multiplient par l'industrie du pâturage. Le travail ordinaire est habituellement complété, chez les chasseurs, par la pêche sur les rivières, et par la cueillette des végétaux; chez les pasteurs, par ces mêmes industries et par la chasse.

Les travaux caractéristiques des deux races sont exécutés par l'effort direct des bras, avec le concours habituel d'armes, d'outils et d'engins parfois ingénieux et toujours simples. Chez les races mobiles, l'apprentissage de la profession est tout spontané dans la jeunesse et uniquement fondé sur la pratique de l'état. Néanmoins, il a toujours pour résultat une dextérité singulière dans l'emploi des instruments de travail, une perspicacité extraordinaire pour l'appréciation des phénomènes, utiles ou nuisibles, liés à la nature des lieux, des animaux et des plantes, enfin un développement considérable de la force du corps et de ses principales facultés.

L'esprit de tradition est la qualité qui distingue, entre toutes, les bonnes races de sauvages et de pasteurs. Il se reconnaît à un ensemble de caractères très bien définis. L'individu a le sentiment du bonheur dont il jouit. Il se livre avec passion à l'exercice de son travail, même sous l'influence de rudes intempéries. Amené sous des climats tempérés par quelque bienveillant patronage, il se prête avec répugnance à des travaux relativement doux et faciles, mais dans lesquels son initiative ne s'exerce plus. Il souffre alors et périt même, si on ne le ramène pas au lieu natal. Parfois, il est vrai, sous le régime des productions spontanées, la sécurité de l'existence est loin d'être établie aussi solidement que sous les bons régimes du deuxième âge; tel est le cas surtout chez les sauvages. Mais c'est précisément dans cette vie aventureuse que la conquête du pain quotidien devient une passion. Ce sentiment appartient, non au sauvage, mais à la nature humaine : c'est le charme attaché à la lutte contre le hasard; c'est l'entraînement que suscite le ré-

gime des loteries chez les civilisés. Beaucoup de
ces derniers gardent d'ailleurs une sorte de passion pour la chasse, la pêche et la cueillette.
Ceux que les circonstances amènent à demander
momentanément à ce genre de travaux leurs
moyens d'existence, reprennent souvent avec répugnance leurs anciennes habitudes. Les voyageurs quittent toujours avec un regret indéfinis-
sable les scènes grandioses qui ont conservé l'empreinte de la nature. J'ai éprouvé ce sentiment,
avec mes compagnons de voyage, chaque fois que
j'ai quitté les steppes de l'Europe et de l'Asie.

Parmi les races qui empruntent leurs principaux moyens de subsistance à l'exploitation des
productions spontanées, on peut encore citer les
pêcheurs côtiers, les forestiers et les mineurs.
Toutefois, elles restent sans importance dans
l'organisation primitive du travail. Sous ce régime, la pêche côtière le long des rivages de
l'Océan est une simple cueillette qui exploite la
zone découverte par le reflux ; l'art des forêts
n'est pas, à vrai dire, constitué, et l'art des mines
se réduit au lavage de quelques minerais d'allu-
vion. Ces industries, en effet, ne sont développées que grâce aux machines puissantes, aux
procédés de travail, aux moyens de transport et
aux forces motrices naturelles, dont l'invention
ou le perfectionnement appartiennent au deuxième
âge.

En résumé, l'organisation primitive du travail a eu pour point de départ principal l'abondance des herbes, et, pour moyen d'action, des outils simples, mus par les bras de l'homme. La tradition a été conservée par le vœu unanime de la race, quand un bon régime d'émigration a été institué. La nouveauté est apparue seulement, quand elle a été, soit provoquée par les familles trop agglomérées à l'intérieur du pays, soit introduite par l'influence prépondérante d'un pouvoir étranger.

§ 5

Le deuxième âge du travail.

L'industrie pastorale, qui a mis sous la direction de l'homme la production des animaux utiles, a introduit une première déviation dans le régime des productions spontanées. Le défrichement du sol par le travail direct des bras assisté d'un outil a dû souvent survenir, sans enlever à l'âge primitif son caractère dominant. Toutefois, le deuxième âge n'a été réellement constitué que le jour où l'homme a su atteler un animal domestique à la charrue, c'est-à-dire plier à son service un moteur distinct, au lieu de se borner à mettre directement en œuvre l'effort de ses bras.

Pourvue de cet instrument de travail, la famille de l'agriculteur prit peu à peu les idées, les sentiments et les mœurs, d'où devaient sortir les manifestations prépondérantes de l'esprit de nouveauté. La population agricole comprit les avantages que lui assurait la transformation du sol. Elle échappa, en conséquence, à l'esprit excessif de tradition qui se perpétuait chez les chasseurs et les pasteurs, avec cette croyance que leur bien-être était nécessairement lié à l'état originel du territoire. Arraché à cette fausse conception de ses rapports avec la nature, l'agriculteur n'a plus craint de la modifier. La conciliation de la tradition et de la nouveauté, l'un des changements féconds et le trait caractéristique du deuxième âge, s'est opérée dans son esprit.

Pénétrées de cette tendance, les races agricoles ont étendu à une foule d'opérations, devant lesquelles l'homme restait impuissant, le principe fécond appliqué par la charrue au travail de la terre. Après avoir inventé d'abord des machines mues par les animaux, elles ont remplacé ces moteurs dispendieux par la force plus économique des vents et des eaux courantes. Elles ont ainsi développé les trois industries qui, dans l'âge précédent, étaient restées à l'état rudimentaire.

La pêche côtière a été constituée par la merveilleuse invention des barques à voiles. Cette nouvelle industrie a fourni d'immenses moyens de subsistance, sans absorber une portion notable des forces productives du territoire national, ou plutôt elle y a annexé une zone marine, aussi productive que les meilleures terres herbues. Elle a fait naître une race admirable, qui par sa tendance à pratiquer la loi morale, égale, si elle ne les dépasse, les meilleures races de pasteurs; qui crée le personnel de la grande pêche et procure à la nation un supplément de subsistance fourni par l'Océan entier; qui, enfin, est le plus utile auxiliaire du commerce, en lui procurant le personnel des transports maritimes.

L'art forestier a été organisé par une foule d'inventions ingénieuses, sur les montagnes qui en sont le principal siège. Telles sont notamment : les diverses sortes de flottage qui transportent les bois; « les flots » ou « lâchures » d'eaux courantes; les glissoires qui appliquent à ce transport l'action de la gravité, la plus économique des forces naturelles; les machines et les appareils servant à façonner les bois bruts pour d'innombrables destinations. En créant cet art sur des sols impropres à l'agriculture et aux autres industries, le deuxième âge a réalisé de grands avantages, savoir : aux régions forestières, il a procuré la fixation de l'élément combustible répandu par traces dans l'atmosphère à l'état ga-

zeux, et en conséquence une source économique
de chaleur pour les foyers domestiques et pour
les ateliers de travail; des moyens de subsistance
pour les forestiers proprement dits et pour une
foule de professions accessoires; à l'ensemble du
territoire, il a garanti les bienfaits assurés par
la modération des vents destructeurs, l'accroissement des pluies fécondes, la régularité introduite
dans le régime des sources et des eaux courantes,
l'action plus uniforme et plus salubre exercée
par l'air sur la santé publique.

L'art des mines a été constitué grâce à l'invention de machines puissantes et de matières
explosibles utilisées pour l'abatage de la roche,
l'épuisement des eaux souterraires, le transport
des hommes entre la surface du sol et les ateliers de travail organisés à d'immenses profondeurs et parfois même sous les rivages de
l'Océan, l'élévation des minerais exploités dans
ces ateliers, la préparation mécanique et le trai-
tement métallurgique des minerais, enfin les
opérations variées accessoirement liées aux précédentes. Dans les pays de plaines et de collines,
ces travaux s'appliquent surtout à la fabrication
du fer et à l'extraction des combustibles minéraux. Dans les montagnes, ils ont pour but principal l'exploitation des métaux plus précieux. En
certaines localités modèles, ces travaux sont unis
intimement à ceux des grandes forêts. Les races

livrées à cet ensemble d'occupations offrent depuis
des siècles aux nations européennes des exemples
admirables de stabilité et de paix.

A partir de la Renaissance, quand le sol de
l'Occident eut été défriché par les agriculteurs,
l'industrie manufacturière commença à se développer dans des ateliers nombreux, mais qui
n'occupaient relativement qu'une faible partie du
territoire. Les machines nouvelles furent encore
les plus actives causes de ce développement. Elles
eurent successivement pour objet la fusion des
minerais de fer, la préparation des métaux sous
une multitude de formes, le filage, le tissage des
matières textiles, les élaborations innombrables
des céréales. des bois, des cuirs et des peaux,
la fabrication du papier, des verres, des poteries.
Dans ces ateliers l'effort de l'homme fut épargné,
grâce à l'invention d'une foule d'engins et d'appareils auxquels le mouvement était imprimé, par
les eaux courantes, avec une grande variété de
moyens. Enfin, après le rétablissement de la paix
générale en 1815, la force motrice de l'eau cou-
rante fut complétée, suivant une proportion
rapidement croissante, par celle de la vapeur.

Toutes ces nouveautés caractéristiques du
deuxième âge se sont surtout accumulées depuis
le commencement du XVIe siècle. Sous cette
influence, des changements considérables sont
survenus dans la constitution sociale des peuples.

2*

Les localités favorables à l'industrie manufacturière ont fabriqué des objets ouvrés en telle quantité et à si bas prix, que les producteurs ont pu les exporter dans toutes les régions du globe. Des classes nombreuses de commerçants se sont formées pour opérer ces vastes transactions qui, à raison de leur importance, constituent en réalité pour l'humanité un fait sans précédents. La plupart des industries commerciales consistent en travaux de transport qui amènent, de toutes parts, aux centres manufacturiers les matières brutes à ouvrer et les subsistances nécessaires aux ouvriers; et ces travaux ont pour complément la distribution des matières ouvrées entre les lieux de consommation. Le premier besoin du commerce est donc de créer des voies économiques pour le transport des hommes et des choses. Ce but a été atteint récemment par des inventions où des machines ingénieuses jouent, comme dans les autres arts usuels, un rôle prépondérant. Je montrerai, au paragraphe suivant, que l'une de ces inventions contribue maintenant, plus que toute autre nouveauté survenue dans le deuxième âge, à transformer les constitutions sociales du globe.

C'est ainsi que les novateurs s'écartent des voies de la tradition, sans y rencontrer d'obstacle infranchissable. Grâce au concours d'une machine, ils peuvent toujours se procurer la sub-

sistance que ne produit pas le seul effort de
leurs bras ; et ils se multiplient de plus en plus
sur les territoires où dominent les industries
agricoles, manufacturières et commerciales. Le
progrès matériel qui se manifeste sans inter-
ruption par l'accroissement des subsistances et
l'agglomération des hommes, a pour résultat
principal la création rapide des villes populeuses,
où s'accumulent les richesses produites par les
manufacturiers et transportées par les commerçants. C'est également dans les villes que se
fondent une multitude d'établissements consacrés, chez les nations prospères, à la direction
et à la tutelle des grands intérêts privés, publics
et nationaux. Parmi ces établissements, on doit
citer : les habitations accessoires des sommités
sociales qui ont dans les campagnes leur principale résidence ; les habitations et les ateliers
des manufacturiers et des commerçants qui sont
tenus de mener la vie urbaine; les professions
libérales qui pourvoient aux besoins légitimes
créés par le développement de la richesse, de la
culture intellectuelle et de la puissance nationale.
Les villes servent aussi de foyers à ces réunions
privées et à ces corporations de bien public, où
se réunissent les illustrations professionnelles
qui se donnent la mission de concourir à la stabilité, à la paix et à la grandeur de la race. Enfin
certaines villes sont le siège obligé des institu-

tions politiques qui sont formellement chargées
de ces mêmes devoirs à l'égard des localités
rurales, des provinces et de l'État. A mesure
que la puissance de production se concentre sur
des points déterminés, et que s'étend le réseau
des voies de transport perfectionnées, il arrive
naturellement que la hiérarchie des villes exerce
une action de plus en plus prépondérante sur le
monde entier.

Toutefois, le deuxième âge se manifeste, en
outre, par des nouveautés non moins fécondes
et par des progrès plus extraordinaires. Les
efforts intellectuels appliqués avec ardeur, dans
les arts usuels, à l'invention des méthodes de
travail et des machines qui en sont l'instrument,
ont développé dans l'esprit humain des forces
précédemment inconnues. Ainsi fortifié dans les
aptitudes du corps et de la pensée, l'homme a
voulu connaître jusque dans leurs principes et
leur constitution intime les forces et les matières
que la pratique de l'art mettait à son service.
Pour atteindre ce but, il a créé par l'observation
des faits la science du monde physique, et ouvert
ainsi à l'humanité une source de progrès intellectuels dont la fécondité est sans limites. Cette
étude est cultivée avec succès depuis la Renaissance; et, à son tour, la science apporte aux arts
usuels des moyens illimités de progrès.

L'union féconde de la science et de l'art a

pour conséquence une autre nouveauté dont l'action se fait déjà sentir dans les sociétés modernes. Les hommes qui réunissent, à un degré éminent, ces deux aptitudes parviennent rapidement, quel que soit leur point de départ, à l'ascendant social que donnent la possession de la richesse et l'habile direction des hommes attachés, en grand nombre, à une œuvre difficile. Ils fournissent donc des éléments précieux à l'organisation hiérarchique, sans laquelle une grande nation ne saurait acquérir une prépondérance légitime parmi ses émules.

Tels sont les faits qui mettent en lumière les contrastes essentiels établis par les régimes du travail entre les deux premiers âges de l'humanité. Dans l'âge primitif, chaque territoire où règne la paix atteint bientôt, sous des conditions permanentes, l'état d'équilibre qui doit exister partout entre la production des subsistances et le développement de la population. Si, en outre, chaque famille a conquis la stabilité, elle possède le bien-être matériel fondé sur la régularité des subsistances, et les ressources intellectuelles fixées par l'emploi invariable de ses facultés. Sous ce régime, en résumé, la tradition règle d'une manière absolue la production du sol, comme l'organisation du foyer domestique et de l'atelier de travail. Au contraire, dans le deuxième âge, la nouveauté règne en maîtresse

sur tous les éléments de l'activité sociale. Elle
tend à l'accroissement des subsistances et à
l'agglomération des hommes. Elle se manifeste
par trois phénomènes principaux qui sont, à la
fois, les résultats directs de l'esprit dominant
et la cause efficace de changements successifs.
Ces traits saillants de la nouveauté au deuxième
âge peuvent se résumer ainsi sous leur forme
la plus sommaire : les inventions qui fécondent
le travail matériel et développent l'intelligence
de l'homme ; celles qui diminuent le prix des
transports et favorisent la circulation rapide des
choses, des hommes et des idées ; enfin l'extension incessante des villes, d'où part l'impulsion
imprimée à ces progrès de la vie matérielle et
intellectuelle.

§ 6

Le troisième âge du travail.

En restant au point de vue où je me suis
placé dans ce chapitre, c'est-à-dire en prenant
pour unique but de mon étude l'impulsion imprimée à l'accroissement des subsistances, à
l'agglomération des hommes et au développement
des cultures intellectuelles, je trouve une différence considérable entre le présent et le passé.
Cette différence existe surtout dans la rapidité

relative du mouvement qui entraîne vers la nouveauté les choses, les idées et les hommes.

L'accélération extraordinaire de ce mouvement est due à un ensemble d'inventions qui ont entre elles une connexion intime. La machine à vapeur a permis de multiplier à l'infini, sur toute la surface du territoire, les grandes usines agricoles, manufacturières et commerciales, dont la production restait localisée et limitée, quand elles devaient demander la force motrice aux animaux, aux vents et aux cours d'eau. Trois inventions principales ont presque transformé le régime du travail, en diminuant le prix et surtout en augmentant la vitesse des transports. L'accélération du mouvement, toujours considérable, a varié selon la nature, maritime ou terrestre, des espaces à franchir, et surtout selon la nature plus ou moins matérielle des objets à transporter. Sur l'Océan, pour les voyageurs et les marchandises précieuses, l'ancienne vitesse a été triplée par les bateaux à vapeur; elle a été décuplée sur les continents par les chemins de fer. Partout, sur mer comme sur terre, elle a été centuplée, pour les idées, par le télégraphe électrique. Sous ces influences, la nouveauté envahit dans des proportions immenses, et avec une rapidité inouïe, tous les détails de l'activité sociale. Elle peut se résumer en quelques traits saisissants.

Grâce à l'impulsion, relativement active, imprimée à l'Europe par l'esprit nouveau qui apparut à l'époque de la Renaissance, de grands développements ont été donnés à l'agglomération des hommes, à la circulation des idées et aux organisations du travail : depuis que l'âge de la houille est ouvert, un demi-siècle a suffi pour rendre en beaucoup de lieux l'ancien état de choses méconnaissable.

Cependant l'accroissement progressif des nouveautés a été, aux époques de stabilité et de paix, un trait commun à toutes les races qui ont rompu avec l'esprit absolu de tradition, en modifiant, par la charrue, les productions spontanées du sol. Les faits que je viens d'indiquer ne suffiraient donc pas pour démontrer l'avènement d'une force de transformation comparable par l'énergie de son action à celle qui fit entrer les races primitives dans les voies du deuxième âge. Mais la naissance du troisième âge est justifiée par une révolution sans exemple qui s'accomplit au sein de l'humanité : c'est l'action puissante exercée désormais par les voies ferrées sur les traditions, bonnes ou mauvaises, des races primitives.

Les traditions auxquelles je fais présente ent allusion tranchent fortement avec les idées et les mœurs qui prévalent de plus en plus dans les grandes villes de l'Occident. Elles ont sur-

tout pour objet les habitudes simples et frugales
du foyer domestique, les anciennes règles de
médecine et d'hygiène, l'attachement aux vieilles
méthodes de travail et d'apprentissage, les
croyances naïves ou superstitieuses liées à certaines pratiques de religion, l'usage plus ou
moins exclusif des patois locaux, la conservation
du costume caractéristique de la race, et, en
général, les sentiments de prédilection pour les
coutumes léguées par les ancêtres. Pendant les
vingt premières années de mes voyages, j'ai
trouvé ces coutumes en vigueur dans la plupart
des contrées où les routes empierrées restaient
inconnues. Depuis lors, je les ai vu disparaître
à mesure que les voies ferrées s'établissaient.
Souvent l'œuvre de destruction était immédiate
dans la zone qui fournissait des ouvriers aux
entrepreneurs des travaux; toujours elle se pro-
pageait, autour de cette zone, avec l'aide du
temps.

Les causes de la transformation extraordinaire
que les voies ferrées accomplissent maintenant
dans le monde social, est mise en lumière par
des faits évidents. Sous l'ancien régime des
transports, les grands déplacements d'hommes
opérés en dehors des entreprises de guerre ne
pouvaient avoir lieu au delà de courtes distances.
Même sur les routes pourvues des meilleures
voitures à chevaux, la circulation était arrêtée

dès qu'une légère augmentation survenait dans
le nombre des voyageurs. Ceux qui, partant des
centres importants d'activité, voulaient pénétrer
dans quelque région habitée par une race primitive, avaient à surmonter une foule d'obstacles
dont la difficulté s'accroissait en raison de la
distance déjà franchie. Cette difficulté ne pouvait être écartée en multipliant les chevaux
employés au service des voies de transport ; car
ce moyen eût été en contradiction formelle avec
le but principal, qui est la multiplication des
hommes. Presque partout, en effet, la surface
de terrain nécessaire à la nourriture et à l'entretien d'un cheval de grande vitesse est supérieure à celle qui suffit aux besoins d'un fort
ouvrier.

Parmi les obstacles que me firent affronter, au
début de mes voyages, l'ardeur de la jeunesse
et l'amour de la science, je me rappelle souvent,
non sans quelque émotion, les transbordements
successifs sur des voitures qui, non loin de Paris,
mon point de départ, devenaient chaque jour
moins rapides et plus incommodes, puis le recours
obligé à des véhicules qui constituaient des instruments de torture. Quand j'avais atteint les régions où, faute de routes et de plateaux herbus,
l'emploi des voitures devenait impossible, je me
trouvais en présence d'une autre série d'inconvénients : le passage subit de l'emploi des voi-

tures à celui des animaux de selle et de bât;
l'abandon forcé de la majeure partie du bagage,
parfois même des instruments nécessaires au
travail scientifique, et des objets qui devaient
préserver le corps des intempéries ou pourvoir
aux soins de propreté; l'obligation de dormir
sans abri, de supporter sans transition le chaud
et le froid, la sécheresse et l'humidité, puis
l'épreuve la plus cruelle, la fièvre qui condamne
à l'impuissance le voyageur parvenu, après tant
de fatigues, sur les lieux qu'il voulait étudier.
Enfin, j'ai constaté combien ces obstacles étaient
aggravés, dans mon état d'isolement au milieu
de populations primitives, par l'ignorance des
langages et le défaut de sécurité.

Les voies ferrées, secondées par les bateaux
à vapeur et les télégraphes électriques, n'ont
pas seulement pour résultat de transformer rapidement le monde, en bien ou en mal, par le
transport facile des hommes de nouveauté au
milieu des territoires sur lesquels l'esprit de
tradition régnait dès l'origine des sociétés humaines. Ces merveilleux engins amènent depuis
un demi-siècle une foule d'avantages qui, considérés en eux-mêmes, sont des bienfaits évidents.
Ces bienfaits sont acquis aux familles stables de
toutes les races et à tous les peuples, prospères
ou souffrants, qui savent faire un emploi judicieux des inventions du troisième âge.

Sur les territoires sillonnés de voies ferrées, les familles stables sont plus facilement qu'autrefois en mesure de satisfaire à leur préoccupation principale, à savoir : établir dans une situation convenable leurs nombreux rejetons, et, en conséquence, perpétuer à travers les siècles la transmission intégrale et simultanée du foyer domestique et de l'atelier de travail des ancêtres. Elles peuvent, en effet, soit attacher les émigrants du foyer paternel aux établissements que la houille, la vapeur et l'électricité font éclore chaque jour dans la plupart des voisinages, soit les acheminer, par les bateaux à vapeur et les voies ferrées coloniales, jusqu'aux territoires à peupler par le défrichement ou l'importation des arts usuels.

Placés dans ces conditions, tous les peuples prospères ont les moyens de poursuivre, avec une force inouïe d'accélération, les conquêtes que le deuxième âge leur avait déjà procurées dans l'exploitation du territoire, le travail de la matière et la culture de l'intelligence. L'opinion publique est frappée de cette rapide succession de résultats utiles. Peu à peu, les contemporains adoptent une croyance opposée à celle qui dominait parmi les poètes et les historiens de l'antiquité : ils se persuadent que les sociétés, sous l'impulsion d'une force mystérieuse qui est en elles, marchent fatalement vers le bonheur malgré les défaillances individuelles. Cette croyance est au moins à l'état latent dans la plupart des jugements portés, à notre époque, sur l'histoire; et, de loin en loin, on la voit apparaître dans une doctrine que l'on a appelée « le progrès continu ».

Les peuples souffrants, qui ont perdu les traditions de la stabilité et de la paix, peuvent les retrouver en pleine évidence dans l'état de simplicité que conservent beaucoup de familles stables et primitives. C'est dans ces conditions qu'elles me sont d'abord apparues, ainsi que je l'ai indiqué dans l'aperçu préliminaire. Je viens de dire les épreuves que j'ai subies, au début de mes voyages, dans le cours de cette recherche. Je dois d'ailleurs ajouter que, dans le même temps, plusieurs amis dévoués aux arts usuels, aux arts libéraux et aux sciences de la nature, ont été arrêtés par une mort cruelle au début de leur carrière. Aujourd'hui, le troisième âge met à l'abri de ces épreuves les savants animés du même esprit. Ainsi, par exemple, ils pénètrent avec toutes les conditions de bien-être et de sécurité dans les régions qu'habitent encore des races sauvages : dans le bassin de l'Amazone, au moyen des bateaux à vapeur; dans les déserts situés à l'ouest des États-Unis, au moyen des voies ferrées qui réunissent l'Atlantique au Pacifique. Dans ces expéditions, les savants, isolés ou associés, disposent du personnel et du matériel nécessaires pour observer la nature et prendre sur les indigènes l'ascendant que réclame l'accomplissement de leurs entreprises.

Enfin, les travaux des missionnaires chrétiens qui se dévouent à l'amélioration matérielle et morale des races sauvages, souffrantes ou dégradées, offrent la preuve la plus saisissante des effets attribués dans ce paragraphe aux voies rapides créées par la vapeur et l'électricité. Un trait suffira pour mettre en lumière le contraste absolu qui règne, sous ce rapport, entre le troisième âge et les précédents. Un voyageur, formé à l'école de la paix sociale, vient d'observer dans une île de l'océan Pacifique[1] une race d'hommes qui, jusqu'en 1830, était restée anthropophage. Depuis lors, un corps de missionnaires, recruté et approvisionné par une ligne de bateaux à vapeur, a entrepris de ramener cette race dégradée à la pratique de la Constitution essentielle. Dès 1878, ce but avait été atteint : les nouveaux chrétiens portaient le costume en usage dans la mère patrie de leurs maîtres, et ils pratiquaient la meilleure coutume de la famille stable.

[1] Les îles Loyalty, voisines de la Nouvelle-Calédonie.

§ 7

Le travail du pain quotidien sous les trois âges, et le nom caractéristique de chacun d'eux.

Le premier âge se distingue des deux suivants par trois caractères qui lui sont propres. Le travail a pour objet des récoltes que créent les forces de la nature, sans imposer aucun effort préalable aux populations. Assurées d'un tel avantage, celles-ci montrent une aversion instinctive contre le changement. Enfin, l'amour de la tradition est d'autant plus naturel que le travail unique imposé à l'homme est attrayant et souvent même répond à l'inspiration d'un entraînement passionné. Sous ce régime, deux races, les chasseurs et les pasteurs, ont la prépondérance. Les premiers ont pour principal abri les arbres des forêts, et pour aliments les animaux qui paissent dans les clairières. Les seconds habitent les steppes où paissent des animaux qui se reproduisent dans l'état de domesticité. Les uns et les autres ont ainsi un moyen commun de subsistance : la possession de territoires où se produit spontanément une ample moisson d'herbes. Ils pourvoient d'ailleurs aux travaux de la chasse et du pâturage par l'effort direct des bras, armés tout au plus de quelques engins fort simples, et ils ne recourent jamais à des machines mues par les forces de la nature. Les lieux et les hommes parmi lesquels se perpétue un tel régime marquent une époque que l'on caractérise suffisamment en l'appelant « l'âge des herbes et des engins à bras ».

Le deuxième âge ne tranche nulle part d'une manière complète avec celui qui l'a précédé. En général, les pâturages et les forêts persistent encore sur une partie du territoire ; la chasse des animaux sauvages se perpétue même, tout au moins comme moyen de récréation. Ainsi que je l'ai indiqué ci-dessus (II, 5), la nouveauté caractéristique consiste en ce que la majeure partie du territoire est consacrée à six branches de travaux relativement pénibles. Pour les accomplir, la population épargne autant que possible l'effort de ses bras, en y substituant celui d'une foule de machines qu'elle se borne a diriger. On caractérise donc avec précision cette époque du travail, en l'appelant « l'âge des machines mues par les animaux, les vents et les eaux courantes ».

Le troisième âge, plus encore que le deuxième, conserv en partie les éléments utiles de l'âge auquel j succède. Comme je l'ai exposé au paragraphe écédent, il est caractérisé et transformé par qua e nouveautés principales. Celles-ci ont pour objet quelques applications des forces élec-

triques aux arts usuels, et surtout l'emploi universel de la vapeur à la production des subsistances
et au service des transports. Toutefois, quand on
recherche la vraie cause première de ces nouveautés, quand on calcule l'immense développement de chaleur que réclame le régime actuel du
travail, on reconnaît qu'il est presque exclusivement fondé sur la consommation du combustible
fourni par l'exploitation des houillères. La matière et les forces caractéristiques du nouveau
régime nous autorisent donc à nommer l'époque
actuelle « l'âge de la houille, de la vapeur et de
l'électricité ».

Dans le langage courant, on peut encore sim-
plifier les dénominations qui caractérisent les
trois grandes époques du travail. La prépondérance de la production des herbes désigne,
sans qu'il y ait à craindre aucune confusion,
l'organisation primitive. Quant aux deux époques
suivantes, elles sont indiquées, avec toute la
clarté désirable, par la prépondérance des forces
et de la matière qui n'avaient à l'époque précédente qu'un rôle relativement subordonné.

En résumé, j'adopterai cette simplification du
langage quand j'aurai à faire allusion aux progrès matériels et intellectuels qui occupent une
si grande place dans l'histoire de l'humanité.
Pour désigner les trois époques caractéristiques,
j'emploierai les termes suivants dont le sens exact

est maintenant défini : *l'âge des herbes*, *l'âge des machines*, *l'âge de la houille.*

§ 8

Le progrès matériel et intellectuel est stérile ou dangereux, s'il n'est pas complété par un progrès dans la pratique de la loi morale.

L'histoire de l'humanité embrasse un champ plus vaste et constitue un enseignement plus complet que la connaissance du progrès matériel et intellectuel étudié dans ce chapitre. Les véritables historiens mettent en lumière les causes qui procurent aux sociétés le bonheur fondé sur la paix. Or, sur ce point essentiel, ils ont propagé, selon les temps et les lieux, des opinions fort différentes. Les anciens pensaient généralement que l'âge du bonheur était celui des races primitives, soumises à la tradition des ancêtres. Les contemporains inclinent, pour la plupart, à l'entrevoir dans l'avenir des peuples qui s'adonnent à la recherche de la nouveauté.

Ces deux opinions sont également réfutées par l'histoire du passé et par l'observation du présent. Les deux besoins essentiels (1, 5) sont également impérieux. Les sociétés souffrent dès qu'elles ne donnent plus à chacun d'eux les satisfactions nécessaires. Certains peuples, dont l'ascendant était jadis universellement reconnu,

recherchent encore, avec des succès extraordinaires, le progrès matériel et intellectuel qui
produit en abondance le pain quotidien; et
cependant ils sont plongés dans un état de souffrance qui compromet de plus en plus leur avenir.
Ce contraste de progrès et de décadence s'explique
par un fait évident : ces peuples ne savent pas
concilier les admirables nouveautés qui ont ouvert le troisième âge avec la tradition de la loi
morale qui leur assurait le bonheur aux deux
âges précédents. Le chapitre suivant a spécialement pour objet d'établir cette vérité d'après
l'expérience des races vouées à toutes les formes
du travail.

CHAPITRE III

LES PRINCIPES ET LES COUTUMES DE LA CONSTITUTION ESSENTIELLE

---

§ 1

La tradition de la loi morale assurée par les principes et les coutumes de la Constitution essentielle.

Chez les races fécondes qui établissent sur leur propre territoire les familles de leurs rejetons, il se produit naturellement un contraste entre le régime du pain quotidien et le régime de la loi morale. Le premier répond aux besoins matériels du corps. Comme je viens de l'indiquer au chapitre précédent, ceux-ci varient dans leur nature selon les lieux et les temps, et ils se multiplient dans la même proportion que s'accroît le nombre des familles. Pour être toujours satisfaits, ils réclament la transformation incessante des forces productives du territoire. Le second pourvoit surtout aux aptitudes immatérielles de

l'homme, c'est-à-dire aux facultés intellectuelles
et aux sentiments moraux, dont le développement
n'est plus lié aussi directement à la mise en valeur du sol.

Les facultés intellectuelles sont réparties fort
inégalement entre les individus d'une même famille, et plus encore entre ceux d'une même
race. Elles sont en grande partie innées, et, par
conséquent, en connéxion intime avec l'organisme
physique de chacun. Toutefois, elles se développent beaucoup par l'éducation, notamment par
celle qui est implicitement contenue dans l'exercice des arts usuels et des arts libéraux (II, 5).

Les meilleures organisations sociales élèvent
le niveau intellectuel de la race entière : mais
elles accroissent, plutôt qu'elles ne diminuent,
l'amplitude des inégalités naturelles. L'âge de
la houille, sous l'impulsion qui lui est imprimée jusqu'à ce jour dans l'Occident, tend plus
que les âges précédents à produire ce résultat.
Comme je l'indiquerai plus loin, il convertit en
contrastes douloureux et permanents les inégalités intellectuelles créées en germe par la nature : en multipliant les professions qui procurent
la richesse et la prépondérance sociale aux plus
intelligents, il développe chez ces derniers l'orgueil, souvent même le vice et l'erreur. Sous ces
influences, ceux qui sont ainsi favorisés oublient
ou violent la loi morale, qui leur ordonne de

contribuer, autant qu'il dépend d'eux, au bonheur des individus moins libéralement doués par la nature. Dans les sociétés qui s'agglomèrent et se compliquent pour subvenir à la demande croissante du pain quotidien, il devient donc chaque jour plus difficile de conjurer les inconvénients de la richesse, de la science et de la force, c'est-à-dire des produits légitimes des inégalités naturelles. Heureusement, comme je le constaterai plus loin, l'observation méthodique des faits révèle dans ces mêmes sociétés des forces toutes nouvelles pour réprimer, au sein des générations naissantes, les tendances innées qui les portent à violer la loi morale.

Dans les deux derniers âges, en effet, certaines sociétés ont résolu ce double problème : elles ont concilié les traditions de la loi morale avec les nouveautés du pain quotidien. La famille stable a continué son œuvre principale, la répression du vice originel chez ses enfants. La société a secondé cette œuvre en développant peu à peu certaines institutions qui n'étaient qu'en germe dans l'âge des herbes, et qui ont conjuré les inconvénients qu'aurait pu amener l'agglomération progressive des familles. Ces institutions se rattachent à trois catégories qui, bien que distinctes, sont néanmoins liées entre elles par des rapports intimes, et qui, dans leur ensemble, ont formé à tous les âges la Constitution essentielle de l'humanité. De nos jours comme dans le passé, elles se manifestent par les traits dont les paragraphes suivants offrent la description : par *les principes* qui donnent une impulsion décisive à l'âme et aux intérêts de la communauté; par *les coutumes familiales* qui règlent l'organisation de la famille; enfin, par *les coutumes sociales,* qui président au gouvernement de la société.

§ 2

Les principes de la Constitution, ou les éléments essentiels à toute société prospère.

Sept éléments sont indispensables pour constituer solidement, au sein d'une société, le bonheur fondé sur la stabilité et la paix. Ils réunissent dans un ensemble harmonieux les individus qui, faute de ce lien matériel et moral, donneraient le spectacle de la division et du désordre. Ils forment trois groupes qui sont comparables aux parties principales de tout édifice. Dans les sociétés heureuses, le Décalogue et l'autorité paternelle peuvent être assimilés aux fondements; la religion et la souveraineté, aux ciments qui relient entre eux les matériaux; enfin, la propriété sous ses trois formes, aux matériaux eux mêmes, c'est-à-dire à la partie matérielle de la construction.

Ces principes forment, à vrai dire, toute la constitution chez les races simples et primitives de l'âge des herbes; et, par conséquent, ils s'y présentent à l'observateur avec une évidence irrésistible. Au contraire, chez les races compliquées, ils sont parfois masqués, au premier coup d'œil, par une foule d'institutions signalées bruyamment comme prépondérantes, bien qu'elles n'aient en fait qu'une importance secondaire. Toutefois, si la prospérité règne, la supériorité réelle des principes essentiels apparaît bientôt dans tout son jour à l'observateur attentif.

§ 3

Le premier principe de la constitution : le Décalogue.

Le Décalogue est le premier principe que tous les peuples prospères ont placé en tête de leurs institutions. La tradition orale des dix commandements a été la loi suprême des races simples et primitives. On peut encore observer aujourd'hui la même organisation sociale chez les familles éparses, presque isolées, sur certains territoires de l'Asie centrale. Le texte de ces mêmes commandements a été, au XVIIe siècle, le point de départ de la loi écrite et des coutumes de la Nouvelle-Angleterre. Les novateurs hostiles aux traditions nationales de la France n'ont jamais combattu directement le Décalogue. Il a même été signalé, par l'un des plus renommés [1], comme le code suprême de la sagesse. Ce code, appuyé sur la tradition, présente donc un moyen sûr de grouper, en un faisceau réformiste, beaucoup d'hommes que divisent aujourd'hui des erreurs inspirées par l'esprit de nouveauté.

§ 4

Le deuxième principe de la Constitution : l'autorité paternelle.

L'autorité paternelle est formellement instituée par le IVᵉ commandement du Décalogue. Elle est tout d'abord imposée par la nature même de l'homme, comme l'unique pouvoir humain, et elle s'est toujours perpétuée, sans rivale, chez les familles primitives. Elle repose à la fois sur la loi écrite et la coutume chez deux nations

[1] P.-J. Proud'hon, qui a publié tant d'aberrations sur la religion et la science sociale, a été mieux inspiré en analysant le Décalogue. Il le ramène à sept groupes de vertus et de devoirs ; puis il conclut en ces termes : « Quel magnifique symbole ! quel législateur, que celui qui a établi de pareilles catégories, et qui a su remplir ce cadre ! Cherchez dans tous les devoirs de l'homme et du citoyen quelque chose qui ne se ramène point à cela, vous ne le trouverez point. Au contraire, si vous me montrez quelque part un seul précepte, une seule obligation irréductible à cette mesure, d'avance je suis fondé à déclarer cette obligation, ce précepte hors de la conscience, et par conséquent arbitraire, injuste, immoral. » (*De l'Utilité de la célébration du dimanche*, I, 13 et suiv.)

qui se placent au premier rang dans le monde, en raison des succès extraordinaires qu'elles obtiennent depuis que l'âge de la houille est ouvert. Elle est, à la vérité, attaquée en France depuis 1793 par une loi écrite que servent une foule d'agents intéressés, celle du partage forcé des successions ; mais, depuis lors, le progrès de l'action destructive marche de front avec la déchéance de la race qui en est la victime. L'action prépondérante de l'autorité paternelle est donc démontrée par ces phénomènes éclatants de prospérité et de souffrance. La mention de ce second principe à la suite du Décalogue peut être considérée, à la rigueur, comme faisant double emploi : elle est néanmoins fort opportune. Elle conseillera aux Français et aux peuples voisins qu'ils ont égarés de rentrer, à cet égard, dans la voie suivie par tous les peuples prospères.

§ 5

Le troisième principe de la Constitution : la religion.

La religion, comme l'autorité paternelle et les autres principes, est implicitement contenue dans le Décalogue. C'est, en effet, sur les trois premiers commandements que s'appuient partout la croyance fondamentale de l'institution et les pra-

tiques qui se résument dans les termes suivants :
Dieu n'est pas seulement le créateur de l'univers
et de l'humanité ; il a concédé à celle-ci, par une
exception unique, une partie de sa grandeur et
de sa puissance. Il a dispensé l'homme d'obéir
aveuglément à l'instinct qui lie les animaux
soumis, dans l'intérêt de leur conservation, aux
forces de la nature. Il a concédé le libre arbitre
qui permet à sa créature privilégiée de dominer
ces forces dans une certaine mesure, et de s'établir en maîtresse sur presque toute la terre. Les
sociétés humaines peuvent, il est vrai, abuser de
cette liberté au point de se détruire elles-mêmes,
en supprimant les moyens de conservation assurés aux animaux ; mais une seconde concession
complète la première sans détruire la liberté.
Dieu a révélé au premier homme, dans son Décalogue, la loi morale qui fournit aux familles et
aux sociétés le frein qu'elles ne trouvent pas
dans leur propre nature. Celles-ci réagissent
contre les premiers abus de leur liberté, en de-
mandant à Dieu la grâce qui leur est nécessaire
pour devenir capables d'accomplir cet effort. L'é-
tablissement de cette relation directe de l'homme
avec Dieu s'impose aux familles et aux sociétés
aussi impérieusement que la satisfaction des deux
besoins essentiels : jamais, chez aucune race, on
n'a pu établir ce lien indispensable à la pratique
de la loi morale, sans instituer une autorité spé-

ciale chargée de ce service. Tel est le cas surtout quand le reste du peuple ne suffit pas à la production du pain quotidien. Partout le personnel investi de cette autorité est secondé par des « rites locaux », dont la pratique n'est pas moins nécessaire que la consommation du pain quotidien. Chaque jour, en effet, la faim rappelle à l'homme qu'il a besoin de nourrir son corps. Chaque jour également la pratique des rites lui rappelle qu'il doit être soumis à Dieu pour observer la loi morale, c'est-à-dire pour procurer à son âme la nourriture qui est la seconde source du bien-être temporel. Partout la religion assure aux croyants le même bienfait : elle établit entre eux cet accord admirable que les chrétiens nomment si justement « la paix de Dieu » ; mais elle a pour manifestation extérieure ce personnel et ces rites.

Chez les races simples, cette manifestation est purement domestique. Chez les races compliquées, elle donne lieu à de puissantes institutions qui grandissent à mesure que la majorité des familles, absorbée par le travail croissant du pain quotidien, devient moins capable d'enseigner ses enfants. Partout l'enseignement public de la religion insiste sur l'obéissance à la loi de Dieu et sur la double sanction réservée à la soumission ou à la révolte : dans la présente vie, la prospérité ou la souffrance ; dans la vie éternelle, la récompense ou la punition. La méthode sociale justifie scientifiquement l'existence de cette première sanction temporelle. J'ai en vain cherché parmi les contemporains une seule race d'hommes qui prospère sans prendre pour règles les croyances et les pratiques de la religion.

§ 6

Le quatrième principe de la Constitution : la souveraineté.

L'autorité paternelle, appuyée sur la religion, ne suffit pas pour assurer complètement le règne de la paix, même au sein des sociétés prospères. Alors même que les quatre premiers commandements ne soulèvent aucune résistance formelle, la violation des six autres, sous l'impulsion du vice ou de l'erreur, jette toujours quelque trouble dans la vie privée et dans la vie publique. La société s'abîmerait bientôt dans la discorde, si la justice et la force armée n'agissaient pas de concert pour prévenir les violences, juger les conflits d'intérêts et punir les attentats contre la paix publique. La haute direction de ces deux services est la fonction spéciale de la souveraineté.

Pour la souveraineté comme pour la religion, le principe est partout le même. Mais l'application du principe offre une grande variété, depuis l'extrême simplicité de l'âge des herbes jusqu'à la complication infinie amenée par l'âge de la houille.

§ 7

Les trois derniers principes de la Constitution : la propriété sous ses trois formes.

La propriété foncière est, pour toutes les races d'hommes, le principal moyen de subsistance. Le pain quotidien est d'autant mieux assuré à tous, et la paix sociale a des garanties d'autant plus solides que les familles sont en contact plus intime avec le sol nourricier. Les nations entrées dans l'âge de la houille s'écartent de cette organisation tutélaire : elles séparent le pauvre des productions spontanées et d'une foule d'objets qui pourraient le nourrir sans dommage pour le riche ; et, en conséquence, elles s'exposent à de grandes catastrophes. Heureusement, tout en subissant la nécessité de l'agglomération, les grandes nations, qui se développent maintenant avec une rapidité inouïe, atténuent ce danger de leur condition par une foule de moyens, notamment par une bonne organisation de la propriété foncière.

L'organisation de la propriété dépend de causes innombrables qu'on peut classer en deux groupes. En premier lieu, la condition des propriétaires et

celle de leurs collaborateurs, le mode employé
pour répartir entre eux les produits créés par le
travail de l'homme et les forces de la nature,
enfin les rapports de toute sorte établis entre les
deux intérêts par la coutume des localités. En
second lieu, la constitution du sol et du climat,
la nature et la destination des produits et les
relations qui unissent, dans la contrée environnante, le personnel de l'exploitation à celui des
autres professions.

Considérées dans leurs détails, sous ces diverses influences, les formes de la propriété se
présentent en nombre infini. Toutefois, si l'on ne
tient pas compte des traits secondaires, si l'on
fait surtout abstraction des vices nombreux qu'introduit, dans l'institution, la corruption des races
compliquées, on voit clairement apparaître la
simplicité des principes. D'un autre côté, l'observation actuelle des trois âges qui persistent de
nos jours, en beaucoup de lieux, sur les diverses
régions du globe, démontre que les propriétés
instituées sur un territoire sont, pour toutes les
familles qui l'habitent, la vraie garantie du pain
quotidien. Il faut donc exclure de la notion de
propriété les territoires qui ne satisfont pas à
cette condition primordiale. Dans un classement
ainsi réduit, il n'existe plus que trois formes
vraiment distinctes, sous lesquelles la propriété
doit être nommée : « communale », « familiale »,

«patronale». Enfin, dans les diverses localités où chacune de ces formes domine, les modes d'existence de la population peuvent être caractérisés respectivement par les trois noms : « communauté », « vie de famille », « patronage ».

Sous le régime de la propriété communale, le sol et les eaux appartiennent à une communauté. Les limites du territoire sont fixées de concert avec les communautés voisines ; mais, dans l'enceinte formée par ces limites, il n'est établi aucune subdivision. Nul membre de la communauté ne peut troubler, en quoi que ce soit, l'état du sol et de ses productions spontanées. Tous peuvent les récolter, toujours, par la chasse, la pêche et la cueillette ; souvent, en outre, par l'organisation du pâturage. Cette forme de la propriété est caractéristique pour les races simples du premier âge. Elle se restreint peu à peu dans les âges suivants. Dans l'âge de la houille, elle n'est guère représentée que par des lambeaux épars, si même elle ne disparaît complètement.

Sous le régime de la propriété familiale, le sol est subdivisé invariablement en petits domaines. Chacun d'eux procure la subsistance à une seule famille. Selon les coutumes de la Constitution, le domaine est exploité directement par les membres et les domestiques de la famille propriétaire. Celle-ci, constituée habituellement sous le régime de la famille-souche, reste dans la condition créée par les ancêtres. Chaque année, elle accumule, par une sévère épargne, les produits qui ne sont pas indispensables à sa subsistance ; et elle les répartit, à titre de dot, entre tous les rejetons qui désirent fonder, hors du domaine, de nouvelles familles. La coutume maintient l'union indissoluble de la famille et du domaine. A cet effet, après la mort des parents, elle confère la propriété à l'héritier que ceux-ci ont institué, en fait, en le mariant au foyer domestique. Quant à l'héritier et à sa femme, ils instituent à leur tour un nouvel héritier, dès que les enfants arrivent à l'âge adulte. Enfin, ce dernier ménage se conforme à son tour aux deux règles de la coutume : il pourvoit par le travail et l'épargne aux dots des rejetons ; il transmet intégralement le domaine aux descendants.

Sous le régime de la propriété patronale, le sol et les eaux appartiennent à un propriétaire, nommé habituellement « père » ou « patron ». Celui-ci réside en permanence sur son domaine, afin de pourvoir aux obligations que lui imposent les traditions de la famille-souche, et les coutumes sociales inhérentes à la possession d'une grande propriété. Il exploite directement, avec le concours de sa famille et de ses domestiques, la partie du territoire contiguë à son foyer. Le surplus est subdivisé en domaines de consistance invariable. Chacun de ceux-ci est exploité par une famille stable de tenanciers qui partage avec le propriétaire les produits de son exploitation. Les rapports mutuels du patron et du tenancier varient selon les lieux ; mais partout ils ont un caractère commun. Le patron est attaché en permanence à ses tenanciers. Il leur garantit le pain quotidien. Il leur donne l'exemple de la soumission à la loi morale. Il se concerte avec chaque famille pour instituer l'héritier de sa tenure, et pour établir au dehors ses rejetons, quand il ne peut les attacher à son propre foyer.

§ 8

Les coutumes familiales de la Constitution essentielle.

Les coutumes fondamentales de la famille ont surtout pour effet d'organiser la vie domestique, conformément aux traditions que les grandes races de l'histoire et celles du temps actuel ont établies, en affermissant les résultats de leur propre expérience et en s'inspirant de la sublime concision du Décalogue. Ces coutumes se sont créées sous l'empire de deux préoccupations dominantes. En premier lieu, répartir entre le père et la mère la portion d'autorité paternelle qui leur est expressément attribuée par le IVe commandement : régler en conséquence le partage des fonctions que les deux époux remplissent,

soit dans la famille, soit dans la société. En
second lieu, obéir aux prescriptions formulées
dans les commandements VI et IX ; réprimer les
attentats commis contre l'honneur de la femme,
sous l'impulsion de l'appétit sensuel le plus dangereux ; en retour de la légitime prépondérance
que l'homme s'attribue dans le gouvernement de
la société, ne faire expier qu'à lui seul les défaillances qui violent le respect ou simplement la
protection que les sociétés prospères accordent à
la vierge ; enfin, comme compensation à cette
lourde responsabilité de l'homme, réprimer, par
une alliance prudente des mœurs et de la loi,
l'industrie scandaleuse des femmes qui, se révol-
tant contre l'institution du mariage, provoquent
et exploitent la corruption de la classe riche.

Au milieu de l'ébranlement que l'âge de la
houille imprime aux sociétés, les régions froides
et tempérées de l'Europe et de l'Asie m'ont offert
des exemples admirables de ces coutumes. L'é-
cole de la paix sociale en donne la description,
au moyen de ses monographies de famille. L'enseignement spécial consacré à l'art des voyages
fournira à la jeunesse et aux missionnaires des
grandes races européennes les moyens d'acquérir personnellement, par l'observation scientifique des familles, la connaissance approfondie
de ces coutumes. Cette connaissance peut seule
donner, en présence du relâchement actuel des

mœurs, les convictions énergiques à défaut desquelles les amis de la réforme resteront impuissants. Après avoir fait ce qui dépendait de moi pour indiquer le but, j'attends avec résignation que l'opinion publique vienne en aide à ceux qui veulent l'atteindre ; et je me borne ici à nommer les pratiques essentielles que décrit notre enseignement et que signalent les *Ouvriers européens,* dans les localités où se conservent les bons modèles de la Constitution.

Toutes les familles y participent à la propriété foncière, soit sous l'une des trois formes définies ci-dessus, soit sous les formes innombrables de la subvention permanente. Les plus pauvres possèdent au moins le foyer domestique, complété souvent par l'atelier de travail et par quelques dépendances agricoles. Quand une nouvelle famille doit être établie, l'acquisition préalable du foyer domestique est une des premières conditions dont se préoccupent les intéressés.

La conclusion des mariages est subordonnée à de longues méditations. Le principe des unions est l'affection réciproque des futurs époux. La prospérité du ménage est garantie par l'accord des caractères, des aptitudes et des sentiments, qui permettra à la nouvelle famille de conquérir le pain quotidien et de pratiquer la loi morale. Cette garantie, elle-même, est donnée par l'ins-

titution des fiançailles, qui sont célébrées longtemps avant le mariage. Les deux fiancés sont
dès lors en contact journalier. Ils se concertent
pour compléter le futur établissement par leur
propre travail, avec l'assistance des parents et
des amis. Ils abrègent ainsi, autant qu'il dépend
d'eux, le délai opposé par la tradition à la célébration du mariage.

Quand la famille est solidement établie sur le
sol, grâce à la possession du foyer domestique ;
quand les époux offrent des conditions de paix
intérieure garanties par l'affection réciproque,
par le travail qui procure le pain quotidien, par
les sentiments qui assurent la pratique de la loi
morale, il reste encore à transmettre cet état de
bien-être aux générations suivantes. Sous le régime de la Constitution essentielle, ce résultat
est obtenu par un ensemble d'habitudes qui se
rattachent à deux groupes principaux.

La fécondité du mariage est un trait commun
à toutes les familles stables. Les traditions de
la race enseignent que les enfants issus du même
sang ont des aptitudes et des qualités fort différentes. Les garanties d'un heureux avenir se
fortifient donc pour la famille, à mesure que
s'accroît le nombre des enfants : dans ce cas en
effet, les parents voient augmenter l'espoir de
choisir un jour un héritier digne de sa mission.
C'est ce motif qui fait redouter aux familles la

3*

stérilité du mariage, et qui les porte à regarder la fécondité comme un signe de la faveur divine.

Une épargne, tenue en rapport avec l'importance du foyer et de l'atelier, est réalisée chaque année : elle remédie, s'il y a lieu, aux fléaux déchaînés par les désordres atmosphériques et les calamités sociales; mais, sauf ces cas exceptionnels, tous les produits épargnés dans le cours d'une génération sont également partagés, à titre de dot, entre tous les enfants que la famille doit établir pendant ce même intervalle de temps. Toute la communauté s'inspire du même sentiment : le désir de perpétuer la famille. Le père et la mère, seuls pouvoirs institués par le IVe commandement, propagent autour d'eux ce désir, en s'appuyant sur la plus puissante des forces humaines, sur l'amour paternel. D'après leur enseignement, que confirme la pratique de la vie journalière, le bonheur acquis est le résultat évident des traditions léguées par les ancêtres avec le domaine familial; et ce bonheur ne peut être transmis aux descendants que sous les mêmes influences.

Dans les rangs supérieurs de la société, de même que dans les situations les plus humbles, la famille stable et féconde est, pour la race entière, la vraie source de la prospérité. C'est l'unité sociale par excellence : celle où se perpétuent l'application au travail, la soumission à

Dieu et à sa loi, la simplicité des goûts et la frugalité de l'existence.

Après avoir goûté, grâce à ce régime, toutes les satisfactions propres à l'enfance, les jeunes adultes fondent à leur tour de nouvelles familles. Ils s'établissent, en général, dans les localités où ils peuvent compter sur l'appui des parents qui les y ont devancés. Ils y arrivent pourvus de la quantité d'épargne que comportent et le travail de leur génération et la puissance productive du domaine paternel. Toutefois au premier rang de leurs ressources figure la totalité des forces morales accumulées au foyer et à l'atelier par les générations successives des ancêtres. Quelques adultes, peu enclins au mariage, restent au domaine paternel en y conservant leur dot, sous forme de pécule : dans cette condition les filles, plus encore que leurs frères, sont la providence des enfants et la joie du foyer. De loin en loin un rejeton, doué d'aptitudes supérieures, s'élève par ses talents et ses vertus au-dessus du rang occupé par sa famille. Cependant tous ceux qui ont fondé un nouvel établissement, les plus humbles comme les plus illustres, se plaisent à honorer la maison-souche ; ils y reviennent en pèlerinage, à certains anniversaires, même des lieux les plus éloignés, et signalent ainsi la source de leur succès. Par là également, chaque pèlerin enseigne à ses descendants les traditions d'honneur et de vertu, que doit perpétuer la famille nouvelle. Quant à l'héritier de la vieille maison, il reste au foyer natal dans la condition des aïeux. Pendant un demi-siècle, il procure l'éducation, puis l'établissement à deux générations nombreuses composées de ses frères et de ses propres enfants. Enfin, après avoir institué son héritier de concert avec ses parents, et après l'avoir guidé longtemps encore, il meurt heureux, avec la pensée qu'il revivra dans la mémoire de ses descendants.

§ 9

Les coutumes sociales de la Constitution essentielle.

Chez les races simples et primitives éparses sur de vastes territoires, où se présentent les tableaux que je viens de tracer, où le père et la mère conservent à leur foyer la paix intérieure et ne troublent pas celle de leurs voisins, on ne sent pas le besoin d'instituer des pouvoirs publics ayant pour mission d'imposer aux familles les devoirs que celles-ci pratiquent spontanément. Tout au plus confie-t-on à quelques familles renommées par leur prudence le soin de remédier aux accidents qui amèneraient, en certains lieux, la perte du pain quotidien, la violation de la loi morale ou le déchaînement de la discorde. Sous

un tel régime, les principes de la Constitution
essentielle règnent dans leur pureté et leur simplicité : les coutumes familiales assurent le bonheur de tous sans le concours des coutumes sociales : tant vaut la famille, tant vaut la société,

A toutes les époques de l'histoire, quelques familles ont trouvé le bonheur dans ces conditions,
et il en est encore de même aujourd'hui. Toutefois, ces groupes isolés, quand on les compare à
l'ensemble de l'humanité, ne sont qu'un phénomène exceptionnel et presque idéal. Le lecteur
en comprendra tout d'abord la raison, s'il se
reporte aux détails présentés sur les trois âges
du travail.

Une race simple, qui pratique la loi morale et
possède le pain quotidien sur un territoire où
abondent les productions spontanées, réunit les
deux conditions essentielles du bonheur. Par cela
même qu'elle est heureuse, elle se multiplie et
s'agglomère. Il arrive donc un moment où le sol,
s'il était conservé dans son état primitif, ne
pourrait plus nourrir ses habitants. Alors apparaît pour l'homme la nécessité de ne plus s'en
tenir aux productions spontanées. Le travail
pénible qui procure les subsistances se joint peu
à peu à la récolte attrayante des produits offerts
à l'homme par les libéralités de la nature. Cependant le travail qui agglomère les hommes et multiplie leurs moyens de subsistance devient d'autant

plus nécessaire que le but est mieux atteint. Certains territoires de l'Europe sont maintenant cent fois plus peuplés qu'ils ne l'étaient à l'époque où leurs habitants s'adonnaient encore exclusivement à la chasse, à la pêche et à la cueillette. Les catastrophes de l'histoire et les souffrances actuelles de l'Europe démontrent que cette transformation incessante des territoires n'est pas sans danger; mais l'impulsion imprimée à l'humanité par la première charrue qui déchira le sol, se perpétue avec un mouvement accéléré. La complication s'introduit plus que jamais, soit dans l'organisation du travail, soit dans l'emploi des forces matérielles et intellectuelles qu'elle met en jeu.

Cette complication des sociétés n'est point une cause fatale de souffrance. Certaines races réussissent encore à s'en préserver, pourvu qu'elles restent soumises à la Constitution essentielle. Les difficultés que ce problème soulève augmentent avec l'agglomération des hommes, avec ce qu'on nomme aujourd'hui « les progrès de la civilisation ». Dans la solution du grand problème social, les peuples « civilisés » les plus prospères ont tous à vaincre le même obstacle, l'inégalité qui règne parmi les familles. Cette inégalité est le résultat forcé des différences et même des contrastes qui existent dans les aptitudes matérielles et intellectuelles développées par l'exercice de professions innombrables et la poursuite acharnée

du pain quotidien. Les principes de la Constitution ne sont désormais ni connus ni pratiqués
par toutes les familles; les coutumes familiales
perdent en partie leur vertu, et il faut suppléer
à leur impuissance par le développement des
coutumes sociales. A la longue, celles-ci deviennent tellement prépondérantes qu'elles sont nommées « le gouvernement de la société »; et de là
naissent une foule de maux qui remplissent les
annales de l'humanité, justifiant ainsi le mot
célèbre : « Heureux les peuples qui n'ont pas
d'histoire ! »

Ces phénomènes de prospérité et de souffrance
ont offert, selon les lieux, une diversité infinie.
En chaque lieu également, ils ont varié à mesure
que les hommes, contraints de s'agglomérer, ont
dû transformer leur territoire et créer des méthodes nouvelles de travail pour se procurer les
moyens de subsistance. La connaissance de ces
changements et de leurs résultats justifie les
principes exposés dans ce chapitre et les coutumes qui en dérivent. Elle constitue un enseignement utile à la réforme que réclame l'état
présent de l'Europe. L'histoire sommaire de ces
alternances chez les diverses races d'hommes et
sous les trois régimes du travail, m'a donc paru
nécessaire pour établir la conclusion de ce livre.
Cette histoire est l'objet du chapitre suivant.

CHAPITRE IV

LA PROSPÉRITÉ ET LA SOUFFRANCE DANS L'HISTOIRE

---

§ 1

Comment la science de l'histoire, fondée sur l'observation méthodique des peuples contemporains, démontre la Constitution essentielle.

J'ai indiqué, dans l'aperçu préliminaire de ce livre, comment, dès le début de mes travaux, j'ai découvert la Constitution essentielle chez les races simples de l'Orient. J'avais appliqué à cette étude le procédé de la science moderne, l'observation directe des faits, et j'ai démontré que cette Constitution repose sur la pratique du Décalogue.

Des savants, voués en Allemagne, en Angleterre et en France, à l'observation du monde physique, ont souvent tenté d'établir une conclusion opposée. Ils nient l'autorité de la religion, et déclarent même parfois que les principes fondamentaux de la loi morale sont inutiles au bonheur temporel de l'humanité ; enfin, appuyant cette double affirmation sur les découvertes de la science moderne, ils concluent que ces précieuses conquêtes ont abrogé en fait les institutions traditionnelles et surannées, et qu'en conséquence une ère nouvelle est ouverte à l'humanité.

Pour mettre en lumière les principes et les coutumes de la Constitution essentielle, nous avons organisé, dans l'École de la paix sociale, un enseignement qui fournit à chaque homme studieux le moyen de constater lui-même la vérité. En outre, dans les deux chapitres suivants, je montrerai, par l'histoire des quatre derniers siècles, que les conceptions historiques des réformistes novateurs sont réfutées par les faits mêmes qu'ils invoquent. Pour préparer cette réfutation, je me bornerai à donner ici une indication sommaire aux hommes désireux de vérifier personnellement les causes qui ont produit la prospérité ou la souffrance, chez toutes les races, sous les trois âges du travail.

§ 2

La prospérité ou la souffrance dans l'âge des herbes.

Il existe encore sur le globe des régions étendues où le sol est resté dans l'état originel.
Les races qui les habitent ont pour principaux
moyens de subsistance la chair, le lait, la peau,
la fourrure et les autres produits fournis par la
chasse ou par l'exploitation d'un grand nombre
d'animaux ; quant à ces derniers, ils paissent
les herbes qui sont la production spontanée de
ces régions. Depuis les origines de l'humanité,
l'homme y est resté aussi primitif que le sol et
les subsistances, en sorte que l'observateur du
présent y retrouve avec une précision rigoureuse
l'organisation sociale du passé. Les savants formés à l'École de la paix sociale considèrent les
monographies de familles, dressées parmi ces
races, comme les éléments essentiels de leur histoire. Ils voient avec regret ces précieux sujets
d'étude disparaître rapidement depuis que l'âge
de la houille est ouvert. Ils espèrent que l'enseignement public de la méthode sociale dirigera
bientôt vers l'étude de l'homme les nombreux
voyageurs qui, jusqu'à ce jour, se sont voués
exclusivement à la connaissance des plantes et
des animaux.

Parmi les races primitives, les sauvages forment les populations les plus simples, celles où la pratique et la violation de la Constitution essentielle se montrent avec évidence, sans être masquées par aucune complication. Pour eux, la nature du climat, du sol et des productions spontanées est la cause prépondérante de la prospérité ou de la souffrance. On peut même dire que cette cause agit presque seule dans les localités où les sauvages n'ont point à subir les entreprises coupables des « civilisés ».

Les sauvages les plus prospères habitent la région boréale. Ils s'étendent, du nord au midi, depuis les terres glacées où l'homme peut pénétrer pendant l'été, où la vie végétale apparaît à peine, jusqu'aux massifs boisés, à clairières herbues, qui forment la lisière septentrionale des grandes forêts de la Sibérie et de l'Amérique du Nord. Les meilleurs modèles de prospérité peuvent être observés, sur ce dernier continent, parmi les familles éparses, près des rivages maritimes, des lacs et des grands fleuves aux eaux poissonneuses, au milieu des forêts d'arbrisseaux feuillus et d'arbres résineux, où les agriculteurs sédentaires du Canada et des États-Unis n'ont pu s'établir. La nature des lieux se prête également à la vie matérielle et à la vie morale. Les animaux marins, les poissons émigrants, les oiseaux voyageurs, les grands herbivores et les fruits-baies

pourvoient amplement à la nourriture, à l'habitation et au vêtement. Pendant l'été les barques,
pendant le reste de l'année les traîneaux, attelés
de chiens domestiques, permettent à tous les
membres de chaque famille de rester réunis,
lorsqu'ils se transportent sur leurs nombreuses
stations de chasse, de pêche et de cueillette. La
rigueur du climat modère l'appétit sensuel, qui
met en danger le respect dû à la femme, et elle
assure ainsi à l'autorité du père et de la mère
cette alliance de force et d'amour qui se déduit
du IVᵉ commandement de la Loi suprême. Les
vieillards, jusque dans un âge avancé, président
à la direction de la vie nomade : ils procurent la
paix intérieure à la famille, et se concertent entre
eux pour l'imposer à la tribu ; enfin, dans chaque
tribu, le conseil des anciens délibère avec ceux
des tribus voisines, quand il y a lieu de fixer les
limites des territoires de chasse, et surtout quand
il faut apaiser les différends que provoquent
souvent les jeunes chasseurs dans leur ardeur à
poursuivre le gibier, sans tenir compte de cette
fixation. Sous un tel régime, la famille est
stable ; elle possède la paix fondée sur la pratique de la loi morale et la possession du pain
quotidien. Les principes de la Constitution essentielle y sont respectés : seulement, en ce qui
concerne la propriété, la forme communale y
est presque toujours dominante.

La vie sauvage s'est constituée ailleurs dans des conditions très différentes, et elle présente alors les plus déplorables exemples de souffrance. Ici la cause première des phénomènes sociaux reste la même; mais le contraste des lieux explique le contraste des résultats. Ce sont, en effet, les régions équatoriales du globe qui nous montrent les races d'hommes tombées aux limites extrêmes de la dégradation : tel est le cas, notamment, en Amérique, dans les contrées basses du bassin de l'Amazone. Les deux conditions physiques qui perpétuent la famille stable sur ce continent, près du cercle polaire, manquent dans les contrées de l'équateur, à ce point que la famille n'y existe pas. L'ardeur du climat détruit le respect de la femme consacré par les Commandements IV, VI et IX du Décalogue. Les productions spontanées du sol et des eaux sont plus abondantes que dans les régions boréales : les récoltes habituelles des sauvages, complétées souvent par la cueillette des œufs de tortue, offrent de grandes ressources; mais les moyens de transport que réclame la vie nomade font presque toujours défaut. Aux époques périodiques de migration, il faut donc abandonner, c'est-à-dire condamner à la mort les faibles, les malades, les infirmes, les vieillards; et en cela consiste la principale cause de dégradation pour ces races infortunées. Livrée aux impulsions d'une jeunesse ardente et irréfléchie, chaque tribu épuise ses forces dans ses discordes intestines et dans la guerre avec ses voisins. Ainsi se perpétuent l'ignorance de la loi morale, le dénuement matériel, les habitudes de cruauté, le cannibalisme.

La cause principale de ces désordres sociaux est le manque de moyens de transport dans certaines contrées chaudes et humides de la région équatoriale. Elle subsistera tant que les lieux ne seront point améliorés sous la direction des races formées dans les régions froides et tempérées du globe.

Les pasteurs s'élèvent habituellement au-dessus des sauvages dans la hiérarchie des races simples et primitives. Ils sont plus répandus sur le globe. Ils habitent les steppes, territoires homogènes sous le rapport du climat et des productions, où les herbes se développent avec vigueur, à l'exclusion des arbres. Les steppes [1] occupent d'immenses surfaces sur les grands plateaux, neigeux en hiver et à climat tempéré de l'Asie. Dans les plaines basses, au midi du cercle polaire arctique, elles dominent sur les sols rocheux et les autres territoires impropres à la croissance des arbres. Vers l'équateur, elles forment les

---

[1] L'absence de la végétation arborescente est le trait caractéristique de cette singulière Constitution du sol. J'ai fait sur les causes de ce phénomène de nombreuses observations, en 1837, pendant mon voyage dans la Russie méridionale. J'en ai donné un précis dans le tome Ier des *Ouvriers européens*, ch. II, § 2.

plateaux à pentes faibles des montagnes escar-
pées. Établis dans des localités presque identiques, les pasteurs diffèrent donc des sauvages
et des autres races d'hommes, en ce que la nature du lieu habité leur impose non seulement
l'uniformité des habitudes, mais encore la tendance à la stabilité dans le bien. La femme est
respectée sous l'influence d'un climat tempéré, et
son ascendant social est assuré par l'organisation
des foyers domestiques. Comparés aux sauvages
qui sont condamnés à de pénibles migrations, les
pasteurs constituent, en effet, des races relativement sédentaires. Ils vivent, il est vrai, sous la
tente; mais, en général, les déplacements ne
dépassent guère les limites d'un pâturage peu
étendu. D'ailleurs, lorsque l'enchevêtrement des
plateaux herbus et des montagnes fait établir des
stations d'hiver et d'été, les pasteurs ont toujours
d'amples moyens de transport fournis par leurs
animaux de bât, de selle ou de trait. Au milieu
de cette vie demi-nomade, le foyer domestique
reste organisé : il est même, en quelque sorte,
plus « sociable » que celui des races sédentaires
dont les habitations sont invariablement fixées
au sol. Un groupe de tentes qu'occupent les
ménages d'une même famille et qu'entoure un
troupeau paissant jour et nuit, offre une élasticité que ne saurait avoir une habitation absolument fixe. Souvent, d'ailleurs, lorsque, selon les

plus vieilles coutumes des demi-nomades, les tentes sont dressées sur des chariots, le travail de transport devient moins pénible pour le pasteur nomade que pour l'agriculteur sédentaire. Dans ces conditions, la famille stable se développe, avec toute sa fécondité, sous la forme patriarcale; car elle peut accumuler sans gêne les essaims qui en doivent sortir à de longs intervalles.

Pendant dix-huit années, j'ai été lié, par des intérêts permanents et par une correspondance journalière, avec les contrées de l'Orient placées sous l'influence de la vie patriarcale, et je les ai personnellement visitées à trois reprises, en 1837, en 1844 et en 1853. C'est là que, dès le premier de ces voyages, j'ai vu apparaître avec évidence, dans leur pureté et leur simplicité, les principes et les coutumes de la Constitution essentielle. Dans chaque groupe familial, le père, héritier de la tradition des aïeux et appuyé sur le Décalogue, exerce le gouvernement domestique avec l'autorité irrésistible que lui confèrent la loi naturelle et la triple fonction de propriétaire, de pontife et de roi. Il partage son pouvoir avec sa femme et ses fils mariés. L'autorité paternelle a donc ses caractères les plus féconds, et réalise l'alliance intime du Décalogue, de la religion et de la souveraineté. Dans cette organisation de la société, le troupeau assure à chaque ménage les moyens de subsistance, et constitue, avec le pâturage, la propriété foncière. Celle-ci, selon les lieux, est exploitée sous le régime communal, familial ou patronal. Chez les meilleurs modèles, les principes de la Constitution ne sont masqués par aucune complication : ils suffisent pour perpétuer, chez les races qui les pratiquent, le bonheur fondé sur la paix.

Cependant, la vie pastorale ne doit point être présentée comme un état de perfection au-dessus duquel l'humanité ne saurait s'élever. La réunion des meilleurs éléments de cette organisation n'implique pas l'avènement d'un régime de paix où chacun serait satisfait du sort qui lui est départi. A la fin du chapitre précédent, j'ai signalé une forme de société où l'imagination peut entrevoir, à quelques égards, l'idéal du bonheur : c'est celle où les familles soumises à Dieu, éparses sur de fertiles pâturages, vivent dans un état d'égalité et d'indépendance, en confiant aux plus dignes le soin de pourvoir aux malheurs imprévus qui frappent accidentellement les localités. Les races placées dans cette heureuse condition font l'admiration des voyageurs; mais une foule de causes tendent incessamment à troubler le bonheur dont elles jouissent. Dès que le bien-être s'affermit, les familles se multiplient; et, en s'agglomérant, elles se gênent ou se corrompent. Les pouvoirs locaux, établis par la coutume en vue du bien public, oppriment ceux qu'ils devraient protéger. La discorde éclate dans les localités : et, pour en conjurer les effets, on institue, chez les races pastorales agglomérées, des gouvernements indigènes qui, peu à peu, deviennent des instruments d'oppression encore plus dangereux. C'est ce que je constatai personnellement à l'époque où j'explorai les terrains carbonifères compris entre la mer d'Azof et la Caspienne. Les pasteurs demi-nomades qui habitaient entre les rives du fleuve Oural et celles du Wolga offraient, sous plusieurs rapports, une admirable organisation de la famille stable. D'un autre côté, certaines familles de pasteurs fixées près des précédents, au delà de l'Oural, regrettaient l'âge héroïque, dans lequel il était permis de dépouiller et de rançonner les voyageurs. Sur le rivage oriental de la Caspienne, les tribus pastorales étaient, par leur esprit de rapine et leurs sentiments de cruauté, d'intolérables fléaux pour les régions contiguës. Enfin, plus loin vers l'orient, certains gouvernements indigènes, issus de populations pastorales, mais établis dans des villes, offraient un spectacle non moins affligeant. Les mœurs privées des populations urbaines restaient parfois recommandables; mais beaucoup de gouvernants perpétuaient les habitudes séculaires de cruauté et de rapine, émanant d'une tyrannie sans frein, inspirée par le fanatisme religieux.

Deux grands empires soumis au Décalogue, la Chine à l'orient, la Russie au nord et à l'occident, dominent de plus en plus les populations pastorales de l'Asie. Ils répriment utilement les désordres que ces populations pourraient commettre par la violation des trois commandements, qui interdisent le vol et l'homicide. Sous ce rapport, leur action est facilitée par l'influence préventive de la religion. C'est ce qui arrive notamment chez plusieurs races de pasteurs mongols, que des pèlerinages ont initiées à la doctrine des Lamas du Thibet; c'est en vain, en effet, qu'on chercherait ailleurs une aversion aussi prononcée contre l'effusion du sang. Dans la région opposée, au contact des Russes sédentaires, à l'orient des monts Oural, on peut également observer des exemples admirables de prospérité conservés avec la pratique de la Constitution essentielle. Ces bonnes traditions se perpétuent surtout dans certaines contrées qui ont su opposer des obstacles efficaces aux exactions commises par les représentants des grands empires chargés d'exercer le patronage moral. Ces garanties existent surtout dans les localités où les agents des deux souverainetés se contrôlent mutuellement. Tel est le cas chez les pasteurs nommés par les Russes *Dvoédantzi*, parce qu'ils payent « deux tributs » de fourrure, destinés, l'un à Saint-Pétersbourg, l'autre à Pékin. Je ne saurais trop en recommander l'étude aux savants, formés dans notre école à l'art des voyages. Entre autres localités, je leur signale, en Sibérie, au nord de l'Altaï, les populations de la région baignée par le lac Téletz, par le Tchoulichman et par les autres rivières qui, réunissant leurs eaux à Biisk, donnent naissance à l'Obi, l'un des grands affluents de l'océan Glacial. L'explorateur qui saura appliquer à ces populations la méthode des monographies sera récompensé de cette étude par d'importants résultats, et aura rendu un vrai service à la science sociale.

§ 3

Les excès de l'esprit de tradition et ses défaillances chez les races de l'âge des herbes.

Je ne dois pas quitter le sujet des races simples et primitives sans écarter une induction fausse qu'on pourrait tirer des faits exposés au paragraphe précédent. Les sauvages qui ne peuvent supporter l'existence loin des neiges de la région boréale, les pasteurs qui, sur quelques pâturages, s'attachent passionnément à leur état de liberté, d'égalité et d'abondance, tranchent singulièrement, par leurs aspirations, avec les « civilisés » de l'Occident qui se montrent, sous nos

yeux, si mécontents de leur sort. Toutefois il ne
faut point revenir à certaines opinions du siècle
dernier, et présenter ces traits de la vie primitive
comme une condition idéale dont les modernes
devraient se rapprocher. A ce sujet, deux faits
évidents me dispensent de procéder à la réfutation méthodique de l'erreur et de l'utopie. En
premier lieu, les sauvages, lors même qu'ils en
auraient le désir, ne sauraient, comme les races
du deuxième âge, modifier utilement leur territoire; et, s'ils défrichaient leurs forêts, ils con-
damneraient le sol à la stérilité. En second lieu,
les pasteurs modèles que j'ai signalés ci-dessus
ne peuvent toujours rester dans l'état de bonheur
qui leur est parfois acquis ; ils s'agglomèrent
sous ce régime et se laissent alors envahir par
les causes de souffrance que j'ai indiquées. Si ces
modèles s'offrent encore, de loin en loin, au
voyageur, c'est que les désordres atmosphériques,
les épidémies, les épizooties viennent périodiquement faire le vide sur les steppes encombrées, et
rendre de nouveaux champs à l'indépendance des
familles, à l'abondance et à la paix.

La force des choses limite donc à des localités
exceptionnelles le genre de supériorité qui caractérise les races de l'âge des herbes. D'un
autre côté, la nature de leur esprit les place,
sous beaucoup de rapports, dans un état d'infé-
riorité devant les races formées sous les deux

âges suivants. Les pasteurs, comme les sauvages, sont soumis trop exclusivement à l'empire de la tradition. L'entraînement passionné qu'ils montrent pour la chasse et le pâturage perpétue cette tendance dans les idées, les mœurs et les institutions. Ils se persuadent qu'ils commettraient une sorte de sacrilège s'ils modifiaient, en quoi que ce soit, le territoire qui nourrit le gibier et les troupeaux. En repoussant le travail qui féconde le sol et développe l'intelligence, ils se rendent incapables de perfectionner le service du pain quotidien et de fortifier la notion de la loi morale : ils atrophient, en quelque sorte, les plus précieuses aptitudes de l'humanité. Pour condamner les défaillances qu'entraîne, dans le premier âge, l'abus de la tradition, il suffit de présenter l'énumération sommaire des conquêtes incessantes faites, dans les deux âges suivants, par la culture intelligente de la nouveauté.

§ 4

La prospérité ou la souffrance dans l'âge des machines.

Dans le premier âge, sous le régime de tradition que je viens de décrire, le bonheur règne dans les localités où quatre conditions fort simples sont remplies : toutes les familles pratiquent la

loi morale; elles ont l'indépendance que donne
l'égalité des situations sociales, assise elle-même
solidement sur l'abondance universelle du pain
quotidien; le pouvoir local, respectant cette indépendance, a pour unique mission de remédier
aux défaillances accidentelles et aux calamités
imprévues ; une souveraineté, dont le siège
est éloigné, institue ce pouvoir et s'abstient
de toute initiative, tant que celui-ci s'acquitte
de sa tâche.

Cet état de bonheur peut se perpétuer, lorsque
s'ouvre, par l'emploi de la charrue, le régime
de nouveauté de l'âge des machines. Souvent
même il prend plus d'éclat à mesure que se
développent les inventions utiles, les forces
intellectuelles, les communications rapides, les
splendeurs de la vie urbaine et les autres traits
caractéristiques de ce régime. Des changements
considérables s'opèrent ainsi dans les procédés
de travail, dans la nature des lieux, dans les
idées des hommes et surtout dans leurs rapports
mutuels. La transformation s'étend de proche en
proche à la société entière; mais elle ne se produit uniformément, ni sur les individus, ni sur
les familles. Loin de là, elle se manifeste par le
résultat opposé : elle substitue l'inégalité des
conditions à l'égalité primitive.

La transformation devient apparente sur le
territoire entier, quand ces inventions ont consti-

tué l'agriculture, la pêche côtière, l'art des forêts, l'art des mines et la métallurgie, c'est-à-dire les branches de travail liées à l'exploitation du sol et des eaux. Elle s'accélère ensuite, quand se développent les industries manufacturières et commerciales, car celles-ci peuvent devenir prépondérantes dans l'activité de la race, tout en restant confinées dans quelques localités restreintes. Le changement des lieux, des choses et des hommes devient encore plus frappant, lorsque se constituent les arts libéraux : ceux-ci, en effet, alors même que le territoire est complètement occupé par les arts usuels, peuvent prendre, dans le domaine de la pensée, un développement sans limites. Enfin, quand l'organisation sociale du deuxième âge est établie, quand les sciences naturelles sont devenues des auxiliaires pour chaque branche des arts usuels et libéraux, l'inégalité atteint ses proportions extrêmes. Les professions qui procurent le pain quotidien réclament des aptitudes physiques et intellectuelles fort différentes chez ceux qui les exercent. Il résulte de là que ces derniers sont rétribués fort inégalement de leur travail, selon que la nature et l'éducation les ont plus ou moins bien pourvus. Depuis la fin du xviiie siècle, cette cause d'inégalité modifie profondément la hiérarchie sociale parmi les familles vouées aux branches de travail les plus fructueuses. Elle grandit rapidement à mesure que le progrès des machines, des méthodes de travail, des moyens de transport, des sciences et des arts fournit de nouvelles forces au développement des supériorités individuelles. L'industrie manufacturière, le commerce et les arts libéraux attirent et retiennent des hommes doués de facultés si éminentes qu'ils se procurent souvent, par le travail d'une heure, une rétribution supérieure à celle qu'un bon ouvrier gagne en une année dans les spécialités inférieures des mêmes professions. Cette inégalité des moyens de subsistance acquis à la famille par le travail dérive de la loi naturelle qui crée les hommes fort inégaux, même lorsqu'ils sont issus d'un même mariage. Elle est un trait caractéristique de toutes les races qui conservent, sous le deuxième âge du travail, entre les familles, l'indépendance réciproque, établie par les meilleures coutumes des races simples. L'inégalité des ressources fournies par le travail aux diverses familles est d'ailleurs la principale cause des différences et même des contrastes qui se développent parmi elles dans l'ordre matériel, intellectuel et moral. Elle crée, à la longue, une organisation sociale qui, par sa complication, tranche absolument avec la simplicité des organisations primitives. Le contraste se résume en un fait dominant : une minorité de familles riches, savantes et fortes, est superposée à une majorité qui, sous ces trois rapports, n'offre que médiocrité ou faiblesse.

Cette organisation des sociétés n'est point incompatible avec le bonheur fondé sur la stabilité et la paix. Toutefois, il a été souvent dans le passé, et il s'est montré plus que jamais de nos jours, le précurseur des maux qui accompagnent l'instabilité et la discorde. Les régions de l'Occident qui souffrent de ces maux les aggravent en signalant comme remèdes des idées préconçues et contradictoires. Heureusement il existe encore en Europe des localités où les complications et les inégalités sociales du deuxième âge se concilient avec la prospérité et l'harmonie. Ces modèles sont fréquents en Angleterre, dans les provinces basques et les montagnes contiguës du nord de l'Espagne, dans les petits cantons suisses de l'Oberland, dans la plaine saxonne, les forêts et les montagnes métallifères du Hartz et de l'Erzgebirge, qui la bornent au midi, dans la plaine des anciens Angles comprise entre l'embouchure de l'Elbe et la Baltique, dans les trois États scandinaves. Des exemples admirables sont, en outre, épars dans les lieux qui ne confinent point aux grandes voies commerciales. En appliquant à ces localités la méthode d'observation enseignée par notre école des voyages, chacun peut maintenant conquérir lui-même les convictions énergiques et les moyens de persuasion qu'à notre époque de doute peut seule donner la vue directe des faits.

Dans ces oasis de prospérité, l'activité de la race repose sur l'énergie de la vie privée plus que sur la force de la vie publique, sur l'indépendance de la famille plus que sur le pouvoir de l'État, sur l'ascendant des campagnes plus que sur la prépondérance des villes. La race, essentiellement rurale, comprend trois sortes de familles, intimement unies par les sentiments, bien qu'inégales par la fortune et les fonctions : les familles dirigeantes, alliées à leurs tenanciers, paysans ou bordiers, qui tous ont pour appui la propriété patronale ; une seconde variété de ces deux dernières classes, qui se livrent à l'exploitation de leurs propriétés familiales et trouvent, presque partout, dans la propriété communale un complément de ressources. Selon les lieux, les familles dirigeantes sont diversement constituées ou inégalement réparties. Le long des plages maritimes enrichies par le commerce, la propriété patronale est prépondérante ; les montagnes qui sont le siège de l'industrie pastorale présentent, au contraire, plus généralement la propriété familiale des riches paysans. Malgré ces nuances, la classe dirigeante maintient partout la prospérité, si elle comprend que les avantages dont elle jouit lui imposent des devoirs exceptionnels, et qu'elle est tenue de se

dévouer au bonheur de la majorité qui est mal
pourvue ou accidentellement dénuée. Ces devoirs
sont nombreux et peuvent cependant se résumer
en peu de mots : assurer à chacun le pain quotidien par une hypothèque coutumière, ou simplement morale, qui repose sur la propriété
foncière ; enseigner, par la parole et le bon
exemple, la pratique de la loi morale aux familles
devenues défaillantes sous la pression du vice
dégradant ou du travail excessif. Chez les grandes
nations commerçantes, ces défaillances de certaines familles sont plus graves dans les cités
que dans les campagnes ; mais elles n'engagent
pas la responsabilité des classes dirigeantes rurales. Le devoir d'y remédier incombe à ceux
qui, ayant la source de leur fortune dans les
villes, y sont, par la force des choses, inves-
tis de l'action dirigeante. A cet effet, les deux
sortes d'intérêts sont complètement séparés,
Chaque cité est un îlot rigoureusement délimité
et distinct de la campagne environnante. Dans
cette organisation des sociétés, les familles dirigeantes des campagnes et des cités ont à supporter de lourdes charges. Malgré leurs richesses,
leur science et leur force, elles ne peuvent,
comme tous les patriarches des races simples et
primitives, pratiquer elles-mêmes les ministères
compliqués de la religion et de la souveraineté.
Dès que le deuxième âge prend chez une race

ses premiers développements, il faut instituer les deux corps publics appelés à s'acquitter de ces difficiles fonctions. Par leur influence morale, les familles dirigeantes concourent aux services de paix, de concert avec ces deux corps, et elles les fortifient en leur fournissant, par un choix judicieux de rejetons, des recrues capables d'en remplir les devoirs. L'importance des services ainsi rendus, soit à la vie privée, soit au gouvernement des voisinages, des circonscriptions locales, des provinces et de l'État, est visible pour la nation entière. Le progrès des inégalités sociales créées par les nouveautés de l'âge des machines est justifié par l'éclat de ces services : il fait donc naître naturellement la sympathie des populations.

L'histoire de toutes les races fameuses offre une époque de prospérité où apparut, dans tout son éclat, le tableau de paix sociale qui vient d'être tracé. Malheureusement, il n'en est pas une seule qui, après s'être élevée à cette hauteur, ne soit, tôt ou tard, tombée dans la souffrance. Cette sorte de déchéance s'est manifestée chez toutes les grandes races prospères, parce que la cause première du mal est inhérente à la nature même de l'homme. On peut la voir en action dans l'existence de chaque individu. Ce phénomène est surtout apparent chez les individualités qui prospèrent aux degrés supérieurs de la hiérarchie sociale ; mais les plus humbles conditions le laissent également apparaître. Tout homme qui s'élève au-dessus de ses voisins par un succès, mérité ou fortuit, est aussitôt perverti par l'orgueil. Il tend à mépriser ceux qui étaient précédemment ses égaux ; et, si quelque pouvoir lui est acquis, il incline à opprimer le voisinage, et crée ainsi la discorde. C'est ce vice organique de l'humanité qui, aux mauvaises époques, désorganise les nations chez lesquelles une minorité riche, puissante et forte, préside à la vie privée des voisinages et à la vie publique des communes, des provinces et de l'État. La cause évidente qui engendre la souffrance est l'oubli de la Constitution essentielle : la violation du Décalogue, amenée par l'abus des biens qu'avait créés la pratique de l'institution. Les riches se sont dégradés en s'abandonnant aux appétits sensuels ; les savants, au lieu de trouver dans l'étude du monde physique un nouveau motif pour obéir à la Loi suprême, ont cédé à l'orgueil et se sont révoltés contre Dieu ; les puissants, enfin, égarés par l'esprit de tyrannie, ont fait usage de leur pouvoir pour opprimer les faibles qu'ils étaient tenus de protéger. Quand ces trois formes de corruption sont devenues prépondérantes au sein d'une société, jadis prospère, les mêmes désordres se sont toujours développés : l'inconvénient des abus s'est

étendu, de proche en proche, à la nation entière ;
le peuple a perdu les sentiments de respect et
d'affection qu'avait fait naître l'ancienne prospérité ; le mépris et la haine conçus pour les institutions établies ont créé l'instabilité et la discorde, caractères habituels de la souffrance.

§ 5

La prospérité et la souffrance dans l'âge de la houille.

La transition de l'âge des herbes à l'âge des
machines a rempli de longues périodes de temps.
Les populations primitives répugnent à ce changement ; mais, quand cette répugnance a été
vaincue, la transformation des territoires a exigé
partout une succession indéfinie de travaux. Les
émigrants, familiers avec la connaissance des
arts usuels, ont toujours employé des siècles à
fonder des colonies florissantes, même quand ils
ont opposé la violence à l'inertie d'une race primitive.

Au contraire, comme je l'ai indiqué ci-dessus,
là où pénètre la voie ferrée, agent caractéristique
du troisième âge, on voit se produire, dans l'état
social, des résultats en quelque sorte instan-
tanés. Plus encore que les machines du deuxième
âge, les voies ferrées perfectionnent le régime du
travail ; mais leur principal effet est de transfor-

mer l'homme lui-même. Elles ébranlent, par une impulsion brusque, le cœur et l'esprit des populations, en les soumettant plus étroitement que jamais aux dures alternances de la souffrance et de la prospérité.

Ces influences deviennent plus manifestes à mesure que la construction des voies ferrées s'avance de l'Atlantique vers l'Asie. Elles sont d'autant plus dangereuses que les populations ainsi ébranlées avaient mieux conservé jusqu'alors la simplicité des races primitives. Enfin, dans chaque lieu envahi, l'impression produite est toujours plus funeste aux ouvriers qu'aux familles dirigeantes. Cédant à l'appât d'un fort salaire, les premiers affluent sur les ateliers qui s'ouvrent en général sous la direction de chefs et de contremaîtres nomades, venus de l'Occident. Tout d'abord, ils rompent avec leurs coutumes, s'abandonnent aux appétits sensuels et adoptent les nouveautés nuisibles que met à leur disposition un état relatif de richesse. Le contact avec les étrangers est encore plus dangereux pour les femmes et les enfants. Quand de telles circonstances se sont offertes à moi dans le cours de mes voyages, les familles dont j'avais admiré antérieurement les vertus m'ont donné un douloureux spectacle. Elles avaient été élevées dans la croyance que les pratiques d'une foi naïve sont, dès la présente vie comme dans la vie future, l'unique source du bonheur. Depuis lors, placées sous la direction de nouveaux maîtres, elles constataient que ces derniers, tout en violant les règles de la religion, possédaient, avec la richesse, les avantages sociaux qui dérivent de l'autorité. Sous cette impression contagieuse, elles étaient tombées dans le découragement, parfois même dans la dégradation.

En résumé, les voies ferrées et les inventions complémentaires développent, plus que jamais, les maux engendrés par les progrès trop brusques de la richesse, de l'intelligence et de la force. Assurément, les sages attachés à la tradition ne sauraient concevoir la pensée de discréditer, dans l'opinion publique, ces utiles conquêtes. Toutefois, je devais signaler le mal pour démontrer la nécessité du remède. Les contemporains, égarés par le vice et l'erreur, mais ramenés peu à peu dans la bonne voie par la souffrance, peuvent aujourd'hui trouver eux-mêmes ce remède : ils le trouveront en pratiquant l'art des voyages et en employant la méthode d'observation.

§ 6

Comment s'accroît, dans l'âge de la houille, la rapidité des changements.

Sauf l'impulsion brusque et, pour ainsi dire, instantanée qu'il communique aux choses, le troisième âge, ouvert il y a un demi-siècle par l'invention des voies ferrées, se présente comme une simple continuation de l'âge précédent. De même que celui-ci, en effet, il a créé des machines nouvelles qui transforment les méthodes de travail, agglomèrent les hommes et développent les intelligences. D'autre part, les causes actuelles de prospérité et de souffrance, étudiées dans leurs éléments primordiaux, ne diffèrent pas de celles qui étaient en action dans l'âge des machines. Sous les influences favorables émanant de la nature des lieux, certaines nations continuent à prospérer, quoique les familles s'agglomèrent sans cesse sur le territoire, et bien qu'une minorité s'y élève de plus en plus au-dessus des autres, en ce qui touche la connaissance de la loi morale et la possession du pain quotidien. Au milieu de ces changements, la paix sociale est assurée par la permanence des vertus propres à deux groupes d'institutions : l'esprit de patronage présidant à la direction de la vie privée porte les familles qui possèdent les biens essentiels à se dévouer au bonheur de celles qui en sont dépourvues ; dans la vie publique, l'esprit de paternité oblige les ministres de la religion et de la souveraineté à compléter, sous ce rapport, l'action de la classe dirigeante. Au contraire, chez d'autres nations, où régnait précédemment cette condition prospère des sociétés, on voit maintenant la race entière envahie par la souffrance ; et partout ce changement a la même explication : la classe dirigeante et les deux grands corps publics ont perdu le dévouement et ne font plus leur devoir.

La prospérité et la souffrance ont de tous temps alterné en chaque lieu et ont simultanément régné dans des localités différentes. Ces phénomènes ont commencé avec l'invention de la charrue, et il est à craindre qu'ils ne finissent pas avec celle des voies ferrées. Ils se sont reproduits, avec une périodicité persistante, chez ces nombreuses dynasties qui, après avoir été instituées pour rétablir la prospérité par la vertu, se sont tôt ou tard détruites elles-mêmes par leur dégradation en ramenant la souffrance pour leur peuple. Les monuments qui signalent ces oscillations subites et réitérées, du bien au mal, jalonnent, pour ainsi dire, l'histoire entière de la

Grèce, de Rome et du moyen âge européen. Ils sont un trait caractéristique des quatre siècles de violence et de discorde qui se sont écoulés depuis la Renaissance. J'ai assisté personnellement à l'un de ces débordements de souffrance pendant les dix premières années de ma vie. J'ai été témoin d'un cataclysme encore plus déplorable pendant les dix années qui ont précédé le moment où j'écris ces lignes. J'ai retrouvé dans ces terribles épreuves les trois grandes défaillances que l'histoire nous montre en action chez les gouvernants du temps passé : le vice, abus de la richesse ; l'orgueil, abus de l'intelligence ; la tyrannie, abus de la force.

Depuis cinq mille ans, sous les régimes de nouveauté introduits dans l'organisation du travail, toutes les nations obtiennent donc les mêmes succès et subissent les mêmes revers. Seulement, depuis un demi-siècle, elles tournent plus rapidement dans le cercle vicieux où chacune d'elles est retenue par les alternances périodiques de souffrance et de prospérité.

§ 7

L'humanité peut-elle sortir du cercle vicieux de prospérité et de souffrance où elle restée enfermée jusqu'à ce jour ?

Les sociétés aspirent toutes au bonheur, et, comme elles ont toujours sous les yeux des spectacles de souffrance, elles se demandent avec anxiété si elles peuvent compter sur un meilleur avenir. Cette question est posée en permanence au sein de l'humanité. Dans le cours de cette enquête, les peuples sont peu enclins à reconnaître que le malaise présent est le fruit des fautes du passé ; et, pour la prévision de l'avenir, ils préfèrent habituellement l'illusion à la réalité. Cette disposition des esprits est d'autant plus prononcée que la souffrance est plus aiguë. Par ce motif, la réforme au milieu d'une corruption récente est relativement facile chez les petites nations qui, comme la république de Saint-Marin, ont gardé au moins le souvenir des sages leçons de leurs fondateurs et des bonnes coutumes de leurs ancêtres. Au contraire, elle est entravée par beaucoup d'obstacles chez les nations compliquées, qui ont oublié les exemples de leurs sages et qui d'ailleurs ont rompu depuis longtemps avec la tradition de leurs époques de prospérité.

Ces nations prennent volontiers pour guides des égarés qui flattent les erreurs accréditées chez elles par un état persistant de corruption. Telle est la situation où la France est maintenant placée. Selon la doctrine favorite du moment, une loi fatale détermine le mouvement imprimé aux sociétés depuis l'origine du deuxième âge ; mais il y a contradiction sur le sens suivant lequel ce mouvement s'opère. Les confiants qui en assument la direction croient se rapprocher du bonheur ; les découragés qui s'abstiennent se persuadent qu'on s'en éloigne : au fond, en adoptant ces deux opinions, les uns et les autres se dispensent, sciemment ou à leur insu, des efforts pénibles qu'il faudrait faire pour ramener la patrie de la souffrance à la prospérité.

Ces erreurs dominaient dans l'enseignement littéraire qui me fut donné aux écoles publiques de mon pays ; mais l'École polytechnique où se forma mon esprit fit contrepoids, par la méthode des sciences physiques, à la funeste influence des lettrés. Cette méthode, appliquée à l'étude des faits sociaux, mit en lumière, par voie d'induction, les vérités exposées dans le présent chapitre et dans ceux qui le précèdent. Ces vérités se résument dans les termes suivants, qui répondent à la question posée en tête de ce paragraphe :

Il est chimérique de croire à un avenir qui offrirait le règne permanent de la paix : l'homme,

en effet, naît à la fois vicieux et libre ; il sera
donc toujours enclin à déchaîner la discorde.
D'un autre côté, la plupart des individus naissent
avec des tendances vers le bien qui peuvent être
développées presque sans limites par l'éducation. Il n'existe aucune loi fatale qui condamne
les sociétés à souffrir, ou qui les empêche de
prospérer. Une race d'hommes s'élève toujours
à la prospérité, quand elle pratique les principes
de la Constitution essentielle ; mais dès qu'elle
les enfreint, elle tombe dans la souffrance.

J'ai exposé, dans ce chapitre, les faits généraux de l'histoire universelle, desquels on peut
induire les causes de la prospérité ou de la souffrance des nations. J'ai retrouvé dans ces faits
la confirmation des vérités que m'avaient fournies l'étude de la nature humaine et l'observation des peuples contemporains. Pour arriver à
la conclusion de ce livre, j'ai le dessein d'appliquer, dans le chapitre VI, la connaissance de
ces vérités à la recherche des réformes que
réclame la souffrance actuelle de l'Europe. Je
dois donc insister préalablement sur l'histoire
et les caractères spéciaux de ce mal chez les
modernes, afin d'en indiquer sûrement le remède : tel est l'objet du chapitre suivant.

CHAPITRE V

LA PROSPÉRITÉ ET LA SOUFFRANCE CHEZ LES MODERNES

----

§ 1

Comment, dans l'antiquité, se formèrent les races qui, après la chute de l'empire romain, préparèrent la prospérité du moyen âge.

Les races qui dominèrent les régions occidentales de l'Europe, après le démembrement de l'empire romain, n'avaient pas seulement la force matérielle des conquérants; elles possédaient les deux principales conditions de la prospérité. Leurs armées se recrutèrent dans une foule de petites nations établies sur les territoires variés, compris entre les rivages de la Baltique et la mer du Nord, le Rhin, le Jura, les Alpes, les Balkans et la mer Noire. Ces nations elles-mêmes avaient eu pour origine première deux sortes de populations, qui différaient beaucoup l'une de l'autre, mais qui

s'étaient développées sous l'influence de deux
conditions analogues : l'abondance des productions spontanées du sol; la fécondité et la stabilité des familles. Les pêcheurs côtiers avaient
pullulé dans le Nord, pendant le deuxième âge,
après l'invention des barques à voiles, sur les
rivages poissonneux des mers et des fleuves
affluents, réchauffés par le Gulf-stream; et, bien
avant l'ère chrétienne; ils avaient dirigé vers le
Midi des générations nombreuses d'émigrants.
Les pasteurs, dès le premier âge, s'étaient mul-
tipliés sur les steppes fertiles de l'Orient, de la
mer Noire et du Danube; et ils tendirent, pour
la plupart, à pousser leur courant d'émigration
vers l'Occident.

Les nations qui envahirent les provinces ro-
maines s'étaient lentement constituées par le
mélange ou par le choc des deux courants ainsi
venus du Nord et de l'Orient. Au milieu des
luttes séculaires, provoquées par des intérêts
divergents, les familles-souches du Nord et les
familles patriarcales de l'Orient réussirent, en
général, à former des races fortes et stables,
parce qu'elles étaient soumises aux deux premiers principes de la Constitution essentielle.
Toutes ces races purent donc créer de solides
établissements ; car elles importèrent sur les territoires conquis, avec la stabilité des familles,
la soumission à Dieu et à l'autorité paternelle.

Les conquérants trouvèrent tout d'abord le complément de leurs forces morales dans le christianisme, qui, au milieu de la souffrance générale, tenait alors en garde les principes et les coutumes de la prospérité. Bientôt ils s'associèrent spontanément aux autorités de l'Église pour diriger les populations vers la paix. Les familles qui exerçaient les fonctions de la souveraineté aux degrés supérieurs de la hiérarchie sociale, tinrent à honneur de consacrer une partie de leurs rejetons au recrutement des dignités ecclésiastiques. Ainsi se développa, dans une communauté de croyances et d'aspirations, la classe dirigeante qui fit la grandeur du moyen âge. La prospérité de cette époque fut l'œuvre collective de huit siècles : en France, elle acquit, vers le règne de saint Louis, ses meilleurs caractères. Les mémoires de Joinville établissent, par la citation d'une foule de traits, que les principes et les coutumes de la Constitution essentielle étaient en pleine vigueur au xiiie siècle.

§ 2

Comment, au moyen âge, reparut le cercle vicieux de souffrance et de prospérité où avaient tourné les races célèbres du passé.

Entre le vɪᵉ siècle et le xɪɪɪᵉ, le développement de la Constitution essentielle fut progressif, sans être absolument continu. La féconde alliance des races stables de la Germanie avec le clergé chrétien fut souvent entravée dans ses utiles conquêtes par des mouvements rétrogrades. Dès le ɪxᵉ siècle, on vit apparaître çà et là au sein du clergé des symptômes de corruption. L'Église y remédia d'abord en imprimant une nouvelle impulsion aux ordres monastiques; mais, à la longue, ceux-ci furent envahis par les mêmes symptômes et aggravèrent le mal qui émanait du clergé séculier. Les familles de la classe dirigeante furent de proche en proche ébranlées, à mesure que manquaient les leçons et les exemples qui jusqu'alors avaient fortifié la pratique de la loi morale. La souffrance fut surtout ramenée par le réveil de l'esprit de violence qui, dans le passé, avait agité la Gaule autant que la Germanie. Bientôt éclata cette terrible guerre de Cent ans qui couvrit la France de ruines. La prospérité fut, il est vrai, rétablie sous les trois règnes réparateurs de Louis XI, de Charles VIII et de Louis XII; mais, à partir de 1515, les nouveaux progrès du bien-être matériel perpétuèrent, par le relâchement des mœurs, le malaise qui antérieurement avait pour cause principale la rébellion des grands vassaux. A dater de cette époque, la France n'est plus sortie du cercle vicieux que j'ai signalé comme une des lois habituelles de l'histoire, chez les races qui exagèrent l'esprit de nouveauté : elle est restée dans cette triste condition où la souffrance, devenue endémique, tarit périodiquement la source des courtes époques de prospérité.

§ 3

Comment, à la Renaissance, l'abus des nouveautés et le vice des dirigeants préparèrent à l'Occident quatre siècles de courtes prospérités et de longues souffrances.

Dans la seconde moitié du xve siècle, la Renaissance ouvre, par la chute d'un vieil empire et la découverte d'un monde nouveau, l'ère de quatre siècles dont je signale spécialement, dans ce chapitre, les souffrances et les prospérités. Les fondateurs de cette époque sont souvent célébrés par les historiens. Cependant ils ont un trait commun avec la plupart des hommes dont le nom reste attaché à l'avènement des époques fameuses : ils croyaient semer seulement des germes de bonheur ; les générations suivantes ont surtout récolté des catastrophes. L'impulsion imprimée à l'Occident par la renaissance partit de l'Italie, puis de l'Espagne. Elle se propagea, de proche en proche, aux États du Nord par la France et les États allemands. Partout où régnait le deuxième âge du travail, la richesse se développe tout à coup, avec les arts usuels et libéraux ; mais bientôt éclatent les maux qu'engendre l'inégalité des familles, parce que la cause première de l'impulsion implique un mélange de bien et de mal. La prise de Constantinople (1453) refoule en Italie les grandes notabilités du travail et de l'intelligence ; mais avec celles-ci arrive la corruption qui avait ruiné l'empire d'Orient. La découverte de l'Amérique (1492) féconde tout à coup la science du globe, la navigation et le commerce ; mais elle ébranle toutes les sociétés en excitant chez elles la soif de l'or et l'esprit de violence.

Au moment même où la corruption et la discorde se développaient en Italie, l'heureuse conclusion de la guerre de Cent ans (1453) commençait à rétablir, en France, le règne de la vertu et de la paix.

Rendue à ses résidences patrimoniales, la noblesse avait enfin échappé à l'action corruptrice des camps. Sous la salutaire influence du foyer domestique et de la vie rurale, les bonnes mœurs étaient restaurées et assuraient la pratique de la loi morale. Le contact journalier des propriétaires et des tenanciers réparait les désastres de la guerre, créait la prospérité de l'agriculture, procurait d'amples moyens de recrutement aux autres arts usuels et fournissait avec abondance à toutes les familles le pain quotidien. Malgré la corruption que continuait à développer chez les clercs le progrès des richesses, l'unité de croyance maintenait la paix entre les familles régénérées de la classe dirigeante. Grâce à la sagesse de trois princes, la monarchie avait apaisé les anciennes discordes féodales. Soutenue et contrôlée, comme au temps de saint Louis, par un conseil privé, dont les membres étaient hautement désignés au choix du souverain par leurs vertus et leurs services, elle complétait l'œuvre de la paix au dedans et au dehors. Parfois même, notamment après la victoire de Saint-Aubin-du-Cormier (1488), les monarques, bien conseillés, conjurèrent les difficultés inhérentes au service féodal, en donnant de beaux exemples de clémence et de modération.

Cependant, l'esprit guerrier de la Gaule et de la Germanie se perpétuait chez les Français de ce temps ; et, sous son influence, le mal sortit du bien que je viens de signaler. Selon le récit

de Commines, les Italiens admiraient avec raison
les vertus de la noblesse française, régénérée par
quarante années de paix sociale. Ils appelèrent
une armée de la France dans leur pays (1494),
avec l'espoir qu'elle y rétablirait les mœurs
privées et la paix publique. Ce fut le résultat
inverse qui se produisit : les désordres inhérents
à la guerre et l'exemple des Italiens corrompirent
l'armée qui avait mission de les réformer. Bientôt ces derniers se crurent opprimés par leurs
protecteurs; puis, unis momentanément et alliés
aux ennemis de la France, ils rejetèrent hors de
leur territoire les sauveurs qu'ils avaient choisis.
Cette conquête éphémère et stérile eut malheureusement un résultat durable pour la France :
l'armée de Charles VIII, puis celles de Louis XII
introduisirent dans les familles de la noblesse
des germes de corruption qui ne tardèrent pas
à grandir.

Le terrain favorable à ce développement fut
offert à la haute noblesse par la cour des derniers Valois (1515-1589). Le règne du vice et de
l'erreur y fut successivement organisé par les
souverains eux-mêmes; par la noblesse qui
abandonna ses résidences rurales pour briguer
leurs faveurs et partager leurs plaisirs; par les
Français qui continuèrent avec l'Italie les rapports de guerre et de paix ; enfin, plus directement par les Italiens que retinrent en grand

nombre, à la cour de France, les liens de famille établis entre les Valois et les Médicis. Le mal s'étendit de la cour aux provinces, en s'aggravant partout sans relâche. Il prit successivement pour caractères le désordre des mœurs, le luxe des repas, des vêtements et des mobiliers, les nouveautés dangereuses et futiles adoptées par les femmes et par la jeunesse, les idées superstitieuses du moyen âge, mêlées à des excès de prédilection pour les lettres et les arts de l'antiquité.

Au fond, l'exagération de l'esprit de nouveauté était la principale cause du mal. Elle créait des contrastes compliqués d'aspirations et de sentiments entre les familles dirigeantes : elle les divisait en deux partis hostiles, et, par là, ébranlait la société entière. Le premier, inclinant vers les nouvelles mœurs, gravitait autour de la royauté, abandonnait ses terres et négligeait les devoirs imposés aux propriétaires par la Constitution essentielle. Le second parti redoutait l'influence de la cour : il était attaché à ses résidences rurales, à la pratique des devoirs locaux et aux coutumes de la province. Les pratiques de nouveauté ou de tradition spéciales à la vie privée de chacun de ces deux partis contrastaient souvent avec les doctrines qu'il professait sur la réforme des corps publics préposés aux services de la religion et de la souve-

raineté. Comme à toutes les époques de discorde,
chaque parti offrait d'ailleurs deux nuances : les
hommes de paix voulaient respecter à tout prix
les deux principes, mais ils avaient le désir d'en
réformer les abus. Les hommes de violence se
proposaient de remédier d'abord à l'abus des
principes ; et ils ne craignaient pas de les affai-
blir en les critiquant.

Malheureusement la corruption grandissait,
et, au milieu des passions déchaînées, les pacifiques n'eurent pas le pouvoir d'accomplir la
réforme. Ceux d'entre eux qui étaient mêlés aux
affaires publiques furent réduits à l'inaction :
ne voulant point participer aux abus, ils durent,
comme le fit Montaigne, se renfermer dans la
vie privée. Peu à peu, les violents prirent la
direction du mouvement social : le contraste des
aspirations devint un antagonisme déclaré ; puis,
des déclarations de doctrine, on arriva aux actes.
Dix-huit ans après l'impulsion première imprimée par Luther aux Allemands, les partisans
français de la réforme commencèrent la rupture en
adhérant au programme tracé par Calvin (1535).
Ils manifestèrent ensuite plus formellement cette
rupture lorsque, l'Église de Genève ayant été
fondée (1543), ils instituèrent d'autres églises
pour y pratiquer le nouveau culte. Le contact
des cultes rivaux accéléra le mouvement qui
poussait les esprits aux actes de violence : le

premier de ces actes fut l'effusion de sang qui eut lieu à Vassy en 1562 ; la déclaration de guerre fut faite à Paris, en 1572, la nuit fatale où des catholiques, partisans de la cour, procédèrent au massacre des protestants.

Depuis cette date funeste, la violence, ayant pour prétextes la religion et la souveraineté, a souvent désolé l'Europe. Le mal a été momentanément guéri par la sagesse des dirigeants, à laquelle venait en aide le souvenir de la dernière catastrophe ; mais il s'est reproduit sous des influences analogues à celles que je viens de signaler. En France, par exemple, la souffrance a été ramenée, en 1685, par la révocation de l'édit de paix (de 1598) et de l'édit de grâce (de 1629) ; au xviiie siècle, par la corruption des gouvernants et l'abus des nouveautés. La violence a repris son empire en 1789 ; et, au moment où j'écris ces lignes, les esprits les plus perspicaces n'entrevoient pas la fin d'une nouvelle guerre de cent ans.

§ 4

Comment, chez les modernes, l'alternance du bien et du mal, dans l'histoire, persiste comme chez les anciens.

Pendant que l'abus des nouveautés et le vice de dirigeants ramenaient ainsi le débordement de la violence, le respect des bonnes traditions et la vertu des familles stables perpétuaient, en beaucoup de lieux, les coutumes de la paix. Le bien et le mal se reproduisaient donc, à la Renaissance, par les mêmes causes qui avaient régné chez les anciens : en tête de ces causes figuraient toujours la pratique ou la violation de la Constitution essentielle.

Cependant le plan de ce livre ne comporte pas une analyse méthodique des prospérités et des souffrances de l'ère moderne : il suffira de citer quelques exemples empruntés à cette époque. Parmi ces exemples, je choisirai ceux qui offrent aux lecteurs studieux les deux voies les plus sûres pour atteindre la vérité : l'étude des documents écrits, empruntés aux meilleures sources et interprétés par les hommes compétents ; l'observation directe des régimes de paix ou de violence, c'est-à-dire le criterium éternel de toute organisation sociale.

§ 5

Comment les races simples ont souvent conjuré la souffrance, en respectant la Constitution essentielle.

Plusieurs peuples pasteurs de l'Asie centrale conservent dans toute leur pureté les pratiques de la Constitution essentielle. Les meilleurs modèles s'y présentent, de loin en loin, à l'état de familles nomades, éparses et indépendantes. Elles habitent surtout le réseau de montagnes qui s'étend de l'Altaï au Tian-Chan, entre les plaines de la Sibérie et le vaste plateau central situé à l'orient du Pamyr, au nord de l'Himalaya et du Thibet. Les voyageurs peuvent également observer, avec l'avantage d'une sécurité plus complète, les bons exemples de vie pastorale dans plusieurs autres localités : je signale, notamment, les pasteurs établis entre le fleuve Oural et le Wolga, sous le gouvernement de la Russie ; les Mogols, soumis au souverain de la Chine et formés par l'enseignement religieux des Lamas ; enfin et surtout les « Dvoédantzi » qui sont fixés au sud de l'Altaï, près des sources de l'Obi, et qui partagent leur tribut entre les souverains de la Russie et de la Chine.

Ces races pastorales et patriarcales ont une qualité distinctive : elles sont éminemment aptes à fonder, à recruter, et, au besoin, à réformer les grandes nations agricoles et sédentaires. Le concert qui existe, depuis les époques reculées de l'histoire, entre les pasteurs et les agriculteurs de la Chine, peut seul expliquer la durée extraordinaire de cet empire. Beaucoup de grandes nations se sont constituées sous un régime analogue. C'est, par exemple, dans cette condition que se trouvait l'empire des Incas à l'époque où l'Amérique fut découverte par les Européens. La partie sédentaire de cet admirable peuple fut détruite par la violence et l'avidité des conquérants ; mais la population pastorale s'est perpétuée sur les plateaux herbus des Andes ; là, comme partout, elle fournit encore à la science sociale d'utiles sujets d'observation.

Ainsi que les races primitives, les petites nations sédentaires sont également une source d'enseignements précieux. Elles doivent cette supériorité à des causes évidentes. En raison même de leur faiblesse, elles ne peuvent abuser des avantages dus à la pratique de la Constitution essentielle. Elles demandent surtout le succès aux forces morales de la vie privée, et elles conjurent ainsi la corruption que l'exagération de la vie publique introduit souvent dans les régimes de la religion et de la souveraineté. Elles ne blessent point les étrangers par leurs prétentions ou leur orgueil, et elles évitent prudemment de fournir des prétextes aux actes d'oppression, vers lesquels inclinent toujours les grandes nations riches, lettrées et puissantes. Malgré l'esprit de violence qui envahit l'Europe, ces modèles de paix et de vertu sont encore nombreux dans l'Occident.

Toutes les montagnes de cette région présentent, chez certaines familles pastorales ou forestières, des exemples de vertu et de paix qu'on chercherait en vain dans la population urbaine ou rurale de la grande nation qui les enclave; et elles restent souvent inconnues des voyageurs, parfois même de leurs proches voisins. Ces petites races, que les géographes ne mentionnent guère et que les gouvernants dédaignent, sont cependant, à notre époque de trouble et d'idées préconçues, l'école la plus féconde de la science sociale. Grâce à la simplicité extrême de leur organisation, elles montrent en pleine lumière, dans leurs coutumes, les principes fondamentaux que laissent peu apparaître les textes législatifs et les institutions compliquées des grandes nations. Les races simples n'enseignent pas seulement avec clarté les sept principes de la Constitution essentielle ; elles démontrent, par leurs exemples, l'utilité des nuances que l'application de ces principes réclame pour satisfaire aux besoins spéciaux imposés par la diversité infinie des lieux. Ces nuances, soigneusement étudiées,

indiquent les principaux moyens de gouvernement, c'est-à-dire ceux qui fondent la paix
sociale, non sur des lois écrites imposées à la
totalité du territoire, mais sur des coutumes
créées par la libre initiative des localités, dans
les limites que trace une règle commune. Les
coutumes qui, chez les petites nations, perpétuent la paix, doivent surtout à ce dernier trait
la supériorité de leur'enseignement: elles tranchent par leur variété avec la monotonie des
abus qui, chez les grandes nations, ont trop
souvent déchaîné le désordre. Quelques exemples
suffiront pour indiquer aux élèves de l'école des
voyages la voie dans laquelle ils pourront constater personnellement la richesse et la fécondité
de ces études.

La petite commune de Saint-Marin a constitué, chez les chrétiens épars dans l'empire romain, le premier État autonome. Cet État reste
de nos jours, en Europe, le plus intéressant modèle de longévité. Situé sur un promontoire de
l'Apennin, à 700 mètres au-dessus des plaines
de Rimini, il a été fondé, à la fin du IIIe siècle,
par l'homme illustre dont il porte le nom. Il
conserva jusqu'au VIIIe siècle ses libertés religieuses. Il garde encore son indépendance politique, et présente ainsi, au milieu de l'ébranlement général des Européens, un exemple presque
unique de stabilité. Il enseigne comment la Cons-

titution essentielle s'est perpétuée, chez quelques milliers d'hommes simples, sous la protection d'une forteresse créée par la nature ; il signale en outre l'action bienfaisante d'un climat sévère, et surtout celle des forces morales attachées au tombeau du fondateur, qui fut à la fois un modèle de sainteté et de sagesse.

Les petites communes rurales et pastorales du pays d'Andorre constituent aussi un État indépendant enclavé dans la chaîne des Pyrénées. Elles se trouvent devant l'Espagne et la France dans la situation où les « Dvoédantzi » de l'Altaï sont placés devant la Russie et la Chine. La république pyrénéenne ne peut former elle-même le personnel nécessaire aux services de la religion et de la souveraineté : elle confie donc l'institution de ce personnel aux deux États protecteurs. Ceux-ci, d'ailleurs, par un contrôle mutuel, garantissent en fait l'indépendance de leur protégée. D'après une longue expérience, ces pouvoirs étrangers sont, moins que des pouvoirs indigènes, entraînés à l'abus, et, si le mal survient, la guérison est plus facile.

Les trois petites provinces du pays basque relèvent de la couronne d'Espagne. La population, composée surtout de propriétaires ruraux, est complétée par des pêcheurs côtiers, des manufacturiers et des commerçants. Une noblesse rurale, attachée à ses résidences, est intimement

unie à toutes les classes, et se concerte avec elles
pour garder les vieilles traditions du gouvernement local. Recruté dans les familles dirigeantes,
le clergé est animé de ce même esprit : il voit
dans les libertés provinciales le plus sûr moyen
de perpétuer la soumission à Dieu et la pratique
de la religion. Enfin, cette union intime de la
race repose sur l'admirable organisation qui
règne dans la famille à tous les degrés de la
hiérarchie sociale. En raison de ses bienfaits,
cette organisation reste encore en vigueur dans
les montagnes de la Catalogne et de l'Aragon,
qui, plus que celles du pays basque, ont subi la
pression exercée par les agents de la souveraineté.

La famille basque a pour fondement une « coutume d'aînesse ». Celle-ci ne confère point à
l'héritier le droit de posséder le domaine patri-
monial : elle subordonne ce droit au choix des
parents. Elle porte l'aîné (garçon ou fille) à se
rendre digne de ce choix en pratiquant, avant
son mariage, les lourds devoirs que la tradition
impose à tout chef de maison, dans l'intérêt des
rejetons de la famille et des services publics de
la localité. La dignité attachée à l'héritage est
acquise à celui des enfants qui est lié, par le
mariage, au foyer paternel.

La coutume familiale des Basques offre un trait
caractéristique. Depuis un temps immémorial,
l'opinion voit un signe de la faveur divine dans

les circonstances qui permettent d'attribuer à une fille la qualité d'héritière : de là des mœurs spéciales qui furent connues de Strabon et qui avaient déjà une force singulière à l'époque où l'armée d'Annibal traversa les Pyrénées. Au surplus, à défaut des détails que le plan de ce livre ne comporte pas, j'aurai mis le lecteur sur la voie des réformes nécessaires à notre époque, en ajoutant que l'esprit dominant des coutumes basques est de mettre, autant que possible, la religion, la famille, la commune et la province à l'abri des abus qui ont eu trop souvent pour origine l'exagération de la souveraineté.

Les paysans voués au pâturage et à l'agriculture, qui composent toute la population dans les petits cantons suisses de l'Oberland, offrent un enseignement encore plus décisif aux réformistes novateurs qui, voulant constituer des gouvernements dit « démocratiques », se persuadent que ces gouvernements sont incompatibles avec la religion. Ces paysans, en effet, gardent en paix, depuis des siècles, l'état européen le plus effectivement démocratique, en fondant la pratique de la souveraineté sur l'alliance intime du père de famille et du prêtre. La même démonstration est donnée par les paysans forestiers ou agriculteurs et par les pêcheurs côtiers de la Norvège, avec d'autres formes religieuses et sous un ré-

gime nominal de royauté. En Norvège, plus
encore que dans l'Oberland de la Suisse, le clergé
maintient, de concert avec les pères de famille,
les forces morales émanant de la Constitution
essentielle.

Les petites nations qui habitent les plaines
saxonnes et les autres plaines basses contiguës
aux rivages de la mer du Nord, entre le Rhin et
la Baltique, offrent également une excellente pratique de la Constitution essentielle. Elles ont
pour base commune une forte population rurale,
composée de nobles, de paysans et de bordiers.
Comme dans le pays basque, ces familles sont
unies entre elles, et elles doivent leur état de
paix et de stabilité à de sages coutumes d'aînesse
qui remontent à des époques reculées. Les clergés, recrutés dans les familles dirigeantes, aident
la population à fonder sur la soumission à Dieu
les libertés locales, et à concilier ce grand intérêt avec le respect dû aux petites souverainetés
traditionnelles de la région. Dès le début de
mes voyages, j'ai observé parmi ces clergés un
trait caractéristique. Dans les localités où existent
deux cultes différents, on voit les deux ministres,
unis par l'amitié, se concerter journellement,
sans arrière-pensée, pour fortifier parmi leurs
ouailles les sentiments que développe « la paix
de Dieu ». Les races que je signale ont acquis
depuis longtemps une juste renommée : leurs

ancêtres, parmi lesquels figurent les Saxons et les Angles, ont créé la race anglaise et fourni aux Germains de précieux éléments ; elles sont encore capables de fonder, au moyen de leurs émigrants, de florissantes colonies.

Les populations rurales du Danemark et de la Suède offrent, à beaucoup d'égards, des éléments semblables de supériorité. Parmi les ressemblances principales, il faut signaler : la sévérité du climat, tempérée par les eaux et les vents du Gulf-Stream, les bons rapports établis entre les trois classes de la population rurale, la fécondité des coutumes familiales, l'excellente organisation de la propriété sous les trois régimes de la communauté, de la famille et du patronage, enfin et surtout l'autorité et la prudence avec lesquelles les clergés, unis intimement aux chefs de famille, font prévaloir, dans tous les rapports sociaux, les forces morales de la Constitution essentielle.

Les races sédentaires que je viens de citer comme modèles sont toutes composées de familles souches, dont les membres, plus ou moins nombreux, sont généralement groupés en un seul ménage. Ces races, en effet, sont la vraie force de l'Occident, auquel je rapporte surtout les questions de réforme étudiées dans ce livre. Quant aux familles patriarcales, où plusieurs ménages exploitent en commun une propriété foncière, elles sont encore disséminées en grand nombre dans les montagnes de l'Occident; et elles peuvent fournir d'utiles matériaux à la science sociale. Toutefois, il faut étudier surtout les communautés de famille dans les contrées où elles constituent la principale masse de la population rurale. Tel est le cas des communautés chrétiennes de familles slaves, qui offrent deux sujets d'étude principaux dans les régions contiguës au Danube et à l'Adriatique. Les communautés enclavées dans l'empire autrichien montrent souvent l'action délétère exercée sur les mœurs traditionnelles par les nouveautés de l'Occident et par les agents des lois écrites. Au contraire, les communautés soumises à l'empire ottoman ont conservé ces excellentes mœurs dans toute leur pureté. Elles comprennent, en général, plus de cinquante membres régis en toute paix par deux autorités, celles du maître et de la maîtresse de maison. Elles forment un vrai gouvernement local, où la Constitution essentielle reste en vigueur, sans autre concours que celui du clergé. Sauf dans le cas où la paix intérieure est troublée, on ne voit jamais intervenir les agents de la souveraineté.

Les musulmans de l'empire donnent eux-mêmes, dans la vie privée et publique, des exemples que le reste de l'Europe pourrait étudier avec fruit. Je signale notamment les justices patriarcales de l'Asie mineure, et le régime de propriété foncière qui assure des moyens de subsistance aux treize classes de nécessiteux définis par le koran.

§ 6

Comment les nations compliquées ont souffert, quand les familles dirigeantes n'ont point assuré le règne de la loi morale et le service du pain quotidien.

Chez les races nomades primitives, comme chez les petites races sédentaires des climats rudes du Nord et des hautes montagnes, les familles vivent à peu près toutes dans des conditions d'égalité, et chacune d'elles, pourvoit aisément aux deux besoins essentiels de l'âme et du corps.

Il en est autrement des grandes nations, établies sous les climats et sur les territoires les plus favorables à la création des richesses. Plus elles prospèrent, plus se développe chez elles l'inégalité des conditions. La fonction de la famille devient plus difficile à remplir; alors apparaissent les conséquences fâcheuses dues à l'inégalité naturelle des aptitudes physiques, intellectuelles et morales. Le sol disponible faisant défaut, le domaine familial se restreint : la famille-souche se substitue peu à peu aux familles patriarcales; et, chaque jour, il est plus malaisé de trouver, dans un groupe moins nombreux, des héritiers capables de remplacer dignement leurs ancêtres. On ne peut plus dès lors assurer complètement à chaque foyer domestique les bienfaits émanant de la loi morale et du pain quotidien. Dès que les pères de famille défaillants apparaissent dans une société qui respecte la Constitution essentielle, les « patrons » se constituent spontanément pour suppléer à leur impuissance. Au milieu du progrès général de la société, la stabilité et la paix persistent seulement dans le cas où les familles les mieux pourvues veillent avec sollicitude aux besoins de celles qui pourraient être accablées par des souffrances physiques ou morales. Les familles qui, jouissant de ces avantages, remplissent ces obligations sont appelées « dirigeantes ». Dans leur difficile mission, elles sont soutenues par l'esprit de patronage. Ce trait caractéristique des grandes races est une des plus honorables propensions de la nature humaine. Il naît spontanément, chez les races modèles, des harmonies sociales qu'engendrent les rapports journaliers du patron avec les serviteurs de sa maison et ses tenanciers. Toutefois, ce nouveau régime n'est point un perfectionnement : c'est un moyen de retarder le mouvement de décadence. En effet, dans une organisation hiérarchique des familles, les dirigeants sont, plus que les dirigés, enclins

à faillir, sous l'impulsion du vice, de l'orgueil
et de la tyrannie. D'autre part, l'esprit de patronage n'est pas aussi naturel à l'homme que
l'amour paternel; et l'on voit tôt ou tard apparaître la nécessité de conjurer ses défaillances,
comme lui-même avait conjuré celles des pères
de famille. Aussi, dès que les patrons abusent
de leurs avantages et ouvrent eux-mêmes de
nouvelles voies à la décadence, les ministres de
la religion et de la souveraineté deviennent-ils
indispensables. Cependant cette troisième transformation de la société ne s'est point montrée
jusqu'à ce jour plus décisive que la deuxième :
les nouveaux auxiliaires de la Constitution essentielle apportent un remède précieux tant qu'ils
restent fidèles à « l'esprit de paternité » qui est
le principe de leurs deux institutions; mais, tôt
ou tard, ils ramènent un mal plus aigu, en
tombant à leur tour dans la corruption.

La véritable histoire des nations compliquées,
où règne l'inégalité des conditions, est le tableau
des rapports qui existent, selon les temps et les
lieux, entre les quatre éléments principaux de
la société, à savoir : les familles qui sont obligées, vu la pénurie ou la médiocrité de leurs
ressources, de consacrer tout leur temps à la
satisfaction de leurs propres besoins; celles qui
ont accepté la mission de se dévouer au bonheur
des populations de leur voisinage, soit par la

bienfaisance directe, soit par la gestion gratuite des intérêts publics locaux; les hiérarchies vouées à la religion, qui créent l'accord des âmes dans la race entière, en lui offrant la pratique des rites et l'enseignement de la doctrine; enfin, le souverain et ses ministres qui président au gouvernement de la société, en dirigeant les services chargés de rétablir la paix, dès que celle-ci est troublée, soit par la corruption des sujets, soit par celle des peuples voisins. Comme on le voit, ces éléments sociaux offrent une multitude de nuances au sein des sociétés compliquées : toutefois ils sont assez définis pour qu'on puisse, sans ambiguïté, les désigner par quatre mots : le peuple, les patrons, les clercs et les gouvernants. Ces distinctions établies, il reste à indiquer comment chacune de ces classes concourt depuis quatre siècles à développer la prospérité ou la souffrance, et, en termes plus précis, à former les nations stables ou ébranlées. En cherchant comment le bien s'est perpétué et comment le mal est survenu, les contemporains verront mieux comment la réforme doit s'opérer.

Les petites nations, les provinces et les localités que j'ai signalées comme modèles au paragraphe précédent, possédaient déjà à des époques reculées les vertus qui les distinguent encore aujourd'hui. Elles les ont conservées pendant l'ère moderne que je considère; et celles qui ont perdu leur autonomie restent la principale force morale des souverainetés dont elles dépendent. Les quatre éléments sociaux de ces races offrent donc, à l'observateur qui cherche le secret de la science sociale, les exemples de stabilité qu'elles donnent depuis la Renaissance.

Les races stables respectent et pratiquent la Constitution essentielle. Elles se reconnaissent à un caractère commun que peuvent constater tous les voyageurs, ceux-là même qui sont absolument étrangers, soit au pays visité, soit à la science sociale. Chaque famille vit en paix, contente de sa condition. Toutes les familles se montrent unies entre elles par « la paix de Dieu » et « la paix du souverain ». Ces sentiments sont incarnés surtout chez les trois classes qui président à la haute direction de la race; et chacune d'elles, se conformant aux traditions établies par la coutume et la loi écrite, remplit sa fonction, sans empiéter sur celle des autres et sans soulever des conflits. Les patrons, inspirés par les sentiments que développe naturellement l'esprit d'équité, au contact journalier de populations privées des avantages qu'ils ont eux-mêmes trouvés dans la naissance, se croient tenus de leur assurer le bien-être. Ils se dévouent, en outre, à titre gratuit, aux fonctions onéreuses, aux préoccupations pénibles et aux dures responsabilités du gouvernement local. Le peuple apprécie à

leur juste valeur les sentiments qui inspirent
l'esprit du patronage : il accepte pour chefs naturels les hommes qui en sont animés ; il se
groupe autour d'eux quand surviennent les catastrophes infligées à la nation par les révolutions
de la nature ou par la malignité des hommes ;
c'est surtout au drapeau tenu par ses patrons qu'il
se réunit tout d'abord quand le territoire de la
patrie est envahi par l'étranger. Les patrons, de
leur côté, savent que cette confiance du peuple
est une des forces vives de la race : ils y voient
la plus haute récompense de leurs rudes travaux ; et ils se préoccupent de former des héritiers capables d'en transmettre la possession à
leurs familles. Toutefois, ils comprennent que
l'ascendant moral du patronage n'est durable,
aux époques critiques, que s'il peut s'appuyer
sur deux autorités plus hautes : celle du souverain et celle de Dieu. Ils témoignent en toute
occasion, devant le peuple, le respect qui est
dû aux représentants des deux grands pouvoirs.
Les clercs se renferment, en principe, dans les
fonctions spéciales de leur ministère ; ils rendent
à leurs concitoyens tous les services compatibles
avec ce ministère, mais ils restent toujours les
serviteurs de la nation entière, et ils se gardent
de prendre parti au milieu des intérêts tem-
porels qui excitent, parmi leurs ouailles, l'émulation, la concurrence et la discorde. Ils n'ou-

blient pas que la paix, dans le monde des âmes, est une œuvre essentielle pour leur activité. Les gouvernants, comme les clercs, ont pour mobile suprême de leurs actions l'esprit de paternité. Imbu de ce sentiment, le souverain est, pour ses sujets, dans l'organisation compliquée des nations, ce qu'est le patriarche pour ses enfants dans la vie pastorale : il s'en inspire, soit pour donner personnellement l'exemple de la vertu et de la paix, soit pour choisir les ministres qui organisent les services chargés de réprimer la corruption et la discorde. Au surplus, sans rechercher comment est remplie la fonction des patrons, des clercs et des gouvernants, on reconnaît, à un trait unique et fort apparent, l'existence d'une nation stable : partout, le peuple vit en paix, sans recourir à l'assistance d'un homme armé !

Les races ébranlées ont toujours été plus nombreuses que les races stables. Dans l'ère moderne, comme aux époques antérieures, l'ébranlement est venu du vice, complété et servi par la violence. Chez les petites races simples de notre temps, il a encore pour agents les familles qui abusent de leur force, après l'avoir conquise par la vertu; chez les nations compliquées, il provient surtout des deux corps publics préposés au service de la paix, mais devenus infidèles à leur mission. Depuis la Renaissance, l'humanité,

plus riche, plus intelligente et plus forte, abuse
plus que jamais de son libre arbitre. Aux mauvaises époques, les souverains, les gouvernants
et les clercs, au milieu d'exemples admirables donnés par les minorités, corrompent et irritent les
patrons et le peuple : ils déchaînent ainsi le fléau
des guerres civiles ; et, en affaiblissant la nation, ils excitent les convoitises et provoquent
les envahissements de l'étranger. Les catastrophes nationales font naître le repentir et
remettent en honneur l'esprit de réforme. Peu
à peu, chaque classe revient à la pratique du
devoir que lui assigne la Constitution essentielle.
L'influence salutaire de ces sentiments ramène
une ère de prospérité. Aussitôt, les appétits sensuels, l'orgueil et la violence reprennent leur
funeste empire : la prospérité, dès qu'elle est
rétablie, devient le point de départ d'une nouvelle évolution dans ce cercle vicieux de bien et
de mal où, jusqu'au moment de leur ruine, ont
tourné toutes les races fameuses.

C'est précisément dans cette situation que se
trouvait la France à la fin du xve siècle, après
la guerre de Cent ans. Le roi et les gouvernants,
les patrons et le peuple pratiquaient de nouveau
la vertu. Les gouvernants, en particulier, témoi-
gnaient leur soumission à la Constitution essentielle par des exemples d'équité et de clémence
qu'on n'avait guère revus depuis le règne de

saint Louis. La corruption persistait, à la vérité, chez les clercs, mais elle n'avait pas les caractères dangereux qu'elle a pris dans la suite. Les disciples de Gerson et de Pierre d'Ailly continuaient, en toute liberté, à condamner le mal et à réclamer la réforme. Les familles dirigeantes concevaient l'espoir d'un meilleur avenir et prenaient patience : la paix intérieure était raffermie, et la France était devenue, pour les peuples voisins, un objet d'admiration. J'ai dit comment cette prospérité extraordinaire fut le prélude d'une nouvelle oscillation, où la période du mal commence en 1515, où celle du bien cesse en 1661. Après le massacre de 1572 éclate la guerre de religion, dont les fureurs laissent appauvrie, pendant deux siècles, une grande partie du territoire. En 1598, le roi Henri IV, par l'édit de paix, commence à réparer les désastres matériels et à ramener les esprits à la concorde. Enfin, par l'édit de grâce de 1629, le roi Louis XIII, son successeur, secondé par le génie d'un grand ministre, fonde définitivement la restauration de la prospérité sur le libre exercice des deux cultes rivaux : l'Église de France reprend des habitudes de sainteté perdues depuis longtemps ; les protestants s'adonnent au développement des arts usuels, et ils deviennent en plus d'un genre les utiles serviteurs de l'État ; en 1648, après la guerre de Trente ans, plus ruineuse pour l'Allemagne que ne l'avait été pour la France celle de la Ligue, les Français prennent une part active à la conclusion de la paix de Munster; puis l'Alsace reconnaissante se réunit volontairement à la nation qui, la première en Europe, a organisé la paix des âmes sur les bases que le monde adopte de plus en plus; enfin l'Europe ne se borne pas, comme elle l'avait fait vers 1500, à admirer le peuple libre et prospère, elle le prend pour modèle; elle adopte sa langue, sa littérature, son esprit et ses mœurs.

La France jouissait de cet ascendant moral sur ses émules, lorsqu'elle fut contrainte de reprendre sa marche vers la souffrance dans le cercle du bien et du mal. En 1661, à la mort de Mazarin, le roi Louis XIV ouvre brusquement une ère d'instabilité et de discorde, où notre race, après deux cent dix-neuf années, s'enfonce de plus en plus. Dans son orgueil et sa présomption, il aborde successivement toutes les formes de corruption et de tyrannie, dont l'exemple est donné partiellement par les autres souverains : il commence par ériger l'adultère en institution publique; à sa cour fastueuse, devenue une école de scandale, il convie les plus hautes familles dirigeantes; il les oblige même à résider, en état de domesticité, dans les entre-sols et les combles du château de Versailles; et, peu à peu, ces familles qui, sous le règne précédent, avaient été renommées par la délicatesse de leurs habitudes, tombent dans un état de dégradation dont la famille royale elle-même ne peut se préserver. Le roi, corrupteur de la vie privée, exerce une influence non moins funeste sur la vie publique : il supprime le reste des garanties que les patrons, préposés au gouvernement local, donnaient autrefois au peuple contre les abus de pouvoir du souverain et de ses agents; à cet égard, il achève l'œuvre de destruction commencée depuis longtemps contre les coutumes nationales par les légistes formés à l'école de la corruption romaine; il entreprend au dehors des guerres injustes et dévastatrices; il soulève ainsi l'indignation de l'Europe, et il inflige des souffrances inouïes au royaume, déjà épuisé par le luxe de la cour. Chacune de ces calamités s'efface presque devant celle dont les conséquences ont été jusqu'à ce jour le moins réparées. Le crime personnel du roi est celui qui a le plus affaibli le prestige légitime conquis à la monarchie par ses deux illustres fondateurs, celui qui n'a pour excuse ni les entraînements du peuple, ni la soumission trop souvent accordée, en d'autres cas, par les familles dirigeantes, les évêques, les ministres et les courtisans, celui, enfin, qui reproduit en France l'attentat par lequel Philippe II commença la décadence de l'Espagne, ce crime, dis-je, est la révocation imméritée des édits de paix et de grâce, c'est la persécution cruelle et l'expulsion violente des protestants.

La fin de ce long règne, survenue en 1715, n'arrête pas le mouvement qui, depuis un demi-siècle, entraînait la nation dans les voies de la souffrance. Loin de là, ce mouvement s'accélère, parce que les trois classes chargées de procurer au peuple les bienfaits de la Constitution essentielle en ont elles-mêmes perdu la notion. Sous la régence, puis sous le règne de Louis XV, la cour, plus encore que dans le passé, exerce une action délétère sur les idées, les mœurs et les institutions. L'infortuné Louis XVI reçoit, il est vrai, une éducation morale qui résiste à tout contact vicieux et qui ne peut faire obstacle à la réforme désirée par la nation. Malheureusement le jeune roi n'a ni l'expérience ni l'ascendant personnel nécessaires pour réagir contre la corruption de sa propre cour. D'ailleurs, comme je vais l'indiquer, une fausse doctrine de réforme s'était élaborée, vers le milieu du XVIIIe siècle, parmi les lettrés, qui, à défaut des autorités traditionnelles, avaient entrepris de rétablir la prospérité. La nouvelle école avait inculqué ses erreurs aux salons parisiens et, par eux, aux étrangers qu'ils attiraient de toutes parts. L'opinion égarée désignait à l'avance les futurs conseillers de l'héritier du trône. Dès son avènement (1774), le roi se trouve donc réduit à l'impuissance entre les mauvaises traditions des règnes précédents et les expériences dangereuses imposées par les novateurs. Sous ces influences également pernicieuses, quoique contradictoires, la nation rompt plus que jamais avec la Constitution essentielle de l'humanité. Le dévouement patriotique qui anime toutes les classes, et l'esprit de sociabilité dont l'Europe accepte encore l'ascendant, convergent désormais vers un résultat inévitable, une révolution violente et aveugle.

Depuis 1789, les actes destructeurs de la révolution et les corruptions survivantes de l'ancien régime entretiennent en France un état permanent d'instabilité et de discorde. En vain dix révolutions consécutives portent au gouvernement du pays des talents de toute sorte. Le génie extraordinaire qui fonde son trône sur l'acclamation du peuple, les héritiers légitimes des deux souverains qui créèrent, au XVIIᵉ siècle, la suprématie matérielle et morale de la France, la branche cadette qui renouvelle l'initiative prise par un parlement anglais, les novateurs qui, par leur prestige, improvisent, depuis quatre-vingt-dix ans, vingt constitutions successives, s'efforcent en vain de remettre le pays dans les voies de la prospérité. Tous, malgré la diversité de leurs tendances, continuent l'impulsion funeste imprimée à notre race depuis 1661 : tous

augmentent les haines intestines; et, en divisant
les Français, les poussent à la ruine.

La gravité de cette situation est démontrée par
des faits qui contrastent absolument avec le
trait caractéristique des races stables. En France,
il faut recourir à la force armée pour conjurer
les fléaux de la discorde. Les hommes de paix
doivent être ainsi protégés, selon l'état d'agglomération des familles : dans chaque canton ru-
ral, par une brigade de gendarmes; dans chaque
cité, par un régiment; à Paris, par trois corps
d'armée.

On pourrait retrouver, depuis la Renaissance,
dans l'histoire des autres grandes nations européennes, des tableaux de corruption, de tyrannie
et de violence analogues à ceux que je viens de
citer. A la vérité, quand on compare ces nations
au moment précis où je publie le présent livre,
on les trouve placées à des points fort différents
dans le cercle vicieux de prospérité et de souffrance qu'elles parcourent sans s'y arrêter. Au
milieu de l'ébranlement général, les unes conservent les principales apparences de la stabilité
et de la paix. Les autres sont travaillées par
l'instabilité et la discorde, à ce point qu'elles
semblent offrir déjà des symptômes sérieux de
désorganisation. Cependant aujourd'hui, comme
aux mauvaises époques du passé, règne un mal
commun, l'esprit de révolte contre la Constitution

essentielle. Partout l'inégalité dans la souffrance s'explique par un même fait, le degré d'influence acquis en chaque lieu par « l'erreur fondamentale » que propagèrent, dans l'Occident, les lettrés du xviiie siècle.

§ 7

Comment l'erreur fondamentale des modernes détruit le règne de la loi morale et le service du pain quotidien.

L'erreur qui menace le plus l'avenir de l'Europe est la négation du vice originel, ou, en d'autres termes, la méconnaissance d'un trait permanent de la nature humaine. Selon l'opinion qui est rarement exprimée par ses partisans, mais qui est toujours à l'état latent dans leurs écrits et leurs discours, l'enfant sort parfait des mains de la nature. Les égarés qui admettent ce prétendu fait primordial en déduisent tous une conclusion commune : les maux de l'humanité sont le fruit des institutions traditionnelles qui s'y perpétuent depuis les âges les plus reculés. A ce point de vue, les sociétés, sous prétexte de corriger dès leur naissance les enfants, puis de travailler sans relâche au perfectionnement des hommes, les auraient constamment dépravés. Cette doctrine fait, depuis un siècle, de grands ravages. Heureusement, pour en démontrer la

fausseté, on peut recourir à deux moyens efficaces : en premier lieu, à la méthode scientifique
qui permet de retrouver les vérités oubliées ou
de découvrir les lois encore inconnues ; d'autre
part, à l'étude des circonstances dans lesquelles
l'erreur fondamentale a pris naissance et à l'observation de ses conséquences actuelles.

Appliquée aux races établies entre les steppes
de l'Orient et les rivages de l'Atlantique, .la
méthode sociale a complètement réfuté cette
conception des lettrés de l'Occident. Dans leurs
convictions aussi bien que dans leur pratique,
ces populations repoussent comme une utopie
inexplicable l'idée de la perfection originelle.
Elles déclarent même que les jeunes enfants,
s'ils étaient abandonnés à la libre impulsion de
leur volonté, ne tarderaient pas à se détruire
eux-mêmes. Ce fait est évident à ce point que
l'on ne pourrait le nier sans soulever le dédain
des mères et des nourrices.

L'erreur fondamentale eut pour origine, en
Allemagne et en Angleterre, les maux déchaînés
par les guerres civiles et les révolutions qui
prirent fin en 1648 et en 1660. Au milieu des
souffrances cruelles que produisirent les luttes
ou les alliances des clercs et des gouvernants
corrompus, des novateurs furent conduits à
penser que le peuple et ses patrons devaient
modifier les formes traditionnelles de la religion

et de la souveraineté, ou les soumettre à de nouveaux contrôles. Habitués à gérer utilement les intérêts locaux, les familles dirigeantes de ces deux grandes nations surent appliquer cette pensée avec un esprit de prudence et de conciliation. Depuis lors, elles ont souvent violé, en quelque point, la Constitution essentielle ; mais elles ont eu la sagesse d'éviter ces graves infractions qui entraînent une désorganisation dans les sociétés.

En France, l'esprit de réforme importé, non sans mélange d'erreur, au XVIII° siècle, par certains lettrés anglais et allemands, ne s'est point développé dans des conditions aussi favorables. Privées, par la tyrannie des gouvernants, des anciennes libertés locales, les classes dirigeantes sont devenues incapables d'accomplir, même dans la vie privée, leur mission tutélaire. Cette mission est revendiquée, avec plus de zèle que de sagesse, par des lettrés qui, par leur condition même, sont étrangers aux besoins essentiels des populations. De là le contraste qui se produit, depuis un siècle, entre les Français et leurs deux voisins. En Angleterre et en Allemagne, les familles dirigeantes, fixées sur leurs domaines, connaissant et voulant guérir le mal qui se montre autour de leurs résidences, maintiennent un état relatif de paix sociale. En France, des lettrés doués d'aptitudes éminentes, mais igno-

rants et impuissants en ce qui touche la Constitution essentielle, emploient leurs talents à propager l'erreur fondamentale qui en est la négation. Sous l'influence de cet enseignement, le
peuple se révolte d'abord contre les quatre premiers commandements, c'est-à-dire contre Dieu
et l'autorité paternelle; puis, par une déduction
logique, il prend en mépris l'esprit de patronage
dans la vie privée et l'esprit de paternité dans
la vie publique. Ces sentiments se développent
surtout chez les familles qui, au sein des grandes
nations compliquées, subissent plus que les
autres le poids des maux amenés par l'agglomération des hommes et par les difficultés inhérentes aux nouveaux régimes du travail. Ainsi
s'explique le contraste croissant qui se manifeste
entre l'état de discorde de la France et l'état
relatif de paix qui persiste dans les deux pays
voisins.

Les résultats de cette comparaison sont confirmés par ceux que donne l'étude méthodique
de l'Europe entière. Les changements extraordinaires qu'amène en ce moment l'âge de la houille
achèvent de démontrer que les principes et les
coutumes de la Constitution essentielle sont la
loi suprême du monde entier.

§ 8

Comment l'âge de la houille et ses quatre grands empires justifient plus que jamais les traditions de la loi morale et du pain quotidien.

Les causes de la prospérité et de la souffrance ont donc été les mêmes dans tous les temps et chez toutes les races. Les faits relatifs aux anciens et aux modernes, que je viens d'exposer en deux chapitres, conduisent, en effet, à des conclusions identiques. Celles-ci, réduites aux points essentiels, se résument en peu de mots.

Tous les peuples ont subi les atteintes du mal, et se sont laissé envahir par certaines défaillances permanentes ou accidentelles. Toutefois, ils ont pu être réputés « heureux », quand ils ont possédé la stabilité et la paix. Les plus heureux ont toujours été et restent encore les moins signalés par l'histoire. Tous ont dû une partie de ce bonheur à la nature des lieux qu'ils habitent. Aucun d'eux n'a conquis impunément une grande célébrité : les plus fameux, après avoir étonné le monde par leur puissance, sont devenus, tôt ou tard, un objet de pitié ou de mépris; pour plusieurs d'entre eux, la décadence n'a pas été seulement la perte de l'autonomie, mais la perte même du nom. Au milieu de ces nuances innombrables, constatées également par l'histoire du passé et par l'observation du présent, un des faits fondamentaux de la science sociale apparaît avec une évidence irrésistible : les peuples ont conquis et conservé la paix quand ils ont été soumis à Dieu et à l'autorité paternelle; quand ils ont garanti à toutes les familles la jouissance permanente du pain quotidien.

Le premier effort à faire pour engager définitivement l'Europe dans les voies de « la vraie réforme » peut, à la rigueur, se réduire d'abord à la démonstration de cette vérité. C'est la mission que je me donne depuis quarante ans, c'est-à-dire depuis l'époque où j'ai pu admirer, dans le cours de deux années, la pratique de la Constitution essentielle chez les agriculteurs et les manufacturiers de l'Angleterre, puis chez les pasteurs de l'Orient. Pendant dix années, mon enseignement ne rencontra guère que de l'inattention, de l'étonnement ou des résistances; en fait, il ne fut secondé que par les catastrophes de février et de juin 1848, qui déterminèrent les fondateurs de notre école à se réunir par un mouvement spontané. En ce qui touche l'Angleterre, on ne tenait point compte des causes de prospérité que j'attribuais aux forces morales de ce pays, et l'on objectait que l'importance de ces causes disparaissait devant la prépondérance universellement attribuée à la constitution politique. On voulait bien admettre avec moi que les forces morales suffisaient à expliquer la prospérité des peuples pasteurs; mais on écartait tout d'abord cet exemple comme inapplicable dans l'Occident, chez les grandes nations agricoles, manufacturières et commerçantes. Plus tard, on repoussait, par les mêmes motifs, l'exemple des petites races précédemment citées, quoiqu'elles vinssent toutes confirmer, par leur pratique, les découvertes antérieures.

Cependant les objections opposées à mes premières tentatives d'enseignement se trouvent écartées maintenant par des faits entièrement nouveaux. L'âge de la houille a mis en pleine lumière les moyens inouïs de prospérité matérielle qui sont maintenant acquis à l'humanité. Mettant à profit ces moyens d'action, trois peuples, les Anglais, les Russes et les Américains, confédérés avec la Nouvelle-Angleterre, ont pu, tout à coup, jeter les bases d'un développement territorial supérieur à celui que les Romains avaient acquis par les efforts de dix siècles. On peut même entrevoir l'époque où ces nouveaux empires grouperont, sous leur domination, un nombre d'hommes égal à celui que les Chinois ont réuni pendant la longue série d'années où ils disposaient seulement des méthodes de travail propres aux deux premiers âges. Or, ces trois empires, qui s'imposent maintenant à l'opinion publique comme les modèles de la prospérité, l'emportent sur les autres nations par le succès avec lequel ils procurent à leurs populations croissantes les bienfaits de la loi morale et du pain quotidien.

L'empire chinois lui-même offre, à beaucoup d'égards, le meilleur moyen de démontrer l'importance suprême de ces deux bienfaits. En ce qui touche le passé, cette suprématie est constatée par la durée d'une prospérité et d'une autonomie qui remontent au delà de quarante-deux siècles. Au milieu de la confusion d'idées qui se propage dans le monde entier, ce peuple extraordinaire semble appelé dans l'avenir à donner des leçons non moins utiles. Il contribuera, par ses exemples, à résoudre les questions actuelles de réforme, soit qu'il adopte toutes les nouveautés qu'amène l'âge de la houille, soit qu'il repousse celles qui ébranleraient les forces morales de la nation.

Je vais justifier, par des aperçus sommaires, l'utilité de l'enseignement que peut offrir dès à présent l'étude des quatre grands empires. J'insisterai quelque peu sur les exemples fournis par la Grande-Bretagne et ses colonies. En travaillant, depuis 1855, à fonder la bibliothèque de notre école, j'ai toujours constaté que ces exemples sont le meilleur moyen de ramener au vrai, dans mon pays et en Europe, les esprits égarés par « l'erreur fondamentale ».

§ 9

La Grande-Bretagne et ses Colonies.

L'autorité paternelle était ébranlée, au début de l'ère chrétienne, chez les habitants de la Grande-Bretagne comme chez les Gaulois et la plupart des peuples chasseurs, par la prépondérance dangereuse de la jeunesse, et elle fut encore amoindrie par les mœurs urbaines des Romains. Après la retraite de ces derniers, le gouvernement des pères de famille reçut enfin des Saxons et des Angles les solides bases du testament et de la propriété foncière. La noblesse normande, au contraire, importa, pour ses propres familles, le droit d'aînesse sur le sol anglais : par cette coutume, elle diminua l'autorité des pères, puisqu'elle cessa de confier à leur sollicitude la transmission de l'héritage des ancêtres au plus digne des enfants. Toutefois, transformée par un long contact avec la race conquise, elle mit à profit, pour s'éclairer, les catastrophes qui ruinèrent les grandes familles au temps de la guerre des Deux-Roses. Elle eut le bon sens d'adopter, sous les Tudors, la liberté testamentaire des Saxons, c'est-à-dire le principe qui, au milieu des mêmes épreuves, avait constamment fait la force des familles de bourgeois et de paysans. Depuis lors, la liberté du testament n'a plus cessé d'affermir, en Angleterre, l'autorité paternelle, la famille et la propriété foncière. Elle fut, il est vrai, remplacée momentanément, pour les propriétaires papistes d'Irlande, par une loi de partage forcé; mais, en édictant ce régime oppressif, le législateur anglais ne se proposait qu'un seul but : accélérer la ruine du peuple vaincu.

La soumission à Dieu et le respect de sa loi, que les conquérants saxons importèrent en Angleterre et que fortifia plus tard le christianisme, ont subi des vicissitudes auxquelles aucun peuple puissant n'a jamais pu échapper pendant une longue suite de siècles. Ébranlée à diverses reprises, et surtout depuis 1649, par la corruption des deux grands pouvoirs publics, la loi morale a été progressivement restaurée, vers la fin du XVIIIe siècle, par l'exemple de certains cultes dissidents, par les revers qui aboutirent à la paix de 1783, par l'honnêteté et les talents d'Edmond Burke et de Samuel Johnson, par les vertus privées de Georges III. Enfin l'Angleterre a complété sa réforme pour échapper à l'œuvre de destruction que la France poursuit sur elle-même avec acharnement depuis plus d'un siècle.

En Angleterre, jusqu'au XVIᵉ siècle, le pain quotidien avait été garanti par l'état même de la propriété aux populations ; il commença vers cette époque à faire défaut aux familles trop agglomérées sur le territoire. Dès les premières années du XVIIᵉ siècle, les propriétaires fonciers s'obligèrent réciproquement à en assurer la jouissance à chaque individu. Depuis lors, ce devoir a été ponctuellement rempli, et il a été exempt des abus que la taxe des pauvres entraînerait, si elle était levée et distribuée par les agents de la souveraineté.

Ayant ainsi pourvu aux deux besoins essentiels de l'humanité, fidèle à sa propre tradition, éclairée par les fautes inouïes de son plus proche voisin, jouissant en conséquence de la paix intérieure, le peuple anglais s'est trouvé, dès 1830, en mesure d'exploiter à son profit les voies ferrées et les autres forces matérielles qu'a créées l'emploi de la houille et de la vapeur. La Grande-Bretagne, il est vrai, est située moins avantageusement que ses trois émules pour fonder un grand empire. Bornée par la mer, elle n'est point, comme ces derniers, contiguë à de vastes territoires disponibles, sur lesquels elle puisse déverser, avec ses émigrants, le superflu de ses ressources et de son activité. Toutefois elle a, depuis longtemps, tourné cet obstacle. Exploitant dans son propre intérêt les discordes provoquées sur le Continent par la révolution de 1789, puis par les passions hostiles aux Ottomans, elle a successivement détruit, sur les eaux d'Aboukir, de Copenhague, de Trafalgar et de Navarin, toutes les marines européennes. Grâce à cette politique, suivie avec persistance depuis l'époque où les flottes de Cromwell, puis les flottes alliées de Charles II et de Louis XIV avaient ruiné les suprématies maritimes de l'Espagne et de la Néerlande, la Grande-Bretagne avait définitivement conquis l'empire de la mer. Elle pouvait donc désormais envahir, par la colonisation et la conquête, tous les territoires fertiles contigus aux rivages des océans. Cette œuvre a été accomplie, et elle se poursuit sous nos yeux avec une rapidité sans exemple.

La loi morale, qui était restaurée en Grande-Bretagne à l'époque où je visitai ce pays pour la première fois, en 1836, a été la cause principale de ces succès extraordinaires. Parfois, il est vrai, elle a été violée, dans l'exécution des entreprises, non sans porter atteinte à la bonne renommée de la probité britannique. Cependant la corruption, conséquence habituelle des conquêtes faites par la violence, n'a point eu les caractères pernicieux que l'on a toujours constatés sur le Continent depuis cinq siècles. Les deux forces fondamentales de l'humanité, incarnées dans les familles dirigeantes, ont donné souvent à quelques-unes d'entre elles l'ascendant social nécessaire pour condamner hautement l'abus des prospérités nationales. Ces grands exemples de courage civil ont été donnés, en 1786, par Edmond Burke lors de la conquête de l'Inde, et tout récemment, en 1858, par lord Elgin, après la guerre de l'opium. Malgré de persévérantes recherches, je n'ai pu constater que ces honorables protestations contre les abus de la force se soient produites chez les Turcs, les Vénitiens, les Espagnols, les Portugais, les Français et les Allemands, depuis la prise de Constantinople jusqu'aux plus récentes conquêtes.

§ 10

La Russie d'Europe et d'Asie.

Parmi les agriculteurs et les manufacturiers, le peuple russe est celui qui se rapproche le plus des pasteurs asiatiques, en ce qui touche la soumission à l'autorité paternelle. Ce sentiment perpétue depuis une époque reculée la paix et la stabilité dans les familles; il explique l'inclination naturelle qui les a portées à se gouverner elles-mêmes, sous le régime des communautés rurales. Ces mœurs sont caractéristiques pour la race entière; elles ont leur source dans de naïves croyances, transmises par le culte domestique autant que par l'enseignement du clergé. Dans la famille, comme dans la commune, les deux forces principales de l'humanité se prêtent un mutuel appui.

A l'orient des monts Oural, du fleuve Oural et de la Caspienne, la Russie européenne confine à des territoires d'une étendue presque illimitée. Le règne des productions spontanées est encore prépondérant dans ces régions; mais voici qu'elles sont atteintes à leur tour par le réseau des voies ferrées, dont les premiers linéaments partirent, il y a un demi-siècle seulement, des rivages de l'Atlantique. Ces voies, en se prolongeant vers l'Orient, vont accélérer le mouvement déjà ancien, qui attire les colons européens vers les mines, les pâturages et les forêts de la Sibérie ou de l'Asie centrale. Elles ne fortifieront pas seulement les colonies actuelles; elles transformeront sans violence les populations indigènes. Le climat septentrional des vastes plaines baignées par les affluents de la mer Glaciale, celui de l'Altaï et des montagnes qui s'étendent au delà vers le Midi et l'Orient, ne comportent point les riches productions des climats chauds. En revanche, il se prête, plus que ces derniers, au développement de races morales, sobres et énergiques. Les riches forêts expédieront d'abord par flottage les bois nécessaires à la construction des voies ferrées et au service des locomotives;

plus tard des houillères, dont les ressources considérables sont aujourd'hui sans emploi, compléteront les approvisionnements de combustible. Tous les éléments qui peuvent accroître la puissance d'un grand empire se trouvent donc réunis maintenant dans le nord de l'Asie.

§ 11

La Nouvelle-Angleterre et ses Confédérés.

Dès leur arrivée en Amérique, au XVIIᵉ siècle, les Anglais qui fondèrent les petits États coloniaux de la Nouvelle-Angleterre se préoccupèrent surtout d'y trouver, pour l'exercice de leurs cultes, la liberté que leur refusait la mère patrie. Ils s'appuyèrent donc sur les deux fondements de toute société prospère, plus que ne l'avaient fait la Virginie et les autres colonies créées à une époque antérieure. Ils n'importèrent pas seulement, comme leurs devanciers, les excellentes coutumes anglo-saxonnes; ils prirent le texte de leurs lois écrites dans le Livre saint, et spécialement dans le Décalogue. C'est grâce à l'énergie de leurs croyances et à la solidité de leurs mœurs que les descendants de ces grands hommes ont exercé une action prépondérante sur les coutumes de leurs voisins, tant que dura le régime colonial. Pendant la révolution d'où

sortit la confédération américaine, cette prépondérance persista dans les mœurs privées, malgré
le fâcheux ébranlement que leur imprima la
réaction, dirigée avec succès contre l'intolérance des puritains par Jefferson, Franklin et
les autres partisans des doctrines sceptiques et
utilitaires de l'Europe. Depuis lors, les germes
d'erreur, semés par l'ascendant personnel de
Jefferson pendant son gouvernement de huit années, se sont développés au détriment de la religion et de la famille, car s'ils ont trop exagéré
l'esprit de nouveauté, ils n'ont point enlevé aux
hommes de tradition la liberté de bien faire. Le
mal a donc gagné du terrain depuis le temps
de Jefferson : dans la vie privée, l'accumulation
des richesses a produit ses conséquences ordi-
naires; dans la vie publique, le peuple des agglomérations urbaines ne se montre pas toujours
capable de choisir les « vrais aristocrates[1] »,

---

[1] « Je considère l'aristocratie naturelle comme le don le plus
précieux que nous fasse la nature, pour l'instruction de la société,
pour la direction et le maniement de ses affaires... La meilleure
forme de gouvernement est celle qui pourvoit avec efficacité à ce
que les fonctions publiques soient exclusivement confiées à ces
aristoï naturels. Je crois que le meilleur remède est... de laisser
aux citoyens le soin de séparer par des élections libres les *aristoï*
des *pseudo-aristoï*... Les hommes de nos États peuvent avec
sécurité se réserver à eux-mêmes un contrôle salutaire sur les
affaires publiques et un degré de liberté qui, dans les mains de
la *canaille* des villes d'Europe, serait bientôt employé à la
destruction des intérêts publics. » (Conseil, *Mélanges politiques
de Jefferson*, t. II, pages 213 à 240.)

c'est-à-dire les hommes qui sont dignes de gouverner. A cet égard, il commence à révéler les défaillances que le célèbre démocrate américain reprochait à « la canaille » des villes européennes. On a même vu apparaître récemment, dans quelques États contigus à l'Atlantique, les premières grèves motivées par la pénurie du pain quotidien, chez les populations qui s'entassent de plus en plus dans les villes. Toutefois ces défaillances de la nation restent purement locales : elles ont pour compensation, dans le gouvernement fédéral, l'influence prépondérante des États de l'Ouest et du Midi, où dominent presque exclusivement les propriétaires ruraux. En résumé, au milieu de religions nombreuses et de souverainetés éparpillées, le Décalogue et l'autorité paternelle sont toujours les fondements de la constitution sociale : ils conservent à la Nouvelle-Angleterre et à ses confédérés les forces morales nécessaires à la création d'un grand empire.

Il serait peu utile de nous arrêter ici à l'exposé des ressources matérielles dont les États-Unis disposent pour réaliser cette création dans l'âge actuel. Depuis quelques années, le monde entier dirige son attention vers le spectacle que lui offre ce pays. Il voit avec étonnement construire en cinq années une première voie ferrée qui unit l'Atlantique au Pacifique, et qui sera complétée bientôt par d'autres voies transversales ou parallèles. La longueur de cette voie est de 5.000 kilomètres ; celle des voies ferrées qui sillonnent maintenant le territoire de la confédération américaine n'est pas inférieure à 135.000 kilomètres. Ce développement rapide des travaux publics est un fait sans précédents. Il se produit sur d'immenses territoires inhabités, où s'exerce encore la libre action des forces de la nature, où, pendant le cours du xxe siècle, les hommes s'agglomèreront par centaines de millions, s'ils restent soumis à Dieu et à sa loi. Ces merveilles d'activité et de puissance font naître, chez ceux qui les observent, le pressentiment d'une prochaine transformation du monde social. Elles exaltent les imaginations de ceux qui les accomplissent ; et, parmi ces derniers, on rencontre déjà des hommes qui considèrent ces premiers résultats comme le simple début d'un empire qui sera nommé « la Confédération des deux Amériques ».

§ 12

La Chine et ses tributaires.

La nation chinoise était déjà constituée, il y a quarante-deux siècles, sous l'autorité de souverains dont le nom est conservé dans des documents écrits. Selon ces annales, dont la date est antérieure à l'ère chrétienne, l'empire de Ya-ho, l'un des premiers empereurs, avait eu pour origine, à une époque déjà ancienne, une centaine de familles pastorales qui, émigrant des steppes avec les mœurs conservées jusqu'à nos jours, se groupèrent pour s'attacher au sol par l'agriculture. Les fondateurs de l'empire eurent pour règle suprême les sept éléments de la Constitution essentielle, en tête desquels figurent les deux principes fondamentaux ou les deux forces principales de l'humanité, à savoir : le Décalogue révélé par Dieu, l'autorité paternelle. Ces forces, avec les idées, les mœurs et les institutions qui en dérivent, ont été rappelées, sous toutes les formes, dans les écrits de Confucius et de tous les sages de la race. Elles ont été depuis lors, elles sont encore aujourd'hui, les vraies causes de la prospérité extraordinaire et de la longévité exceptionnelle de la Chine. Ainsi s'explique le phénomène social qui distingue ce grand empire de tous ceux qui ont existé, ou qui se forment depuis 1830 : la réunion de 425 millions d'hommes sous l'autorité d'un souverain qui tire sa légitimité de sa soumission à Dieu et à sa loi.

L'histoire de cet état croissant de prospérité comprend à peu près tous les âges de l'humanité. Elle peut être assimilée à une échelle ascendante, où chaque échelon marque un progrès de richesse et de puissance; mais, pour la Chine comme pour les autres États prospères, l'intervalle qui sépare deux échelons consécutifs correspond à une époque de corruption suivie d'une époque de réforme. A ces époques de crise, la Chine n'a guère connu les révoltes formelles contre Dieu, qui désolent aujourd'hui l'Occident; les sciences de la nature n'ont point été opposées à la science sociale, parce que les sages qui enseignent cette dernière, ayant dans la vie privée des racines nombreuses et profondes, n'ont pu s'écarter de leur mission, comme l'ont fait parfois, notamment lors de la Renaissance, les clergés européens. Au contraire, en Chine comme ailleurs, les deux autres formes de corruption ont pris un développement sans bornes. Les marchands, accumulés dans des villes immenses, ont abusé de leur richesse et dépravé les mœurs de la population qui les entourait; les gouvernants, enivrés de leur pouvoir, ont fait naître successivement, chez le peuple, la souffrance, la désaffection, la révolte. Les ministres de la dynastie actuelle, notamment, ont commis le plus grand des crimes : ils ont tenté de substituer la tyrannie de l'État aux libertés de la famille. Je ne m'arrête point à ce crime, qui n'est que trop connu des Français, qui est poursuivi, contre leur ancienne tradition, avec un acharnement sans exemple, depuis 1661 par la monarchie, depuis 1789 par la révolution. Il me suffit d'insister sur ce qui est peu connu en France : je signale les trois groupes d'hommes qui, s'appuyant sur « les deux grandes forces », ont toujours combattu le mal avec succès depuis l'époque de Confucius, et triomphent en ce moment des fléaux déchaînés par les dernières révoltes.

Le premier groupe est formé par les 200 millions de très petits agriculteurs qui constituent, en dedans de la grande muraille, la moitié de la population. Les familles de cette condition réunissent les meilleures qualités physiques, intellectuelles et morales que j'aie observées, pendant dix-huit années, sur le versant asiatique des monts Oural, chez les familles patriarcales de pasteurs et d'agriculteurs. Le père gouverne, avec une autorité absolue, de nombreux sujets, que l'on peut assimiler à une petite nation. Il leur assure le pain quotidien en exploitant son domaine sous le régime de « la propriété familiale ». Il leur enseigne, en même temps, la loi morale en exerçant le culte domestique, et souvent avec le concours d'un maître d'école, initié à la doctrine des sages, c'est-à-dire à la connaissance du Décalogue, complété par les coutumes nationales qui en dérivent. Même dans les tristes années que la Chine vient de traverser, les familles dont le domaine n'était pas contigu aux villes n'ont ressenti le contre-coup, ni de la corruption des riches, ni de la tyrannie des gouvernants. Ces derniers, élevés à leur fonction par leurs succès dans la culture des lettres, sortent parfois des plus pauvres familles ; ils restent, par la force des mœurs, sous l'autorité de leur père ; en sorte que les remontrances paternelles sont souvent une garantie précieuse pour les opprimés. Sous ce rapport, la vie privée exerce avec fruit le contrôle de la vie publique.

Le second groupe comprend les 15 millions de pasteurs tributaires. Ceux-ci occupent la majeure partie des steppes et des montagnes herbues, qui s'étendent en dehors de la grande muraille jusqu'aux montagnes de la Daourie, de l'Altaï, du Pamyr et de l'Himalaya. Ils conservent dans leur pureté les mœurs décrites ci-dessus pour l'âge des herbes. Ceux de la Tartarie orientale sont initiés par des pèlerinages à la doctrine des lamas du Grand-Kouren et de Lha-sa ; ils se distinguent par leur soumission au Ve commandement du Décalogue, qui interdit l'homicide : ils montrent, en ce qui touche l'effusion du sang humain, une aversion qui paraît souvent remplacée, chez les Européens, par le sentiment contraire. Toutes ces races, émigrant comme soldats ou serviteurs, améliorent la pratique des deux forces morales dans les villes et les campagnes.

Le troisième groupe comprend les « lettrés », qui remplissent en Chine une fonction analogue à celle des « Ulémas » dans la constitution patriarcale des Musulmans. Comme ces derniers, les lettrés chinois ne s'adonnent guère à l'étude de la nature ou de l'art. Dans leur opinion, le principal objet de la sollicitude des sages ou, en d'autres termes, la « science sociale », a pour fondements la loi suprême et la piété filiale complétées par les traditions et les coutumes des temps de prospérité. Depuis que l'âge des machines agricoles et manufacturières a été ouvert dans l'empire, la science sociale a été successivement résumée par Confucius et les autres sages : elle a eu pour dépôt le groupe d'écrits traditionnels que l'on peut justement nommer le « livre de la paix ». Les Chinois ne se sont jamais révoltés contre ce livre ; ils ne suivent pas les exemples de mépris que tant d'Européens donnent contre leur propre livre traditionnel, depuis qu'ils s'abandonnent sans mesure aux nouveautés du troisième âge. Aujourd'hui encore, sous la salutaire influence des souffrances récentes de la Chine, les lettrés trouvent dans leur livre la force intime nécessaire à la guérison.

Cette analyse sommaire contraste beaucoup,

je le sais, avec les jugements portés chaque
jour par les Européens qui ne sont point sortis
du lieu natal, ou même par ceux qui ont visité
quelques villes du littoral chinois. L'école de la
paix sociale met à profit les occasions favorables
pour étudier, puis pour enseigner les causes et
les effets de ce contraste : je les résume ici en
peu de mots.

Les Chinois l'emportent par deux caractères
principaux sur toutes les races d'hommes que
l'histoire nous a fait connaître. Selon « l'état social du monde », indiqué dans le tableau placé
à la fin de ce chapitre, la Chine offre aujour-
d'hui un premier exemple de supériorité qui ne
saurait être méconnu par personne, malgré la
diversité des opinions sur la distinction du bien
et du mal : à peine guérie des souffrances cau-
sées par la révolte des Taïpings, elle réunit en
paix, sous l'autorité de l'empereur, un peuple
immense. Quant à la seconde supériorité des
Chinois, c'est-à-dire la longévité inouïe de leur
empire, la cause en sera bientôt contestée par
la plupart des Européens : elle apparaît, au contraire, avec tous les caractères de l'évidence,
à ceux qui ont observé en Asie la vie patriarcale
des pasteurs et des agriculteurs. Ce trait est le
plus apparent dans l'histoire des Chinois : il
s'explique, soit par la prépondérance accordée
depuis l'origine aux deux forces morales de l'hu-

manité, soit par la méfiance entretenue à l'égard des nouveautés de l'Occident.

En ce moment, il est vrai, les Chinois adoptent des habitudes qui semblent être l'abandon de leurs traditions séculaires ; ils ne craignent plus de visiter les étrangers, et de fréquenter nos écoles et nos ateliers pour être initiés à la connaissance des sciences et des arts de l'Europe. J'ai donc le devoir d'indiquer mon opinion sur la cause et les conséquences probables de ce changement extraordinaire.

L'agression anglaise de 1839-1842, qui eut pour motif le commerce de l'opium, puis les deux agressions anglo-françaises de 1857-1858 et de 1860, démontrèrent aux Chinois que désormais ils ne pouvaient défendre leur indépendance avec les flèches, les fusils à mèches et les couleuvrines. C'est donc une nécessité impérieuse qui les a contraints de venir en Europe étudier, dans leur complication infinie, les sciences et les arts indispensables à la fabrication, à l'entretien et au service du matériel de la défense et du nouveau régime manufacturier. Quant aux conséquences de cette nouveauté, elles sont subordonnées à deux questions qu'un avenir prochain résoudra. Les Chinois accepteront-ils sans résistance l'invasion des voies ferrées qui ont déjà ébranlé tant de races simples et patriarcales ? Dans ce cas, ils compromettront les forces morales que je viens de signaler. Résisteront-ils, au contraire? Interdiront-ils du moins l'expropriation forcée des héritages dans leurs plus riches provinces? Conserveront-ils au paysan le dédommagement que lui assure, dans sa pénible vie, la garde du tombeau et le culte des ancêtres? Laisseront-ils à l'ouvrier qui s'exile en Californie la seule satisfaction qu'il goûte dans une vie plus pénible encore : l'espoir que sa petite épargne assurera le retour de sa cendre au lieu natal? Si elle garde ses bonnes traditions, tout en acquérant des nouveautés nécessaires, la Chine pourra tempérer le mouvement, quelque peu désordonné, qui entraine les trois autres empires. Elle contribuera, par cela même, à la stabilité des petits États placés sous son influence. Aucune question sociale n'intéresse à un plus haut degré le sort de ces États, l'équilibre de l'Europe et l'avenir du monde entier.

Le fait suivant semble indiquer que l'empire chinois exercera ce rôle modérateur. Des spéculateurs de Shanghaï ayant réclamé, vers 1875, l'autorisation d'établir une voie ferrée entre leur ville et Pékin, éprouvèrent un refus formel. Plus tard, ils furent autorisés à construire un spécimen de 20 kilomètres. Les auteurs de l'entreprise espéraient que les résultats de cette nouveauté convertiraient l'autorité au « progrès ». Ce fut le contraire qui arriva : le gouvernement chinois remboursa aux entrepreneurs la somme qu'ils avaient dépensée, et fit disparaître rails et locomotives.

§ 13

L'Union européenne des petits États.

Les faits que je viens d'exposer sont la confirmation la plus récente des vérités mises en lumière par l'histoire universelle et par l'observation directe des peuples contemporains. Ils font voir mieux que jamais, dans la pratique ou l'oubli de la Constitution essentielle, les causes de la prospérité ou de la souffrance des nations.

L'avènement rapide des grands empires révèle, en outre, un résultat trop peu remarqué jusqu'à ce jour : c'est qu'un changement considérable est survenu tout à coup dans l'état physique et social du globe terrestre. Ces empires exercent la souveraineté, ou revendiquent déjà les droits de patronage sur la majeure partie des territoires inhabités ; et chaque jour, par la force des choses, les prétentions de ce genre deviennent plus envahissantes. Les races enserrées sur le continent européen entre les rivages maritimes qui s'étendent des bouches de la Vistule à celles du Danube, ne peuvent plus, en fait, étendre leur autonomie par l'émigration en dehors de leur territoire. Les avantages que ces Européens tiraient autrefois de leur force d'expansion sont désormais acquis aux empires qui dominent déjà le reste du monde. Ceux-ci grandissent à la fois par les ressources de leurs territoires et par celles que leur apportent les émigrants étrangers. Quelle qu'ait été, jusqu'à l'âge de la houille et de la vapeur, la prépondérance des nations européennes, celles-ci, sans en excepter les plus puissantes, sont donc, en fait, réduites à la condition des petits États. Cette situation est encore masquée par la routine et l'orgueil : elle se manifeste chaque jour aux esprits clairvoyants avec une évidence irrésistible.

A mesure que ces faits m'apparaissent plus nettement, je m'affermis avec mes amis dans la pensée que cette transformation du monde social démontre la nécessité d'une création nouvelle : « l'Union européenne des petits États. » Cette alliance a pour but, non d'organiser des moyens d'attaque au profit des petits États, mais de leur assurer les bienfaits de la paix intérieure dans toute l'étendue de l'Union. En poursuivant cette œuvre, il faut se garder de prendre pour point de départ les unions partielles que certains politiques voudraient fonder sur la similitude des langages et des religions ; car ces nouveautés auraient pour résultat de développer plus que jamais le fléau de la guerre. Pour aplanir les obstacles dont l'école de la paix sociale constate journellement la puissance, il faut, comme nous le faisons déjà avec quelque succès, invoquer le principe qui seul pourvoit à l'intérêt commun des plus grandes nations et des moindres familles. Le meilleur moyen de persuasion est de faire appel à l'expérience, qui nous montre le bonheur de toutes les races lié à la satisfaction des deux besoins essentiels de l'humanité.

Aux débuts de notre enseignement, nous ne pouvions guère insister que sur le devoir de conjurer les atteintes portées par les violences de la guerre au règne de la loi morale ; et, sur ce point, nous ne rencontrions souvent que des auditeurs inattentifs. Toutefois, dans l'âge de la houille, les événements se précipitent avec une telle rapidité que nous pouvons, dès ce moment, invoquer la question du pain quotidien, qui s'impose promptement, dans toutes les classes d'une société, à l'attention publique. La Nouvelle-Angleterre et ses confédérés donnent maintenant une si grande extension à leurs travaux agricoles et manufacturiers, qu'ils fabriquent pour leur propre consommation une foule de produits que les manufactures européennes leur fournissaient encore il y a quelques années. Exempts des lourds impôts qu'exige l'entretien des armées de terre et de mer, exploitant des sols vierges, d'une rare fertilité et d'un prix infime, les agriculteurs américains expédient depuis deux ans, sur les grands marchés de l'Europe, des céréales et des bestiaux. Dans les autres contrées du globe, le défrichement d'immenses territoires, l'exploitation de la houille et l'introduction de la machine à vapeur font naître les mêmes initiatives. L'avènement subit de ces concurrences va diminuer les moyens de travail que l'exportation des produits manufacturés et la production des denrées agricoles procuraient aux Européens. La subsistance de leurs ouvriers sera donc compromise, si l'esprit de paix ne vient pas bientôt les soustraire à la fois aux haines factices suscitées entre les nations par les politiques, et aux charges actuelles de la guerre ou de la paix armée. Le vrai moyen à employer pour atteindre ce but est de constituer l'Union européenne des petits États. J'ose espérer que cette conclusion spéciale deviendra évidente pour les personnes qui voudront bien l'examiner, en partant des faits résumés ci-après dans le tableau ayant pour titre: « État physique et social du globe terrestre. »

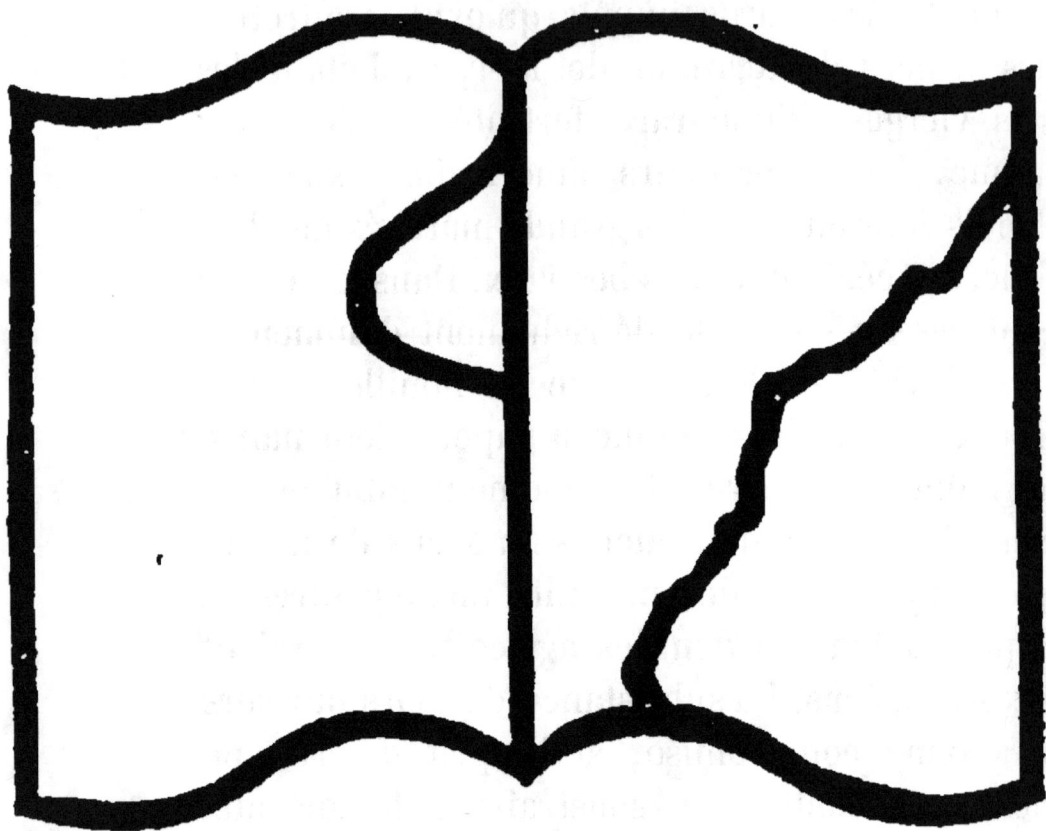

Texte détérioré — reliure défectueuse

NF Z 43-120-11

ÉTAT PHYSIQUE ET SOCIAL DU GLOBE TERRESTRE

SUBDIVISIONS PRINCIPALES A CONSIDÉRER DANS LES QUESTIONS SOCIALES DE L'AVENIR	SURFACES évaluées en millions de kilomètres carrés.		POPULATION actuelle par kilomètre carré.		POPULATION TOTALE évaluée en millions d'habitants.			
					actuelle.		future [1].	
	Unités.	Centièmes.	Unités.	Centièmes.	Unités.	Centièmes.	Unités.	Centièmes
LES GRANDS EMPIRES EN 1879								
La Grande-Bretagne et ses colonies.	22	70	12	18	277	»	1089	»
La Nouvelle-Angleterre et ses confédérés. .	9	34	4	13	39	»	447	»
La Russie d'Europe et d'Asie.	21	85	3	97	87	»	1045	»
La Chine et ses tributaires.	11	16	38	10	425	»	544	»
Totaux et moyennes.	65	05	12	73	828	»	3125	»
L'UNION EUROPÉENNE OU L'ENSEMBLE DES PETITS ÉTATS QUI EN SE CONFÉ-DÉRANT POURRONT VIVRE EN PAIX ENTRE EUX ET AVEC LES GRANDS EMPIRES								
Suède et Norvège.	0	77	8	10	6	24	6	86
Danemark.	0	05	35	80	1	79	1	97
Confédération prussienne	0	59	72	50	42	73	47	01
Monarchie autrichienne	0	69	53	72	37	02	40	72
Néerlande et Belgique.	0	06	148	50	8	92	9	81
Confédération suisse.	0	04	96	75	2	67	2	95
Espagne.	0	50	33	02	16	51	18	16
Portugal	0	09	43	97	3	95	4	35
Italie	0	30	89	33	26	80	29	48
Grèce, Roumanie, Serbie , etc.	0	31	32	90	10	20	11	22
Turquie d'Europe	0	24	25	60	6	15	6	76
Totaux et moyennes.	4	17	47	93	199	89	219	88

LES COMPLÉMENTS DU GLOBE TERRESTRE

	Unités	Centièmes
Colonies et autres dépendances actuelles des petits États qui devraient, en se confédé-rant, constituer l'Union européenne. . . .	9	88
Le reste du monde habitable	53	61
Les terres inhabitables	0	99
Les mers intérieures	2	38
Les océans	374	00
Superficie totale du globe.	510 [2]	08

[1] Pour les grands empires, on a considéré l'époque où leur population serait aussi dense que celle de l'Union européenne actuelle.

Pour l'Union, on a admis qu'à cette même époque la population actuelle aurait subi une augmentation de 10 %.

[2] La population totale qui correspond à cette superficie est de 1.430 millions.

DIAGRAMME
REPRÉSENTANT LES SURFACES RESPECTIVES DES TERRITOIRES DES GRANDS EMPIRES ET DES PETITS ÉTATS

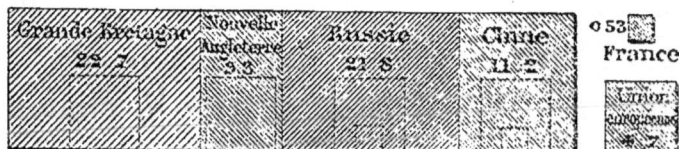

Grande-Bretagne 22,7	Nouvelle-Angleterre 9,3	Russie 21,8	Chine 11,2	0 53 France

Union européenne

LÉGENDE

A l'échelle adoptée, le terri-toire de l'Union européenne est figuré par un carré de 1 cen-timètre de côté. — Pour mieux accentuer la comparaison on a reproduit ce carré en traits pointillés dans chacun des rectangles proportionnels aux territoires des grands em-pires.

CHAPITRE VI

LA RÉFORME PACIFIQUE DES IDÉES ET DES INSTITUTIONS

———

§ 1

La souffrance actuelle de l'Europe et les causes premières du mal.

Les petites nations européennes, enserrées sur le continent entre les rivages maritimes qui s'étendent de l'embouchure de la Vistule aux bouches du Danube, se trouvent dans une situation qui devient chaque jour plus critique. Sauf quelques oasis de vertu et de vérité, cette région est maintenant envahie par la corruption et l'erreur. La souffrance s'y manifeste par des traits saisissants ; les besoins essentiels du peuple ne sont plus satisfaits : la consommation du pain quotidien n'est pas assurée à chaque individu ; chez beaucoup de familles, la pratique de la loi morale est négligée ou formellement enfreinte.

Les causes premières de cette double défaillance ont été exposées aux deux chapitres précédents. La principale source de la corruption est « l'erreur fondamentale » imaginée au commencement du XVIIIe siècle en Allemagne et en Angleterre, perfectionnée par J.-J. Rousseau, propagée avec un prosélytisme ardent, de 1762 à 1789, par les salons parisiens : c'est l'ensemble des notions fausses qui émanent de la croyance à la perfection originelle de l'enfant[1]. Une deuxième cause de la souffrance actuelle est l'agglomération exagérée des populations sur les bassins carbonifères du Continent. Ces localités, en effet, grâce à leur richesse houillère et aux inventions récentes fondées sur l'emploi de la machine à vapeur, sont devenues depuis 1830, pour le monde entier, des fabriques d'objets manufacturés. Aux époques de prospérité commerciale, les ouvriers de ces fabriques tirent des territoires étrangers des moyens de subsistance que le territoire national ne fournirait pas ; en revanche, privés, aux époques de crise, des débouchés habituels, ils tombent

---

[1] « C'était la conviction du XVIIIe siècle et de la génération formée à son école, que l'homme est essentiellement bon et que, dans les sociétés humaines, le mal provient, non de la nature humaine, mais de la mauvaise organisation sociale et du mauvais régime politique. La confiance dans la bonté naturelle de l'homme était, en 1789, une des colonnes de l'orgueil humain. » (GUIZOT, *Mémoires*, introduction.)

dans un complet dénuement. L'avenir est encore plus inquiétant, car deux des quatre grands empires que développe l'âge de la houille sont maintenant pourvus de fabriques animées par la machine à vapeur : la concurrence de ces nouvelles fabriques, alimentées par des bassins carbonifères cent fois plus riches que ceux du continent européen, aura inévitablement pour résultat de perpétuer ce dénuement. Enfin, parmi les causes qui, dans un prochain avenir, ne permettraient plus aux Européens de soutenir cette concurrence des Chinois, de la Nouvelle-Angleterre et de ses confédérés, il faut encore citer l'état habituel de paix armée, et les charges écrasantes qu'il impose aux populations.

§ 2

Les moyens de réforme d'où sortira la guérison de la souffrance.

« L'erreur fondamentale » signalée au paragraphe précédent comme la principale source de la corruption actuelle semble, au premier aperçu, pouvoir être facilement réfutée par la méthode d'observation. Elle est, en effet, unanimement condamnée par les personnes chargées d'élever et d'instruire les enfants, c'est-à-dire par les mères, les nourrices et les maîtres d'école. Cependant, j'ai rarement réussi à communiquer aux égarés de notre temps les convictions énergiques que j'avais acquises auprès de ces autorités compétentes ; et, à la longue, je me suis rendu compte de mon insuccès. La fausse notion de la perfection originelle est propagée par des novateurs égarés ; ils attribuent au régime traditionnel d'éducation fondé sur la nature de l'homme les maux déchaînés par la violation de la loi morale, et ils prétendent détruire la hiérarchie naturelle, établie dans la famille par les rapports du père, de la mère et de l'enfant. Pour ramener ces novateurs à la vérité, il ne suffit donc pas d'insister sur la fausseté évidente du fait qu'ils allèguent : il importe surtout de démontrer que la liberté de l'enfant comme l'égalité des hommes, lesquelles sont les bases de leurs systèmes de réforme, sont incompatibles avec l'existence d'une société prospère. Cette démonstration est aujourd'hui la tâche spéciale des amis de la vérité.

Quant aux réformes qui doivent assurer à chaque individu et à chaque famille la satisfaction des deux besoins essentiels, la tâche est relativement facile : il suffit de faire appel à l'expérience des nations compliquées qui, tout en s'agglomérant, sont restées prospères. A cet égard, par exemple, l'Angleterre et la Suède fondent leur système de gouvernement sur « les libertés nécessaires ». Elles confient à leurs communes libres, contrôlées par l'État dans le seul intérêt de la paix sociale, le soin de procurer au peuple le pain quotidien. Elles attribuent à chaque famille le droit de choisir librement la religion dont les rites ramènent journellement la pensée vers la pratique de la loi morale (III, 5).

Enfin, j'ai indiqué à l'avance, au chapitre précédent, l'Union européenne des petits États et la paix internationale qui, après la connaissance de la vérité et la satisfaction des besoins essentiels, sont pour les peuples la principale condition du bonheur. Ce projet d'union n'est inspiré par aucun sentiment hostile au développement des grands empires. Ceux-ci, en effet, sont déjà, et deviendront de plus en plus d'utiles auxiliaires pour cette Union européenne, dépourvue de sols disponibles, car ils offrent à ses émigrants des territoires où règne la sécurité. L'Union donnera même son concours à l'œuvre des grands empires, en leur procurant des arbitres pour l'apaisement des conflits que doivent susciter leurs conquêtes sur le désert et la barbarie. D'un autre côté, elle s'assurera des garanties contre les abus que les grands empires pourraient faire de leur puissance. Sous ce rapport, elle sera un exemple utile pour les petites nations qui, dans les

autres régions du monde, seront, comme l'Union
européenne, enclavées entre les territoire des
grands empires et les rivages de la mer.

§ 3

**La réforme doit s'opérer d'abord dans les idées pour s'accomplir
ensuite dans les mœurs et les institutions.**

Les trois groupes de réformes que je viens
de signaler offrent, à divers degrés, les mêmes
obstacles. Pour accomplir ces réformes il faut
vaincre, par des efforts persévérants, soit les
erreurs qui repoussent le retour aux traditions
fondées sur la nature de l'homme, soit les manœuvres captieuses qui encouragent les actes de
violence ou les préjugés qui s'opposent à l'accord des hommes de paix. Ces erreurs, ces
manœuvres, ces préjugés ont pour mobiles certaines idées préconçues de bien public, plutôt
que la perversité des hommes qui s'en inspirent.
Cependant ils aboutissent plus ou moins directement aux mêmes conséquences : ils privent l'humanité des avantages que lui procurent l'autorité des pères [1], les rites de la religion et les

---

[1] Les opinions qui dominent chez mes concitoyens, en ce qui
touche l'autorité paternelle, sont parfaitement caractérisées dans
le passage suivant : « Telle est la rapidité du progrès des connaissances, qu'aux deux tiers de sa carrière, le père de famille

coutumes de la paix; ils lui infligent les maux que déchaînent toutes les formes de la discorde.

J'ai dit, au paragraphe précédent, combien il est difficile de détruire dans certains esprits « l'erreur fondamentale » qui méconnaît la plus évidente des vérités. La même difficulté existe, quoique à un degré moindre, pour la réfutation des autres idées préconçues. On ne réussit guère mieux, quand on appuie les motifs de réforme sur la perte des avantages, ou même sur le développement des maux qu'implique la propagation de ces idées. La résistance vient, à la fois, des hommes qui condamnent le retour aux traditions légitimes, et de ceux qui se refusent à l'introduction des nouveautés nécessaires. Chez ces deux classes d'hommes, cette résistance repose sur des convictions énergiques dont la contrainte ne saurait triompher.

Les réformes auront donc pour agents principaux les hommes de paix, dont le nombre a été singulièrement réduit par la corruption de l'ancien régime et par les violences de la révolution. Toutefois, par une heureuse compensa-

n'est plus au niveau de ce qu'il faut savoir; ce n'est pas lui qui enseigne ses enfants, ce sont ses enfants qui refont son éducation; il représente pour eux la routine ancienne, la pratique usée, la résistance qu'il faut vaincre. » (R. de Fontenay, *Journal des Économistes*, juin 1856, page 401.) — Notre temps d'erreur a fourni peu d'assertions aussi fausses et aussi dangereuses.

tion, la difficulté de leur mission diminuera dans un prochain avenir : les catastrophes nationales que nos discordes accumulent depuis 1830 leur viendront en aide; elles fortifieront l'action qu'ils doivent exercer sur les égarés, rebelles, jusqu'à ce jour, à l'évidence des faits.

§ 4

Le concours progressif des hommes de paix à l'œuvre de la réforme.

Pendant un siècle, de 1685 à 1789, nos ancêtres ont souffert la corruption de Louis XIV, du Régent et de Louis XV avec une résignation qu'on peut leur reprocher justement. Depuis la révolution, au contraire, nos réformistes novateurs montrent, à l'égard de gouvernants moins coupables, une exagération de violence qui a beaucoup aggravé la souffrance du pays. Toutefois, la tendance vers les réformes pacifiques semble grandir à la vue des maux amenés par les révoltes contre le régime légal. Elle portera ses fruits dans un prochain avenir, si elle n'est point interrompue par de nouvelles secousses. Cette conviction est un stimulant pour les hommes de paix; je crois donc utile de rappeler ici quelques événements auxquels j'ai été mêlé, et qui l'ont fait naître dans mon esprit.

Pendant mon séjour aux écoles publiques, de 1825 à 1830, la discorde divisait, en France, les diverses classes. Elle eut pour conséquence la révolution de juillet, des effusions de sang réitérées et l'accroissement de l'antagonisme social. En 1848, deux nouvelles effusions de sang, séparées seulement par un intervalle de trois mois, inondèrent les rues de Paris. Elles provoquèrent le premier symptôme de retour aux idées de paix. J'ai indiqué, dans la deuxième édition des *Ouvriers européens,* comment un groupe d'hommes modérés me détermina, en juillet 1848, à changer la direction de mes travaux pour préparer la première édition de cet ouvrage. Dans la pensée de mes amis, cette publication devait contribuer à la réforme pacifique de nos institutions; mais elle n'eut lieu qu'en 1855, et, à cette époque, le coup d'État de 1851 avait rétabli, en l'aggravant, la division des partis politiques. En fait, cet acte de violence avait compromis, pour toute la durée du second empire, l'œuvre de la réforme.

Les catastrophes nationales de 1871 ont de nouveau rapproché les hommes de paix et donné une direction utile à leurs travaux. L'École de la paix sociale a été fondée. Elle a constitué un enseignement privé qui a pour objet la méthode d'observation dite des « Monographies de famille »; les principes et les coutumes de la

Constitution essentielle, la réfutation des erreurs mentionnées aux cinq paragraphes suivants.

Enfin, les maîtres ainsi formés sont en mesure d'imprimer une impulsion décisive à l'œuvre de la réforme. Également familiers avec la science des sociétés et les sciences de la nature, ils peuvent être d'utiles auxiliaires pour l'organisation de l'enseignement public qui va être signalé dans les deux derniers paragraphes de ce chapitre. Ils coopéreront, sous un régime de liberté, au progrès des idées justes, condition préalable de la réforme des mœurs et des institutions.

La cause principale de la souffrance actuelle de l'Europe a été indiquée dans la préface de ce livre : elle provient de l'antagonisme qui divise deux classes de la société : d'une part, les hommes de tradition, qui connaissent et pratiquent la Constitution essentielle, s'adonnent surtout à l'exploitation des arts usuels et vivent en paix avec leurs serviteurs, leurs ouvriers et leurs voisins; de l'autre, les hommes de nouveauté, qui oublient ou enfreignent cette constitution, sont voués principalement à l'exploitation des arts libéraux ou à la culture des sciences physiques, et n'ont que des rapports éphémères avec la population qui les entoure. Les hommes de paix formés à notre école donnent un premier concours à la réforme par leur enseignement privé, où sont conciliées les vérités propres à chacune de ces classes. Ils sont prêts à le compléter, en coopérant à la création d'un enseignement public établi sur les mêmes bases.

§ 5

Les trois fausses doctrines qui dérivent de l'erreur fondamentale.

La croyance à la perfection originelle a engendré trois fausses doctrines, qui ont exercé une grande influence sur la politique et la littérature de notre époque. On peut les nommer : les principes de 1789, le naturalisme et l'évolutionisme. La notion sommaire de ces doctrines doit être précédée par une remarque qui leur est commune.

Le Décalogue offre, à première vue, deux caractères essentiels qui expliquent l'ascendant dont il a joui jusqu'à ce jour sur tous les peuples prospères. La raison devrait donc exiger au moins que ces mêmes caractères se rencontrassent d'abord dans ces nouvelles doctrines. Le premier caractère de la loi suprême est « la clarté des idées » : à défaut de cette qualité, la loi resterait inintelligible pour les esprits médiocres qui forment partout la majorité et qui, plus que les autres, ont besoin d'être dirigés. Le second

caractère essentiel est « l'accord entre la formule
de la loi suprême et la nature de l'homme »;
faute de cet accord, le règne de la loi morale et
le service du pain quotidien ne sauraient être
garantis efficacement.

Les novateurs dont je parle ne se sont guère
préoccupés jusqu'à présent de relever, par ces
qualités maîtresses, la valeur de leurs doctrines.
Loin de là, on constate, en suivant les débats
qui se produisent, même entre leurs auteurs,
qu'ils ne s'accordent, ni sur la définition qu'ils
adoptent, ni sur les besoins qu'ils prétendent
satisfaire. Je vais signaler les lacunes et les
contradictions de ces trois enseignements nouveaux, et mettre ainsi en lumière les questions
que la science sociale doit résoudre.

§ 6

Les principes de 1789.

Depuis près d'un siècle, on signale, sous ce
nom, à la confiance des peuples les nouveautés
qui devraient remplacer, comme règle suprême
de conduite, les institutions surannées de la
Constitution essentielle. La pratique des partisans de la doctrine et le texte des principales
déclarations qui l'ont définie, fournissent le plus
sûr moyen de connaître la pensée des novateurs :

les trois mots qui la résument sont « liberté
systématique, égalité providentielle, droit de
révolte ». Il est donc facile de démontrer que
ces formules n'ont pas la clarté désirable, et
qu'elles n'expriment point les besoins généraux
qu'une bonne constitution sociale doit, avant
tout, satisfaire.

Les enseignements de l'histoire et de la raison
condamnent la liberté pratiquée sans contrepoids,
ou même sans entrave formelle. Partout on réprime, dans l'enfance et la jeunesse, les inclinations, et chez les hommes faits, les actes qui
sont incompatibles avec la paix publique. D'un
autre côté, chez les races modèles, ces con-
traintes nécessaires se trouvent en présence de
libertés légitimes. On peut même dire que la
iberté et la contrainte sont, en quelque sorte,
enchevêtrées par leur nature même. C'est ainsi
que les meilleurs régimes appliqués à la direction de la jeunesse peuvent être nommés avec
la même exactitude : « liberté d'éducation » ou
« coaction paternelle ». La liberté et la contrainte sont conciliées dans chaque élément de
la vie sociale et s'y pondèrent l'une par l'autre
dans un harmonieux équilibre. Le problème est
résolu par la Constitution essentielle : les sept
principes établissent les règles communes à tous
les peuples; les coutumes familiales et sociales
imposent la pratique spéciale à chaque localité.

L'expérience et la raison conduisent à des conclusions identiques en ce qui concerne le second principe de 1789. Chez les races modèles, l'égalité des conditions ne se présente jamais avec un caractère absolu. « Les hiérarchies nécessaires » y sont toujours en présence des « égalités légitimes ». Souvent même, les deux conditions opposées sortent simultanément du même besoin. Ainsi, tous les plaideurs ont besoin de l'égalité civile qui leur assure une justice impartiale ; mais ils n'ont pas un moindre besoin de la hiérarchie qui élève leur juge au-dessus d'eux. Si d'ailleurs on recherche méthodiquement les coutumes qui procurent les juges les plus intègres et les plus clairvoyants, on y rencontre toujours un heureux mélange de hiérarchie et d'égalité, dérivant de la Constitution essentielle.

Les hommes de 1789 sont les premiers législateurs qui aient mentionné expressément « le droit de révolte » dans une constitution écrite. Les membres de l'Assemblée nationale l'ont formulé en 1790, dans leur déclaration des droits de l'homme. En adoptant cette nouveauté exprimée en termes vagues, ils voulurent justifier l'adhésion qu'ils avaient donnée à l'acte de violence du 14 juillet 1789 et à tous ceux qui en étaient la conséquence naturelle. Toutefois, ils faussèrent en cela l'esprit de la nation : ils élevèrent à la hauteur d'une coutume périodique la violation d'un principe permanent, indispensable, non seulement à la souveraineté de cette époque, mais encore à toutes les formes de la souveraineté. Ils substituèrent, en fait, dans le gouvernement de la société, l'esprit de violence à l'esprit de paix ; ils aggravèrent ainsi l'obstacle qui, depuis les désordres de la Fronde, empêchait la conciliation des classes dirigeantes et des gouvernants. Les novateurs se persuadent qu'ils peuvent user de ce prétendu droit selon leurs propres inspirations, pour renverser par la force une souveraineté établie. C'est là, à vrai dire, la nouveauté caractéristique de 1789. En effet, les deux premiers termes de l'erreur spéciale à cette époque étant irréalisables, il est résulté des tentatives d'application le mépris, et par suite l'instabilité des nouveaux gouvernants plutôt que le changement des institutions. Au contraire, l'esprit de révolte ayant envahi toutes les classes de la société, les partis réformistes ont été amenés à chercher leurs moyens d'action dans la violence plutôt que dans la paix. Ainsi s'est développé un régime entièrement nouveau, une ère d'instabilité où dix gouvernements ont été successivement institués, puis détruits par la violence. Les révoltes déchaînées par la révolution de 1789 ont donc complété les œuvres de tyrannie organisées, depuis 1661, par l'ancien régime. Les nouveautés de 1789 détruisent dans

ses derniers fondements l'œuvre de paix inau-
gurée en 1598, complétée en 1629, admirée et
récompensée par l'Europe reconnaissante en 1648.
Elles perpétuent l'époque de souffrance la plus
longue que la France ait subie. Plus que toute
autre erreur, le droit de révolte augmente le
danger qu'ont fait naître les défaillances actuelles de l'esprit français, à savoir : l'oubli
des bienfaits attachés à la pratique de la Constitution essentielle ; l'ignorance de la distinction
qu'il faut établir, chez les nations compliquées,
entre les principes permanents et les coutumes
variables ; le mépris conçu pour toutes les formes
de l'autorité ; enfin la perte de « l'esprit national », qui, chez les Anglais, malgré les révolutions, la corruption des rois et la mort violente
infligée à l'un d'eux, fait plus que jamais vibrer
tous les cœurs au nom de la « vieille Angleterre ».

Je me suis conformé au langage habituel des
hommes de 1789, en choisissant le titre placé
en tête du présent paragraphe. Cependant l'examen que je viens de faire au sujet de ces erreurs
démontre qu'elles ne peuvent être classées au
rang des principes sociaux. En les jugeant ailleurs, je les ai souvent nommées « les trois faux
dogmes de 1789 ».

§ 7

Le naturalisme.

Les partisans du naturalisme, comme ceux de l'évolutionisme, contrastent, par leurs idées de réforme, avec les hommes de 1789. Ils ne prétendent point appliquer eux-mêmes leurs principes au gouvernement des sociétés. Ils ne songent guère à résumer leurs travaux dans des programmes que les gouvernants pourraient mettre en œuvre. En général, ils se bornent à publier des livres, où la critique des sociétés actuelles n'aboutit pas à une conclusion. Ils se rattachent à la catégorie des savants, plus qu'à celle des politiques. Les hommes qui, dans cette voie, ont acquis la renommée, ont étudié le monde physique et analysé les faits sociaux. Ils ne répugnent donc point à soumettre ces derniers au contrôle de la méthode d'observation ; et l'on peut espérer que les deux doctrines ne porteront pas leurs adeptes à la violence, comme l'ont fait les principes de 1789. Ceux que j'ai connus m'ont toujours fourni avec bonne foi les moyens de m'initier à l'idée maîtresse de leur doctrine et de découvrir les faits qui, suivant moi, en démontrent l'erreur.

Selon les renseignements que j'ai ainsi reçus

au sujet du naturalisme, l'homme et l'animal n'offrent ni dans leur origine, ni dans leur existence actuelle, le contraste absolu que signalent les doctrines traditionnelles de l'humanité. D'un autre côté, l'homme comparé à l'animal est loin de s'élever au degré de bonheur que comporte la supériorité évidente de sa nature. Ainsi, par exemple, les animaux sociables de chaque espèce constituent avec succès des communautés pour se procurer la subsistance dans des conditions immuables de stabilité. Ce succès leur est assuré par leur organisme physique, qui est à la fois le principe de leurs besoins et le moyen de les satisfaire. Les facultés organiques de l'animal, l'intelligence, l'aptitude au travail, créée par l'expérience et l'éducation, grandissent à mesure que l'espèce s'élève dans la hiérarchie des êtres doués de vie et de mouvement. Enfin, l'homme est évidemment placé au sommet de cette hiérarchie.

Le rapprochement de ces faits indique une anomalie, et même une contradiction : les sociétés d'hommes sont les seules qui soient incapables de se perpétuer dans la paix. Les adeptes du naturalisme prétendent donner, au sujet de ce contraste, une explication toute simple : l'animal prospère dans la paix parce qu'il reste fidèle aux impulsions de sa nature ; l'homme souffre dans la discorde parce qu'il est dominé

par des traditions qui le dépravent, sous prétexte
de l'améliorer. Comme on le voit, cette explication n'est qu'une manifestation particulière de
« l'erreur fondamentale ». J'ai exposé, dans les
premiers chapitres de ce livre, comment elle est
réfutée par la nature même de l'homme, par la
pratique de la Constitution essentielle chez les
anciens et les modernes.

§ 8

L'évolutionisme.

Selon la pensée dominante de l'évolutionisme,
telle qu'elle m'est apparue dans les ouvrages et
dans les conversations de ses adeptes, les défaillances actuelles de l'humanité ne constituent
pas, comme l'enseigne le naturalisme, un régime
de corruption et de décadence : elles ne sont que
les restes d'une succession infinie de régimes
antérieurs où apparaissait seulement le besoin
du pain quotidien, où la notion de la loi morale
n'existait pas encore. Au surplus, ce trait spécial à l'histoire du globe terrestre n'est qu'un
incident de la théorie du « progrès », que la
doctrine considère comme la loi suprême de
l'univers. A ce point de vue, le monde physique
continue à subir, dans la suite des temps, une
transformation perpétuelle. Comme tous les êtres

animés, l'homme est sorti d'un premier germe
de vie, et il se modifie sans cesse conformément
à cette loi.

Par l'ampleur même du champ qu'il embrasse,
l'évolutionisme ne répond guère aux questions
que l'homme s'est adressées de tout temps sur sa
destinée ; mais il se recommande à certains esprits, en leur offrant cette décevante perspective
que l'humanité a une marche assurée vers la perfection et le bonheur. Pour justifier l'affirmation
de cet avenir, les professeurs de la doctrine ont
généralement recours au même procédé : ils dé-
crivent, avec des détails attrayants, les améliorations extraordinaires qui s'accomplissent sous
nos yeux dans le régime du travail et le service
du pain quotidien. Ils ne se montrent pas indif-
férents aux améliorations que comporte la pratique de la loi morale ; mais, sans s'étendre
beaucoup sur ce point, ils admettent implicitement que les deux conditions du progrès ne
sauraient être séparées, et qu'elles se produisent
à la fois sous l'influence d'harmonies créées par
les matériaux et les forces de la nature. Enfin,
les partisans de l'évolutionisme se montrent très
prudents en ce qui concerne la critique des institutions traditionnelles que condamne ouverte-
ment le naturalisme ; mais on entrevoit que,
dans leur pensée, « le progrès » consistera surtout à les rendre inutiles.

La stabilité absolue, conservée chez les pasteurs nomades d'où étaient issus, il y a déjà quarante-deux siècles, les races sédentaires de l'empire chinois, concorde peu avec la doctrine de l'évolution continue. Quant aux faits exposés méthodiquement dans ce livre, ils ne s'accordent pas non plus avec les jugements portés par l'évolutionisme sur l'avenir de l'humanité.

§ 9

Comment les trois doctrines propagent l'erreur, déchaînent la souffrance et empêchent la réforme.

Depuis un siècle, les propagateurs des trois fausses doctrines se manifestent, par leurs idées et leurs actions, avec des nuances innombrables. C'est parmi eux que figurent les principales célébrités de l'époque actuelle. Leur influence croissante s'explique par la satisfaction que donnent leurs écrits et leurs discours à deux tendances actuelles des Européens : le mépris de la tradition et l'amour de la nouveauté. Dans cette partie de leurs travaux, ils ont été plus nuisibles qu'utiles à la réforme sociale. Toutefois, sur d'autres points, ils ont mieux répondu aux besoins vrais et permanents de l'humanité. Une part légitime de renommée restera acquise à deux catégories de novateurs : aux hommes sincères et modérés de 1789, qui apercevaient la corruption de l'ancien régime et voulaient la réprimer ; aux adeptes du naturalisme et de l'évolutionisme qui, tout en adoptant de fausses conclusions en matière sociale, ont cultivé avec succès les sciences de la nature.

Les bonnes intentions et les travaux utiles restent donc un sujet d'éloges ; mais les fausses doctrines, qui en sont la formule ou le résultat définitif, deviennent le sujet de graves inquiétudes et doivent être condamnées. Chez les peuples où se perpétue la corruption de l'ancien régime, la principale source du danger semble, au premier aperçu, résider dans l'esprit de violence érigé en dogme par les principes de 1789. En effet, les dix formes de gouvernement qui depuis cette date se sont succédé en France ont démontré l'impuissance absolue de ce prétendu moyen de réforme : on entrevoit donc le moment où les esprits renonceront à ce funeste remède, sous le salutaire enseignement de l'expérience et des catastrophes nationales.

Le naturalisme et l'évolutionisme se présentent d'abord à la pensée avec des apparences moins dangereuses. Les doctrines sont, en effet, propagées par des hommes qui ne se mêlent point aux discordes sociales et s'adonnent exclusivement à la culture des sciences physiques. Beaucoup de condisciples dont j'ai suivi les travaux

étaient dans cette situation d'esprit. Je la retrouve
journellement chez les hommes de science. Absorbés dans leur spécialité, étrangers aux affaires
et aux devoirs généraux qui, seuls, développent
l'intelligence de la vie sociale, ils deviennent
peu à peu incapables de comprendre les vérités
fondamentales de la Constitution essentielle. Ils
sont donc conduits à les nier dans les rapports
qu'amène l'intimité du voisinage. Ceux qui se
distinguent par la passion du vrai et l'activité de
l'esprit sont, faute d'un enseignement préalable,
choqués par l'affirmation journalière des vérités
traditionnelles. Ils sont peu disposés à admettre
les lois du monde moral, affirmées par des
hommes qui ne connaissent pas les lois du monde
physique. D'un autre côté, ils sont frappés des
souffrances qui débordent autour d'eux, et ils les
attribuent à l'état d'ignorance dans lequel se complaisent souvent ces hommes de tradition. Aussi,
dès qu'ils ont aperçu le mal, ils en cherchent
le remède, bien qu'ils soient eux-mêmes étrangers à la pratique de la vie sociale. Leur attention se porte alors naturellement sur les faits
qu'ils connaissent le mieux. Ils voient les ressources merveilleuses dont dispose maintenant
l'esprit humain pour découvrir les lois du monde
matériel. Ils savent que ces lois, appliquées au
régime du travail, ont centuplé récemment les
moyens de subsistance et la force intellectuelle

des sociétés. Malheureusement, ils n'ont point eu l'occasion de constater les défaillances morales qui sont trop souvent la contre-partie des aptitudes intellectuelles. Ils ignorent que la source incessante du mal est précisément l'abus de la richesse et de la force, produits habituels de l'intelligence. Par la pente naturelle de leur esprit, ils concluent donc à une série logique d'erreurs, savoir : à la perfection originelle de l'homme, au progrès continu des sociétés, puis enfin au mépris de la tradition, à la révolte contre la Constitution essentielle de l'humanité.

C'est ainsi que naissent et se développent les erreurs desquelles dérive la souffrance de notre temps. Malgré leurs talents et leurs bonnes intentions, les maîtres des trois doctrines suscitent progressivement, dans le cercle croissant de leur influence, des idées, des sentiments, des mœurs et des institutions qui n'ont jamais pu se concilier avec le bonheur ou, en d'autres termes, avec la stabilité et la paix d'une race d'hommes. Ils provoquent l'avènement d'un ordre de choses où la négation de la vérité se montre déjà plus dangereuse que ne le fut, dans le passé, la révolte contre la vertu. Le mal actuel se manifeste d'ailleurs par des caractères saisissants : toutes les activités sociales se privent elles-mêmes des satisfactions que procurent les deux besoins es

sentiels de l'humanité ; les familles dirigeantes
deviennent indifférentes ou rebelles à la loi morale ; le peuple s'insurge contre les principes
qui, de tout temps, lui ont assuré le pain quotidien.

Heureusement, les hommes qui déchaînent
ainsi la souffrance possèdent parfois les aptitudes nécessaires au rétablissement de la prospérité. Les plus habiles ont acquis la partie
légitime de leur renommée en pratiquant « la
méthode scientifique », celle qui a pour base
l'observation des faits spéciaux que « la science »
doit grouper harmonieusement sous une même
formule générale. Voués à l'étude de la matière,
ils offrent, depuis un siècle, un concours précieux au développement matériel des sociétés
humaines. Toutefois, plus les savants s'élèvent
en s'attachant aux phénomènes physiques et en
appliquant leurs découvertes au service du pain
quotidien, moins ils sont aptes à remplacer les
hommes qui savent gouverner les sociétés prospères. Souvent étrangers aux sciences naturelles,
les meilleurs gouvernants, après avoir acquis
méthodiquement la notion simple de la Constitution essentielle, ont consacré leur vie à rechercher comment, pour établir le règne de la paix,
il faut modifier les coutumes, selon l'état des
mœurs et la nature des lieux.

§ 10

Comment sera constituée l'Université de la réforme sociale.

Depuis quatorze siècles, l'histoire de l'Europe a démontré que les classes dirigeantes, appuyées sur l'autorité paternelle et le Décalogue, trouvent dans la religion la force prépondérante qui assure aux sociétés le bonheur fondé sur la paix. Les races qui, au ve siècle, se partagèrent l'empire romain, furent tout d'abord placées dans cette heureuse condition. Elles comprirent que les rites du christianisme conserveraient à leurs familles le respect envers le père et la mère, et qu'ils développeraient la soumission à Dieu, en même temps que l'obéissance aux autres commandements de la loi suprême. Sous cette influence, l'occident de l'Europe retrouva en partie, dès le xe siècle, la prospérité que lui avait parfois procurée le gouvernement des Romains. Les peuples reconnaissants prodiguèrent les richesses aux ministres de la religion, qui étaient les principaux auteurs de cette prospérité; et dès lors commencèrent pour l'Église les épreuves qui aboutirent au schisme du xvie siècle.

Pour remédier à la corruption de la classe dirigeante, du clergé et des gouvernants, la

France, dès le xiiᵉ siècle, appela la science à son aide : elle fonda l'université de Paris (1200). L'institution établie en toute indépendance, recrutée parmi des hommes tels que saint Thomas d'Aquin (1227-1274) et Albert le Grand (1205-1280), jeta tout d'abord un grand éclat. Elle fut imitée par les autres États européens, à mesure qu'ils sentirent le besoin de réprimer le développement des mêmes maux.

La crise du xviᵉ siècle eût été évitée par les Églises de France et des autres États européens, si les clergés eussent écouté les enseignements donnés dans les Universités par Jean Gerson[1] (1363-1429) et ses émules, si d'ailleurs les familles dirigeantes avaient eu la sagesse de repousser les convoitises décevantes de la politique. Toutefois, les maux déchaînés par cette crise se trouvèrent guéris en Europe vers le milieu du xviiᵉ siècle. Assurément la rupture de l'unité religieuse se faisait encore sentir; mais, par compensation, la paix rétablie entre les cultes rivaux

---

[1] « De notre temps, le pape et ses cardinaux méprisent la crainte et l'amour de Dieu; ils aiment mieux complaire aux princes, aux rois et aux autres puissances pour obtenir des bénéfices, des évêchés et l'accomplissement de leurs autres demandes, quelque injustes qu'elles soient, plutôt que de plaire à Dieu, que de suivre les règles de la justice, que de veiller à l'exécution des saints statuts de la primitive Église. » Traduit du traité de Jean Gerson sur *les Dommages causés à l'empire romain par la corruption des Pontifes*. Joannis Gersonii Opera omnia, Anvers, édit. 1706, p. 197.

avait développé une émulation salutaire; parfois
même elle avait produit des alliances qui contri-
buaient à la réforme des mœurs[1], et qui, depuis
lors, comme je l'indiquerai ci-après, ont pris
un caractère plus fécond. Les mœurs des clergés européens ont été réformées sous l'influence
de contrôles réciproques; et les conflits soulevés
à l'époque de la Renaissance, entre la religion et
les sciences physiques, sont maintenant apaisés,
grâce à une sage interprétation des textes du
Livre saint.

Cette heureuse entente, rétablie d'abord en
France de 1629 à 1685, mais compromise de nouveau par la révocation des édits de 1598 et de
1629, persiste dans la majeure partie des États du
Nord. En résumé, les motifs des discordes religieuses survenues en Europe, notamment en
France et en Allemagne, sont clairement indi-
qués par l'histoire : aux premiers rangs figurent
la corruption des clergés, puis subsidiairement
l'ambition des gouvernants et des classes dirigeantes. Toutefois, la cause prépondérante de la
guerre et de la paix fut l'éternelle aspiration des
pères de famille : le besoin de fonder sur les
rites de la religion, et par le ministère d'un clergé
moral, l'éducation de leurs enfants.

Cependant, voici qu'une crise nouvelle se ma-

---

[1] *Les Ouvriers européens*, III, IV, 17.

nifeste dans le domaine de la religion : c'est celle que j'ai indiquée ci-dessus, en montrant ce qu'il y a d'erroné dans les enseignements du naturalisme et de l'évolutionisme. Cette fois, le mal provient, non des clergés, puisqu'ils acceptent une interprétation du Livre saint conforme aux découvertes scientifiques, mais bien des lettrés, qui s'enorgueillissent outre mesure de ces découvertes. Ces lettrés, en effet, nient plus ou moins l'existence de Dieu, en affirmant que certaines races sauvages ne le connaissent pas. Or l'inexactitude de ce fait peut être démontrée par la méthode même à laquelle sont dues les récentes découvertes des sciences physiques. Le conflit qui s'élève maintenant entre la religion et les sciences physiques sera facilement apaisé par la méthode d'observation qu'adoptent comme une source commune de vérité les théologiens et les autres savants. Il y a donc lieu d'imiter ce qui s'est fait récemment à Londres : il faut créer une nouvelle Université, fondée exclusivement sur l'emploi de cette méthode. Cet enseignement nouveau mènera de front l'observation méthodique du monde matériel et celle des sociétés humaines qui sont le siège du monde moral. Les bienfaits que procurera ce nouveau régime sont déjà obtenus en partie là où les ministres des cultes rivaux apportent une certaine modération dans les controverses

suscitées par la diversité des croyances. Ces
bienfaits sont plus visibles encore dans les localités où les divers clergés se concertent pour
améliorer l'état moral de leurs ouailles. On peut
constater, en effet, que les peuples placés de
nos jours dans cette heureuse condition sont
ceux qui résistent avec le plus de fermeté aux
erreurs du naturalisme et de l'évolutionisme.

Un enseignement constitué sur cette base complétera sur un point de première importance les
nouvelles universités établies en Allemagne et
en Angleterre. L'université actuelle de Paris,
laquelle a son siège à la Sorbonne, a été fondée
sur l'alliance de l'orthodoxie religieuse avec les
vérités de l'ordre physique. L'une des plus récentes, l'université de Londres, créée par une
charte royale de 1837, exclut spécialement du
cadre qu'elle embrasse les connaissances rela-
tives à la religion.

L'université de la réforme sociale occupera
entre ces deux établissements une situation intermédiaire. Elle différera de l'université actuelle
de Paris, en laissant à ceux qui en sont chargés
l'enseignemnet des vérités qui touchent directement à l'ordre surnaturel. Elle différera de l'université de Londres et comprendra dans son enseignement toutes les vérités qui, touchant à
la fois à l'ordre physique, moral et religieux,
peuvent être établies par la méthode d'observa-

tion. Elle tranchera avec l'université de Londres par deux caractères essentiels : elle ne sera pas seulement formée par un corps mobile d'examinateurs, conférant des grades à des élèves formés dans une clientèle d'établissements voués à l'instruction supérieure; elle enseignera elle-même toutes les sciences qui peuvent être constituées par l'observation directe du monde physique et des sociétés humaines. Enfin, elle réunira autant que possible des professeurs qui, indépendamment de leur spécialité, auront une notion générale des autres connaissances enseignées dans le nouvel établissement. L'école de la paix sociale a formé depuis quinze ans, dans les conférence privées qu'elle organise, des maîtres qui réunissent la connaissance des sciences physiques à celle des sciences sociales. Ces maîtres sont donc prêts à soumettre au public un premier spécimen de l'enseignement, que l'école désirerait voir constituer par les autorités compétentes. Cet essai devrait être poursuivi avec les développements nécessaires, devant les représentants des pouvoirs publics qui auraient à intervenir dans la fondation de l'université nouvelle.

Comme toutes les universités étrangères, d'ancienne ou de nouvelle date, l'université de la réforme donnera à la fois l'enseignement scientifique qui concourt à l'apprentissage de la profession, et l'éducation morale qui dresse les élèves au respect de la paix sociale. Un enseignement préalable rappellera à nos gouvernants les coutumes qui règnent à cet égard dans tous les autres pays européens. Il indiquera notamment les libertés dont l'institution nouvelle aura besoin pour recruter des maîtres disposés à remplir envers leurs disciples les devoirs de la paternité. L'observation des peuples étrangers n'est donc pas seulement nécessaire à la constitution de l'enseignement nouveau : elle est indispensable à la création de l'établissement même où il sera donné. L'établissement formé dans ces conditions pourra être justement nommé « l'université sociale ».

§ 11

Comment doit être constituée la presse périodique de la réforme sociale.

L'enseignement méthodique de « l'université sociale » est nécessaire pour neutraliser l'effet des fausses doctrines, et surtout pour créer, chez les disciples, les énergiques convictions sans lesquelles on ne peut guère ramener l'opinion publique aux vérités méconnues. Cependant le moyen de réforme qui consiste à élever de vrais savants n'a point de résultats immédiats : il est sûr, mais lent. Il faut donc préparer l'œuvre de l'université sociale en employant des procédés dont l'action soit plus rapide : telles sont, de notre temps, les conférences orales et, mieux encore, les publications périodiques. Il ne faut point assurément s'exagérer l'importance que ces procédés peuvent acquérir dès leur début. La prudence conseille, en effet, de ne pas s'exposer au découragement qu'amène, en pareil cas, l'insuccès relatif des premiers efforts. La publicité orale ou écrite est souvent aujourd'hui une cause de corruption et de souffrance chez les peuples où domine l'erreur. Cependant, ce n'est point une raison pour laisser à celle-ci le champ complètement libre. Même chez ces peuples, certaines vérités, enseignées avec prudence et ténacité, offrent par leur nature même, à ceux qui les défendent, quelques éléments de supériorité. Tel est le cas des faits qui justifient la prépondérance attribuée, dans ce livre, à la Constitution essentielle et à son principal criterium, la paix sociale. Je vais dire dans ce dernier paragraphe comment doit être constituée la presse périodique de la réforme sociale. Je résumerai ensuite, dans la conclusion finale, les idées maîtresses dont les réformistes, novateurs ou traditionnels, doivent être pénétré . Je commence par exposer sommairement les causes de mécompte et les conditions de réussite qui m'ont été révélées, pour cette sorte de presse, par le contact d'un demi siècle avec les hommes et les choses de mon pays.

Lorsque j'abordai l'œuvre de la réforme sociale avec les sentiments que rappelle l'*Aperçu préliminaire*, mon plan de vie était nettement arrêté. Je me proposais de voyager six mois chaque année en Europe et en Asie, pour atteindre un double but. En premier lieu, je voulais me rendre capable d'enseigner la métallurgie, en me mettant à la seule école pratique de cette science, celle des ouvriers de la profession. En second lieu, j'espérais découvrir subsidiairement, dans ces voyages, la science des sociétés, pour déduire le système de réforme qui est indispensable à notre époque; mais je ne voulais, à aucun prix, me livrer à la politique pour coopérer à la réalisation de ce système. Dans ma pensée, mes études sociales devaient être communiquées, à titre de renseignement, à ceux de mes amis qui seraient en situation d'en tirer parti : parmi ces derniers, Victor Lanjuinais, esprit sage et dévoué à la patrie, se trouvait au premier rang.

J'ai dit, avec quelques détails, dans le tome premier des *Ouvriers européens* (deuxième édition), comment ce plan de travaux fut ponctuellement suivi pendant dix-huit années. En 1848, les deux résultats désirés avaient été obtenus : j'avais été nommé dès 1840, sous le ministère

de M. Thiers, professeur de métallurgie à l'École
des mines de Paris, et la méthode que j'avais
créée pour l'enseignement de cet art avait été
signalée comme un modèle dans les pays étrangers (*Aperçu préliminaire*, § 2); d'un autre côté,
mon enseignement social était écouté avec faveur par un groupe d'hommes voués aux arts
usuels, à la politique, à l'administration, aux
sciences et aux lettres. Cette situation donnait
une satisfaction complète à mes goûts; mais
elle fut changée, à cette époque, par les deux
effusions de sang survenues aux mois de février
et de juin 1848. Le mouvement imprimé aux
idées des classes dirigeantes par ces terribles
événements, exerça sur ma situation personnelle
une réaction à laquelle je ne pus résister. En
juillet 1848, les hommes d'ordre et de liberté,
de nouveauté et de tradition se trouvaient, pour
la première fois en France, réunis par une commune pensée de réforme sociale. M. Thiers écri-
vait alors son livre sur *la propriété*; et il se
distinguait entre tous les réformistes par son
ardeur. Averti et amené par Victor Lanjuinais,
il vint me presser de résumer dans un livre l'enseignement social que lui vantaient ses amis; il
insista vivement, dût ce travail interrompre les
études métallurgiques auxquelles il avait puisé
plusieurs fois des arguments pour la défense
du régime douanier qui avait ses sympathies.

Je cédai, en outre, à l'opinion qui me fut alors exprimée, d'une manière plus ou moins directe, par beaucoup d'hommes de bon conseil [1].

J'ai également indiqué avec détail, dans le même volume, les conséquences de cette résolution. Je consacrai sept nouveaux voyages à poursuivre mes études en Europe et à l'occident de l'Asie. Dans ces voyages, j'ai complété mes monographies de familles et contrôlé, auprès des Autorités sociales de toutes ces régions, les conclusions que j'en avais déjà déduites, en ce qui touche la réforme sociale de la France et de l'Europe. L'ouvrage qu'on avait réclamé de moi fut terminé à la fin de 1854. Il avait pour titre *les Ouvriers européens;* il comprenait les faits sociaux qui établissaient la vérité, la méthode scientifique qui m'avait permis de les découvrir, et le plan de réforme que j'en avais induit. C'est alors que commença la série des mécomptes qui se renouvelèrent pendant quinze années.

Les résultats obtenus pendant les sept derniers voyages avaient été communiqués chaque

---

[1] Parmi eux, j'ai à citer particulièrement MM. François Arago et Lamartine, H. Carnot et Jean Reynaud, Victor Lanjuinais et Alexis de Tocqueville, de Montalembert et Sainte-Beuve, Agénor de Gasparin, James de Rothschild, l'abbé Dupanloup et Augustin Cochin, J.-B. Dumas, secrétaire perpétuel de l'Académie des sciences, et Charles Dupin, auteur du rapport d'après lequel l'Académie a accordé, en janvier 1856, le prix de statistique à l'ouvrage intitulé : *les Ouvriers européens.*

hiver au petit groupe d'amis qui, en 1848, avait
gagné les notabilités de la politique à l'idée
d'une réforme sociale. Chez ses amis, le dévouement accordé à cette réforme avait grandi; mais
il se trouva éteint chez M. Thiers et les autres
politiques. Ce changement avait été produit par
l'acte de violence survenu en décembre 1851.
La division régnait de nouveau entre les hommes
d'ordre et de liberté, de tradition et de nouveauté. La réforme qui, sous le régime de 1848,
pouvait être opérée facilement par l'union de
tous les hommes de paix, resta impossible pendant toute la durée du second empire. Puis,
quand celui-ci s'abîma, comme le premier, au
milieu des catastrophes nationales, l'initiative
de cette révolution fut dévolue, par une réaction
naturelle, aux hommes de violence.

La nation, appelée à constituer un nouveau
gouvernement, délégua, il est vrai, cette mission
à une majorité formée par des hommes d'ordre,
de liberté et de tradition; mais ceux-ci ne montrèrent ni la sagesse ni l'esprit de conciliation
qui animaient la majorité des représentants en
juillet 1848. Ils ne surent pas réprimer la manifestation des sentiments qui les attiraient vers
quatre formes distinctes de gouvernement; en
sorte que l'état de division qui régnait sous le
précédent régime se trouva aggravé plutôt qu'a-
moindri. Les hommes de tradition, notamment,

ne ménagèrent pas assez les justes susceptibi-
lités des hommes de nouveauté, et ils leur
offrirent trop peu de garanties contre le retour
des abus criants qui avaient déconsidéré l'ancien
régime social. Enfin, quelques-uns se montrèrent
plus imprudents encore : selon l'opinion qu'ils
ne dissimulaient pas assez, la réforme qui ra-
mènerait le gouvernement de leur choix n'était
pas nécessairement subordonnée à l'esprit de
paix.

Cet état de division, en se perpétuant parmi
des hommes qui devaient, à tout prix, rester
unis, a entraîné plusieurs conséquences regret-
tables. Il a éloigné du but qu'ils voulaient atteindre les trois éléments principaux de la majorité
élue en 1871. Les hommes de nouveauté ont été
généralement enclins à refuser leur concours à
cette majorité ; et cependant, ils ont aujourd'hui
à jouer un rôle important, ne fût-ce que pour la
restauration des libertés nationales et locales,
détruites à l'envi par tous les gouvernements
qui se sont succédé en France depuis deux cent
dix-neuf années. La nation ne semble pas plus
disposée qu'elle ne l'était en juillet 1848 à
opérer la réforme sociale dans le domaine de
la vie publique, bien que, depuis cette époque,
le nombre de ses adhérents ait centuplé dans le
domaine de la vie privée. Enfin, symptôme le
plus grave, l'école de la paix n'a pu recruter

ses disciples qu'à l'aide de sa bibliothèque et de son enseignement oral. Quant au moyen d'action fourni par la presse périodique, il n'avait point présenté jusqu'à ce jour une chance appréciable de succès. Ce fait a une explication naturelle : l'école ne pouvait guère recruter des rédacteurs ou des abonnés parmi ses adhérents. Ceux-ci, en effet, se composent surtout d'hommes absorbés par la pratique d'un art usuel ; ils trouvent difficilement le temps nécessaire pour donner l'enseignement de la science sociale ; d'un autre côté, ils n'ont guère besoin de le recevoir, car, subissant eux-mêmes l'état présent de corruption et d'erreur, ils nous ont fourni la matière de notre enseignement, en ce qui touche les conditions de la réforme. Quant aux hommes de loisir qui sont venus à nous, parce qu'ils sentent le besoin de l'ordre, de la liberté, de la nouveauté ou de la tradition, ils espèrent, en général, que nous leur fournirons tôt ou tard le moyen d'établir l'un des quatre gouvernements de leur choix ; mais ils nous secondent peu, quand il s'agit des réformes sociales qui peuvent les servir tous, en fortifiant la nation qu'il s'agit de gouverner. Or tel est le but de la presse périodique que nous voulons organiser : cette presse, si elle est une fois fondée, sera une œuvre nationale qui laissera à chaque parti politique le soin d'assurer son avenir en se montrant sage dans le présent et en disant son *meâ culpâ* pour le passé.

Mes amis m'ont souvent demandé depuis 1865 de créer, pour la réforme sociale, un organe de publicité. Je n'avais pas cru pouvoir, jusqu'à ce jour, me rendre à ce désir. Les rancunes politiques qui, en décembre 1851, avaient rompu l'union du groupe réformiste, constitué en juillet 1848, persistaient avec toute leur force. Sous cette influence le plan de réforme que j'avais préparé pour la première édition des *Ouvriers européens* avait dû être supprimé. Le travail de réforme qui devait être inauguré par cette publication avait été remplacé par l'enquête organisée dans la société d'économie sociale, sous le patronage de l'Académie des sciences de Paris. En principe, l'union de 1848 a été rétablie parmi quelques notabilités de la politique ; en fait, la division s'est perpétuée parmi elles ; et je n'avais pas cru pouvoir créer avec des chances suffisantes de succès la presse de la réforme.

Les circonstances paraissent être en ce moment plus favorables. La seconde édition des *Ouvriers européens* a été terminée en 1879, avec des monographies supplémentaires et avec le plan de réforme supprimé en 1855. Un groupe d'économistes a publié récemment un *Programme de gouvernement et d'organisation sociale*, extrait, en grande partie, de la bibliothèque publiée depuis 1855 (voir le document annexé), et je mets aujourd'hui la dernière main à la *Constitution essentielle de l'humanité*. L'ensemble de ces écrits suffira pour donner aux lecteurs studieux de la nouvelle presse tous les compléments d'information. D'un autre côté, la rédaction du *Programme* indiqué ci-dessus a mis en lumière les talents et l'activité d'un homme jeune, disposé à diriger une revue en qualité de gérant et de rédacteur en chef. Le capital nécessaire à l'exécution a été aussitôt réuni. La société qui a constitué ce capital a décidé que sa revue serait nommée *La Réforme sociale,* et que le premier numéro de cette revue paraîtrait le 15 janvier 1881. Le succès de la nouvelle publication me semble probable si deux conditions sont remplies. En premier lieu, si nos amis des quatre partis politiques échappent, par un généreux effort, à la discorde, pour revenir à l'esprit d'union qui les animait en 1848. En second lieu, si les rédacteurs restent fidèles aux engagements qu'ils ont pris envers moi, en réclamant mon patronage et ma coopération financière.

Aux termes de ces engagements, le rédacteur en chef et les collaborateurs, sous son contrôle, s'inspireront exclusivement des « faits sociaux », ou du moins se soustrairont autant que possible à la pression des « idées préconçues ». Ils se proposent pour but le progrès moral, l'enseignement et la récréation intellectuelle de toutes les classes de la société. Souvent ils auront en vue les classes dirigeantes de la vie privée et de la vie publique, auxquelles incombe spécialement le devoir d'accomplir la réforme.

Pour le passé, ils insisteront sur les défaillances que ces classes ont montrées en France, depuis près de trois siècles, dans leurs rapports avec le peuple et les gouvernants. Ainsi, ils indiqueront comment, de 1661 à 1789, elles n'ont point assuré au peuple la protection nécessaire; comment, au temps de la Fronde et à l'époque actuelle, depuis 1830, elles ont parfois fait aux gouvernants une opposition injuste. Pour l'avenir, les rédacteurs de *la Réforme sociale* continueront l'enseignement traditionnel de notre école, en tout ce qui ne sera pas démenti par la découverte de nouveaux faits. Quant aux rapports futurs des classes dirigeantes avec le peuple et les gouvernants, ils appuieront leur enseignement sur la Bibliothèque sociale, qui est résumée dans le présent livre et qui peut à la rigueur se réduire aux termes suivants.

Selon les enseignements de l'histoire, confirmés par l'observation des sociétés contemporaines, toutes les races prospères ont vu, dans les dix commandements du Décalogue, les formules de la distinction qui doit être établie entre « le bien » et « le mal ». Depuis le premier âge de l'humanité, les sages ont considéré « la paix » comme le *criterium* du bien ; la « discorde » comme le *criterium* du mal. La prospérité reste acquise aux races humaines, tant que les gouvernants assurent le respect dû à la Constitution essentielle. La souffrance survient dès qu'ils ne donnent plus l'exemple de la vertu ou manquent de vigilance contre l'invasion du vice et de l'erreur. Ces défaillances sont rares chez les races simples de l'Asie centrale, où chaque patriarche exerce à la fois dans sa famille le pontificat et la souveraineté. Dans ce cas, en effet, le souverain, inspiré par l'amour paternel, est moins défaillant que ses sujets ; en sorte que le caractère dominant de la constitution sociale est l'obéissance de ces derniers. Il en est autrement chez les races compliquées, où l'autorité du père de famille doit être complétée par celle des classes dirigeantes et des gouvernants, où le sol disponible est incessamment réduit par l'agglomération des familles. Chez les races ainsi constituées, les gouvernants sont plus corruptibles que les deux classes de sujets. Il est donc nécessaire que les sujets se concertent avec les gouvernants pour trouver les garanties qu'il faut opposer à la corruption toujours imminente. Les améliorations qui peuvent amener la réforme sous de tels régimes ont pour base principale la conciliation de l'esprit de tradition avec l'esprit de nouveauté, c'est-à-dire la distinction qui, à cette époque, doit être établie, dans la Constitution essentielle, entre les principes permanents et les coutumes variables selon le changement des mœurs et la transformation des lieux.

Le régime actuel de guerres internationales et de paix armée est le mal le plus aigu dont souffrent aujourd'hui les petits États de l'Europe continentale. En présence du développement inouï que prennent sous nos yeux, grâce aux voies ferrées, les « quatre grands empires », ce régime y est le fait qui contribue le plus à tarir, chez les populations européennes, les sources du pain quotidien et de l'ordre moral. Or la cause première de cette souffrance est l'esprit de violence incarné dans tous ces États. Il est également développé chez tous les gouvernants, malgré la diversité de leurs tendances. Les uns voient dans la guerre le moyen d'arracher aux États voisins des lambeaux de territoire et d'accroître le prestige de leur propre nation. Les autres portent la guerre au dehors pour faire diversion aux discordes qu'ils perpétuent au dedans. Une influence toute nouvelle tend d'ailleurs à déchaîner le fléau de la guerre, c'est celle de certains manieurs d'argent qui, appuyés sur l'agiotage des « Bourses européennes », fondent des fortunes scandaleuses sur les emprunts contractés pour les frais de la guerre et pour les

rançons excessives imposées de nos jours aux
vaincus. Les classes dirigeantes qui possèdent
la propriété foncière, celles, notamment, qui se
livrent aux travaux agricoles ou manufacturiers,
sont portées, il est vrai, à combattre ces intérêts
subversifs. Malheureusement, l'action pacifique
des hommes voués au travail productif se restreint de plus en plus en Europe. Les maîtres
repoussent encore avec la même énergie les
fléaux de la guerre ; mais il en est autrement de
leurs ouvriers. Au fond, ceux-ci supportent autant que leurs maîtres le poids de ces fléaux.
Toutefois l'antagonisme social qui divise de plus
en plus les deux classes amoindrit chez les ouvriers l'horreur de la guerre. Privées maintenant de toute sécurité en ce qui concerne le
pain quotidien, les populations se préoccupent
plutôt du mal qui les frappe exclusivement que
des fléaux qui frappent également leurs maîtres.
Chez les peuples les plus désorganisés par
l'antagonisme, on voit même ces populations
accorder leur sympathie à des gouvernants qui,
voulant à tout prix fonder une organisation sociale contraire aux vœux des classes dirigeantes,
déchaînent simultanément à l'intérieur le fléau
de la discorde et au dehors celui de la guerre.

Si telle est la cause dominante du mal qui
désole maintenant l'Europe, le plan de réforme
que doivent adopter les divers partis de la classe

dirigeante est tout tracé : garantir au peuple le pain quotidien, en restaurant dans les cœurs les vieilles traditions de patronage. Trois conséquences se produiront alors spontanément : les nations seront réorganisées par l'entente mutuelle des patrons et des clients ; les classes dirigeantes, appuyées sur leurs ouvriers et leurs serviteurs, inculqueront aux gouvernants l'esprit de paix qui les anime ; les gouvernants, enfin, s'emploieront sans arrière-pensée à établir l'Union européenne de petits États.

RÉSUMÉ ET CONCLUSION

DE LA BIBLIOTHÈQUE SOCIALE

Au moment où notre école crée une revue nommée *la Réforme sociale*, son premier organe dans la presse périodique, je crois utile de signaler ici, sous la forme la plus sommaire, la nature de l'enseignement qui doit y être donné. Cette publication sera un moyen à la fois de propager la connaissance des résultats déjà obtenus et d'en assurer le contrôle ou le développement[1].

Depuis 1855, cet enseignement est exposé longuement dans des conférences privées, et formulé avec quelque détail dans la Bibliothèque de l'école. Tout récemment, un groupe d'écono-

---

[1] V. au Document annexé l'historique des développements qu'a reçus la revue *La Réforme sociale* depuis sa fondation.

mistes en a extrait, sous sa responsabilité, un *Programme de gouvernement et d'organisation sociale*. Je viens de coordonner, dans le présent livre, les éléments essentiels de la constitution des sociétés. Enfin, je termine ce livre par le résumé et la conclusion de tous ces travaux.

Le but que notre école veut atteindre est le bonheur des sociétés humaines, cherché sans aucune pensée captieuse d'intérêt personnel ou national. En principe, le champ de nos travaux est sans bornes ; en fait, si notre tradition est suivie par nos successeurs, il sera toujours limité par une méthode sûre. Cette méthode, qui a pour bases les indications de l'histoire et surtout l'observation des sociétés contemporaines, conservera à nos publications les caractères de la précision et de la netteté.

Le bonheur des sociétés a pour fondements la stabilité et la paix. Ces deux conditions existent dans la société si elles sont acquises à la famille. Celle-ci, en effet, est l'élément complet des sociétés simples éparses et nomades, qui comprennent deux sortes de races : les sauvages, voués à la récolte des productions spontanées par la chasse, la pêche et la cueillette ; les pasteurs qui, disposant aussi de ces mêmes récoltes, exploitent principalement les steppes par l'industrie du pâturage. Au plus haut degré du bonheur que peuvent atteindre ces sociétés, les familles sont égales et indépendantes. Elles ne peuvent s'enrichir en vendant à des étrangers le superflu de leurs récoltes. Le genre de travail qui leur est imposé est à la portée de toutes les intelligences ; en outre, l'apprentissage en est naturel, car il offre à la jeunesse l'attrait d'un exercice violent, et surtout de la lutte contre le hasard. Dans cette condition des sociétés, la souffrance est développée par les causes indiquées plus loin ; mais, en général, toutes les familles sont également préservées ou envahies ; en sorte qu'il est vrai de dire : tant vaut la famille, tant vaut la société.

Il en est autrement dans les sociétés compliquées, sédentaires et agglomérées. La majorité des familles y est placée dans un état relatif d'inégalité et de dépendance. Çà et là, le travail a pour objet dominant la pêche côtière, l'exploitation des forêts et des mines ; presque partout il est exercé par trois classes prépondérantes : les agriculteurs, les manufacturiers et les commerçants. La vente des produits est un moyen permanent d'acquérir la richesse ; cette acquisition varie dans des proportions énormes selon la nature spéciale des produits, et surtout selon l'inégalité naturelle et innée des intelligences ; enfin, l'apprentissage du travail est pénible, parfois répugnant ; et de là résulte encore pour les familles une cause puissante d'inégalité. Dans cette organisation des sociétés, une élite d'hommes riches, savants ou forts, s'élève spontanément sous les régimes de liberté, en présence d'une classe composée de pauvres, d'ignorants ou de faibles ; et, comme ces intelligences d'élite sont relativement rares, les familles de la seconde classe sont en général plus nombreuses que celles de la première. On s'explique donc la cause du contraste signalé ci-dessus, dans le degré de bonheur acquis aux deux catégories de familles. On peut indiquer en peu de mots la formule de ce contraste : chez les sociétés les plus simples, le degré de bonheur est fixé invariablement par l'état uniforme de familles placées dans des conditions d'égalité et d'indépendance ; chez les sociétés les plus compliquées, ce degré varie à l'infini, selon les rapports qui existent entre des familles inégales, mais rapprochées par une dépendance réciproque.

En ce qui touche la condition des sauvages et des pasteurs, j'ai résumé l'enseignement de la Bibliothèque dans le présent livre, sous la forme la plus sommaire qu'il m'ait été possible d'employer. J'ai signalé spécialement la simplicité extrême que présentent chez ces nomades les éléments de la Constitution essentielle, et les causes de prospérité ou de souffrance qui les distinguent. Enfin, j'ai indiqué comment plusieurs de ces peuples se sont compliqués dans l'histoire, en traversant successivement les trois âges du travail. Je ne saurais abréger davantage ce résumé; je me contente ici d'y renvoyer le lecteur.

L'objet principal de la Bibliothèque est la guérison de la souffrance qui grandit chaque jour chez la plupart des nations compliquées. J'ai donc décrit les formes complexes que prend chez ces nations la Constitution essentielle. J'ai insisté également sur la connexion qui existe entre la violation des principaux éléments de cette constitution et l'état actuel de souffrance.

La Constitution essentielle des nations compliquées est le développement naturel du Décalogue, c'est-à-dire des dix commandements qui sont le texte fondamental de la loi suprême chez toutes les races prospères. Les quatre premiers instituent l'autorité qui réprime dans l'enfance et la jeunesse l'action du vice originel. Le père et la mère se procurent cette autorité en obéissant à deux inspirations : l'une spontanée, qui émane de leur amour inné pour les enfants et développe naturellement l'affection de ces derniers; l'autre réfléchie, fruit de l'expérience universelle qui montre la paix de la famille liée au culte de Dieu. Enfin, ils transmettent aux générations successives la possession de la propriété et l'apprentissage du travail qui assurent le pain quotidien. Les six derniers formulent les prescriptions de la loi morale : ils interdisent l'ho-

micide et le mensonge, condamnent le vol et
même le simple désir de la propriété d'autrui ;
enfin ils règlent par l'institution du mariage
l'appétit sensuel le plus dangereux. La pratique
du Décalogue, en résumé, procure à la famille
comme à la société les deux biens fondamentaux : la stabilité en assurant la subsistance ; la
paix en supprimant les principales causes de conflit entre les individus, les familles et les nations.

Chez les races simples et prospères, le père
et la mère enseignent eux-mêmes la loi suprême
à leurs enfants, en surveillent l'application et en
répriment les infractions. Chez les nations compliquées, ils ne suffisent plus à l'accomplissement
de ces devoirs. Trois classes de la société suppléent à l'impuissance de la plupart des parents.
Les classes dirigeantes, inspirées par l'esprit de
patronage, procurent les moyens de travail ou
de subsistance aux familles qui en sont dépourvues. Deux corps publics, soutenus par l'esprit
de paternité, veillent au service de la loi morale :
les ministres de la religion enseignent la loi ;
les ministres de la souveraineté en surveillent
l'exécution ou punissent les attentats dont elle
est l'objet. Quand ces classes font leur devoir,
la société prospère. Quand elles l'oublient ou le
violent, la société souffre ou dépérit : la France
est maintenant tombée, avec la plupart des nations du Continent, dans cette dernière condition.

La région qui souffre le plus de cet état de choses est signalée sur l'*État physique et social du globe terrestre*, inséré ci-dessus à la fin du chapitre V. La réforme de cette région m'apparaît depuis longtemps comme le point de départ de la réforme des deux mondes. Le règne permanent de la paix dans ce groupe est l'un des résultats dont la Revue intitulée *La Réforme sociale* démontrera souvent la nécessité. C'est avec l'espoir de réussir que je l'ai appelé dès à présent l'*Union européenne des petits États* [1].

L'obstacle qui entrave la plupart des réformes est l'esprit de violence qui se substitue à l'esprit de paternité chez les gouvernants européens. Assurément, l'homicide, qui est la manifestation extrême de violence interdite par le Ve commandement, est un désordre social aussi vieux que l'humanité. Les effusions de sang n'ont guère cessé de désoler l'Europe. Les annexions forcées de territoires, qui brisent les traditions d'autonomie ou de souveraineté, ont été parfois plus sensibles aux populations. Ces dernières

---

[1] *La Réforme sociale* a, en effet, souvent discuté les moyens pratiques soit de réaliser l'Union européenne des petits États, soit de diminuer le danger menaçant de la guerre et les charges de la paix armée. V. surtout : *La Ligue de la paix et les États-Unis d'Europe,* par M. Ad. Focillon (16 mars 1888) ; *De la Solution pacifique des conflits internationaux,* par M. J. Lacointa (1er avril 1887) ; *L'Arbitrage international et ses récents progrès,* par MM. Arthur Desjardins et Frédéric Passy, de l'In-

formes de violence se sont beaucoup développées en Europe depuis le temps où la France, avec des ménagements infinis pour les libertés locales, s'annexait la Provence et la Bretagne. La recrudescence qui s'est produite dans le fléau des annexions date surtout des partages de la Pologne[1]. Elle se manifeste en ce moment plus que jamais par le démembrement de la Turquie.

J'ai exposé ci-dessus (V, 13) les motifs qui, dès à présent, conseillent aux nations européennes de renoncer à leurs haines et à leurs convoitises séculaires. Il conviendra souvent de développer ces motifs dans *la Réforme sociale*. Je les rappelle donc ici sous leur forme la plus brève.

La situation du monde social est complètement changée, depuis que l'invention des voies ferrées a constitué l'ordre de choses nommé dans le présent livre « l'âge de la houille ». Quatre grands empires, ayant à leur portée des territoires déserts, ou bien devenus assez puissants

---

[1] J'ai constaté dans mes voyages que la plaie ouverte par ces partages est toujours saignante. Malgré la réserve que je me suis imposée dans tous mes écrits touchant le blâme même indirect des nations étrangères, j'ai ici un puissant motif pour citer cet événement. Je le rappelle chaque jour, non pour critiquer des nations amies, mais pour signaler à mes concitoyens le danger auquel s'exposent nos partis politiques lorsqu'ils renversent par la violence le gouvernement établi, au lieu de démontrer au peuple par la sagesse de leur conduite publique et privée que l'intérêt

pour conquérir par la voie de mer les rivages fertiles de l'Océan, prennent, sous nos yeux, une expansion irrésistible. En fait, les autres nations européennes qui ont eu jadis la prépondérance sont réduites à la condition de petits États. Comme je l'ai démontré, elles ne peuvent désormais conserver, en toute sécurité, leur autonomie qu'en s'unissant par les liens de la confédération. Cette union doit avoir essentiellement pour objet la suppression des guerres internationales et du régime actuel de paix armée. Aux débuts de son enseignement, l'école de la paix sociale ne pouvait guère invoquer, à l'appui de cette vérité, que les prescriptions de la loi morale. Depuis deux années, elle insiste auprès des gouvernants sur la nécessité d'assurer le pain quotidien aux peuples de la future Union. Grâce aux « pyroscaphes [1] » et aux voies ferrées, la Nouvelle-Angleterre et ses confédérés organisent maintenant une concurrence manufacturière et agricole redoutable pour les producteurs européens. Déjà les riches fermiers de l'Angleterre vont par centaines acheter, à des prix infimes, des territoires fertiles que la présence des sauvages et l'absence des voies de transport rendaient précédemment inabordables [2].

[1] J'exprime ici le vœu que ce mot, usité dans le dialecte français de la Russie, remplace la formule de « bateaux à vapeur ».

[2] M. Rudolf Meyer, l'un des publicistes les plus perspicaces de

Une transformation aussi décisive se prépare en ce moment sous l'impulsion des Chinois, qui viennent maintenant par milliers étudier les sciences et les arts de l'Europe. Ils commencent même à l'opérer dans les provinces de leur patrie, qui sont cent fois plus riches en houille que les bassins carbonifères de l'Europe continentale[1].

Les obstacles qui ont entravé jusqu'à présent l'Union européenne des petits États retardent également l'adoption des autres réformes nécessaires. Partout elles ont leur source principale, soit chez les classes dirigeantes qui n'exercent plus les devoirs du patronage, soit dans les corps publics qui ont perdu l'esprit de paternité. L'é-

l'Allemagne du Nord, a développé en novembre et décembre 1880, dans le *Vaterland* de Vienne, le fait que je signale, et il en induit naturellement la nécessité de la paix en Europe. M. Meyer, quoique protestant, est accueilli, grâce à ses talents, par le principal organe des catholiques autrichiens. Je fais des vœux pour que l'apaisement des discordes civiles lui permette de rentrer dans sa patrie. C'est, en effet, le pays qui exerce maintenant la prépondérance sur les États de la future Union, et qui peut défendre le plus utilement la cause de la paix. J'exprime également le désir que MM. Schæfle, de Stuttgart ; Roscher, de Leipzig ; Engel et Wagener, de Berlin, ainsi que les autres savants et économistes de l'Allemagne du Nord, nous prêtent leur concours en ce qui touche l'Union européenne des petits États.

[1] Les Chinois les plus perspicaces sont convaincus de l'expansion réservée à leur race dans un prochain avenir. Un juré français à l'exposition universelle de Vienne, qui fut mon collaborateur aux expositions universelles de Paris, raconte à ce sujet un fait curieux. Ayant rendu service au commissaire chinois délégué à cette exposition, il a reçu de lui un éventail sur lequel ce haut fonctionnaire recommandait à ses descendants de respecter la demeure de son ami quand ils envahiraient Paris.

crivain qui entreprendrait de signaler la part
prise par chaque race à l'œuvre actuelle d'inertie
et de corruption soulèverait des débats sans fin ;
il aggraverait, au lieu de les amoindrir, les difficultés de la réforme. En pareille matière, chaque
nation, après avoir fait son examen de conscience,
doit dire elle-même son *meâ culpâ*. C'est ainsi
que, dans le chapitre V, j'ai indiqué en termes
généraux les causes principales de la souffrance
chez les Européens modernes, tandis que j'ai insisté sur la part de responsabilité qui retombe
spécialement sur nos ancêtres et sur nous-mêmes.
Je présente ici le résumé de ces détails au lecteur qui n'a pas le loisir de s'y reporter.

L'heureuse conclusion de la guerre de Cent
ans (1453) fut pour la France le commencement
d'une ère de réforme. La noblesse, fatiguée de
la vie des camps, revint alors à ses résidences
rurales, et continua, dans la paix et la vertu,
les traditions de patronage qui, sous le régime
du moyen âge, se perpétuaient malgré les discordes civiles. Malheureusement, les germes de
corruption semés par les guerres d'Italie[1] se dé-

---

[1] Ce contraste de vertu et de corruption est clairement indiqué
dans le passage suivant de Commines : « Le peuple (italien) nous
advoüait comme saincts, estimans en nous toute foy et bonté.
Mais ce propos ne leur dura guères, tant par notre désordre et
pillerie, et qu'aussi les ennemis preschoient le peuple en tous
quartiers, nous chargeans de prendre femmes à force, et l'argent, et autres biens où nous les pouvions trouver. » (Philippe

veloppèrent à la cour fastueuse des derniers
Valois (1515). Le mal, propagé par les classes
dirigeantes, fut aggravé par les désordres des
clercs et des gouvernants. Ce mal eut pour conséquences la réaction exercée par le protestan-
tisme et les catastrophes amenées par les guerres
de religion. La prospérité reprit son cours, grâce
aux édits de 1598 et de 1629, qui établirent
l'esprit de paix entre les catholiques et les
protestants. La révocation de ces mêmes édits,
en 1685, réveilla les passions religieuses et ra-
mena la souffrance. A partir de cette date funeste commença une ère de décadence. Elle avait
été préparée, dès 1661, par le gouvernement
personnel d'un souverain qui unissait la corruption des mœurs à l'esprit de tyrannie. Cette
décadence s'aggrave depuis deux cent vingt
années, malgré les succès transitoires obtenus
par des hommes de talent et de génie. Ces
hommes, en effet, entravés par les débordements
du vice et de l'erreur, n'ont pu fonder aucune
institution durable. Sous l'impression momenta-
née des catastrophes nationales, ils ont su tirer
parti des forces morales qui, après la corruption
des derniers Valois, avaient été restaurées en
France vers 1648. C'est précisément à cette époque
que l'Alsace fut réunie au territoire français.

de Commines, *Mémoires relatifs à l'histoire de France,* collection Petitot; Paris, in-12, 1820; tome XIII, p. 38.)

Ces forces ont été progressivement affaiblies
r la plupart des gouvernants qui se sont suc-
'dé depuis 1661. Sous le régime de la monar-
ie en décadence, cette œuvre de destruction
est opérée par l'influence de trois faits prin-
ipaux. La riche noblesse de la province, en-
assée, pendant un siècle, dans les combles et
es entresols de Versailles, a perdu, loin de ses
ésidences, l'esprit de patronage qui l'unissait
ux populations rurales; elle s'est imprégnée des
nauvaises mœurs qu'elle avait sous les yeux,
t, à son tour, elle a corrompu les jeunes sou-
erains et le personnel de leur parenté qui
vaient été élevés sous les meilleures influences.
les dignitaires ecclésiastiques, choisis par les
ouvernants dans la parenté de cette noblesse
le cour, et privés depuis 1685 du contrôle na-
urel qu'exerce partout le rapprochement de deux
ultes, défaillirent peu à peu et abaissèrent le
niveau de la corruption jusqu'à la riche bour-
geoisie des villes. Les gouvernants enfin, guidés
par les légistes, achevèrent, par l'emploi de
manœuvres captieuses[1], l'envahissement des
anciennes libertés provinciales et locales.

---

[1] En 1662 Colbert, ayant augmenté sans ménagement les impôts
indirects, provoqua une révolte des paysans dans le Boulonnais.
Il profita de cette circonstance pour supprimer les anciennes fran-
chises de la province. Il envoya sur les lieux le sieur de Machault,
maître des requêtes, pour faire une enquête qui pût justifier cette
mesure. Il lui écrivit à cette occasion : « Il est d'une très grande

La révolution de 1789 et celles qui furent 1
conséquence logique du « droit de révolte » (VI,
continuèrent l'œuvre de la monarchie en déca
dence. Elles ont en outre introduit en Franc
des désordres sociaux que l'ancien régime ava
à peine connus, ou avait oubliés depuis long
temps. Ainsi, par exemple, en renversant par 1
violence le gouvernement traditionnel, et en in
stituant par la force trois autres formes de gou
vernement, elles ont ramené, en les aggravant
les luttes pour la souveraineté qui avaient désol
la France aux tristes époques de la Ligue et d
la guerre de Cent ans. Les députés à l'Assemblé
constituante ont poursuivi l'œuvre d'ébranlemen
que la monarchie avait commencée, malgré la ré
sistance des corps constitués, en désorganisan
l'ancien régime du travail, sans le remplacer pa
un équivalent. Ils prétendirent combler cett
lacune en revendiquant pour l'État des attribu
tions auxquelles aucun gouvernement ne saurai
suffire[1]. Les faux principes établis par le gou

conséquence que vous dirigiez vos informations et procédures e
sorte qu'il soit évident que Sa Majesté aura beaucoup de raison.
et de justice d'exécuter cette pensée..., ce que je ne doi te poin
que vous ne fassiez aisément, et par la qualité de la chose... et
par votre adresse et la facilité que vous avez de donner aux
affaires la face que l'on souhaite. » (*Archives de la marine;
recueil de diverses lettres*, fo 31.)

[1] « Il ne doit pas être permis aux citoyens de s'assembler pour
leurs prétendus intérêts communs. C'est à la nation, c'est aux
officiers publics, en son nom, à fournir des travaux à ceux qui

vernement de l'infortuné Louis XVI et par l'Assemblée constituante n'ont pas tout d'abord porté
leurs fruits : pendant deux générations, la force
des mœurs a conjuré l'antagonisme social, conséquence naturelle de la séparation des intérêts
qui unissaient autrefois le maître au serviteur.
J'ai constaté personnellement, à plusieurs symptômes, qu'avant 1830 la paix continuait à régner, même dans les grands ateliers parisiens[1].
L'antagonisme s'est manifesté à la révolution de
1848, et, depuis lors, il s'est constamment développé. L'événement le plus funeste de la révolution a été la destruction de l'autorité paternelle,
c'est-à-dire de la force sociale qui pourvoit aux
deux besoins essentiels de l'humanité. Ce désordre a eu pour origine la loi du 7 mars 1793,
qui a prescrit le partage forcé des héritages. Il
a été encore aggravé par des dispositions ulté-
rieures. Chaque jour, la possession du pain quotidien est compromise parce que le père n'a
plus le pouvoir de transmettre intégralement le
foyer domestique et les instruments de travail
acquis aux générations précédentes. La pratique

en ont besoin, et des secours aux infirmes. » (Réponse de Le
Chapelier, député, faite au nom de l'Assemblée constituante, le
14 juin 1791, à une députation des ouvriers de Paris.)

[1] Ainsi, par exemple, « la fête de la lumière » se perpétuait ;
le jour d'automne où commençait l'éclairage de l'atelier, le maître
réunissait, dans un dîner, tous ses ouvriers à sa propre famille ;
les femmes et les filles étaient invitées au bal qui suivait ce dîner.

de la loi morale offre encore plus de défaillances, parce que l'amoindrissement de l'autorité paternelle diminue la piété filiale, c'est-à-dire le premier principe d'une bonne éducation. Par ces deux motifs, la famille est devenue impuissante au point de ne plus remplir, même dans la vie privée, ses fonctions traditionnelles. C'est ainsi qu'a été amené, par la force impérieuse des choses, le développement exagéré des corporations religieuses qui suppléent aujourd'hui à cette impuissance [1].

En résumé, la souffrance actuelle de notre pays est la conséquence des attentats accumulés contre la Constitution essentielle par les vices et les erreurs de l'ancien régime en décadence et par les violences de la révolution. La réforme consiste à rendre à la nation la paix dont elle jouissait aux bonnes époques de son passé, à savoir, quand les institutions et les mœurs donnaient satisfaction aux deux besoins essentiels ; quand toutes les classes étaient unies par l'attachement aux bonnes coutumes de la souveraineté.

Quant à la réforme qui mettra fin aux luttes soulevées par le choix de la forme de gouvernement, elle n'est pas plus avancée que la précédente. Les maux déchaînés par ce genre spécial

[1] Voir *la Réforme sociale,* 7ᵉ édition, chapitre 46, §§ XII, XIII et XIV.

de souffrance ont même un caractère aigu que
n'offrent pas au même degré les atteintes portées
à la satisfaction des deux besoins essentiels. Un
contraste presque absolu existe, à cet égard,
entre la France et les autres nations. Ainsi, par
exemple, l'Angleterre et la Suède, après avoir
cruellement souffert, depuis le xviie siècle, par
la violation de la Constitution essentielle, ont
réussi de nos jours à retrouver la paix sociale.
Ce contraste s'explique naturellement : il est dû
à l'opposition que l'histoire signale dans la conduite tenue par les classes dirigeantes et les
gouvernants. Chez les Anglais et les Suédois,
les deux classes ont été inspirées par l'esprit
de conciliation. Après des luttes acharnées, elles
sont enfin tombées d'accord sur la distinction
qu'il fallait établir entre les « principes » et les
« coutumes » de la Constitution essentielle
(III, 6 et 9). Elles ont appliqué cet esprit de
paix à toutes les questions qui engendraient
successivement la discorde.

En France, c'est l'esprit opposé qui a définitivement prévalu. En effet, au commencement du
xviie siècle, l'opinion publique était divisée sur
deux points principaux : il y avait alors à résoudre la question religieuse et la question
politique. La première, grâce à l'accord des
classes dirigeantes et des gouvernants, manifesté
par l'édit de 1629, reçut une solution qui excita

l'admiration de l'Europe, et qui s'accrédite aujourd'hui de plus en plus. Cette solution impliquait le changement de la coutume européenne qui jusque-là avait été fondée sur l'unité de croyance. La seconde question, au contraire, loin d'être résolue par l'esprit de paix, fut compromise par la violence qui, divisant les classes dirigeantes et les gouvernants, éclata à l'époque de la Fronde. Les coutumes de la souveraineté furent, en apparence, maintenues comme au temps des derniers Valois; en fait, elles furent profondément modifiées avec le temps, sans le concours contradictoire des classes dirigeantes, c'est-à-dire dans un sens contraire aux libertés traditionnelles de la nation, par les mesures violentes et les manœuvres captieuses des gouvernants. Depuis l'époque de la Fronde, l'abîme s'est constamment creusé entre la nation et le principe de la souveraineté; le mal s'est surtout manifesté, comme on le voit aujourd'hui plus que jamais, par la perte du respect qui est indispensable à la pratique de ce principe sous toutes les formes de gouvernement. J'ai dit dans la Bibliothèque, j'ai redit sommairement dans le chapitre V du présent livre, et enfin je viens de résumer dans cette conclusion, les causes qui, aggravant sans relâche les discordes politiques de la Fronde, ont créé « la question sociale ». Celle-ci n'a pu être résolue ni même abordée de 1871 à 1873, parce que l'esprit de conciliation continue à faire défaut aux classes dirigeantes comme aux gouvernants.

Telle a été dans le passé l'impuissance de mes concitoyens à chercher, d'un commun accord, les modifications qu'il fallait apporter aux coutumes de la souveraineté. Quant à l'avenir, la réforme dépend d'une alternative qui reste douteuse. Les quatre partis politiques qui se perpétuent, chez les classes dirigeantes comme chez les gouvernants, persévéreront-ils dans l'aveuglement qu'ils montrent depuis 1871, malgré les dernières catastrophes nationales? Cesseront-ils, au contraire, de se diviser sur les coutumes de la souveraineté, et se décideront-ils enfin à résoudre en commun l'ensemble de la question sociale, qui amènerait parmi eux un commencement d'union? Prévoyant l'obstacle contre lequel ces partis se sont heurtés, j'avais mis à leur disposition un terrain neutre, celui de notre école, où ils pouvaient s'inspirer de l'esprit de paix. Quelques sages de chaque parti ont profité de l'accueil qui leur a été fait sur ce terrain pour échanger, avec les membres de l'école, une correspondance qui tendait à la conciliation et qui a été en partie publiée dans la Bibliothèque sociale [1]. Ces moyens de conciliation restent acquis aux hommes de paix.

---

[1] *Correspondance des Unions*, surtout les n⁰ˢ 1, 2, 4 et 5.

Le présent livre est le résultat de l'enquête que je poursuis depuis un demi-siècle, avec le concours de mes amis, sur la France, l'Europe et l'occident de l'Asie. J'ose espérer que cette publication n'éveillera, chez les nations étrangères, aucune susceptibilité nationale, et qu'elle sera partout considérée comme une œuvre de paix. Au début de mes travaux, à l'époque où éclata la révolution de 1830, j'ai été surtout inspiré par le désir de conjurer le retour des effusions de sang. Toutefois je ne tardai pas à comprendre qu'au fond, les institutions nécessaires à la paix de mon pays étaient liées intimement à celles qui en étendraient le bienfait aux autres États européens. Je me confirmai dans cette opinion en la voyant partagée par cette classe spéciale de sages qui se préoccupe en tous lieux de satisfaire les deux besoins essentiels de l'humanité, et que j'ai appelés « les Autorités sociales », avant de savoir que Platon les avait découverts, il y a vingt-trois siècles, et les avait décrits en les nommant « les hommes divins ».

Cette communauté d'opinions m'a tout d'abord attiré vers ces hommes qui sont partout signalés aux voyageurs par l'affection et le respect des populations environnantes. J'ai trouvé parmi eux le meilleur encouragement pour persévérer dans des études difficiles, les guides les plus sûrs pour choisir les sujets de mes observations, et enfin de solides amitiés que je place au premier rang parmi les récompenses de mes travaux. Cependant les Autorités sociales, absorbées dans la pratique d'un art usuel, peu disposées à enseigner autrement que par cette pratique même les devoirs imposés aux classes dirigeantes, étrangères d'ailleurs aux agitations politiques de notre époque, ne sont guère en mesure de contribuer aujourd'hui aux réformes que réclame la souffrance actuelle de l'Europe. J'ose donc faire appel aux savants et aux écrivains de la France et de l'étranger qui ne subordonnent point à une idée préconçue la conception de ces réformes. Je leur en signale ici les deux conditions préalables : comme but, l'Union européenne des petits États ; comme moyen de ralliement à cette œuvre commune, l'enseignement de la « Constitution essentielle ». Quant au plan à suivre pour cet enseignement, il doit ranger en deux groupes distincts les éléments de la constitution : d'un côté, les *principes* qui restent permanents chez toutes les races prospères ; de l'autre, les *coutumes* qui varient, chez les nations compliquées et progressives, selon l'état des mœurs, la nature des lieux et du climat, l'abondance relative du sol disponible, l'emploi attribué au territoire par le régime du travail et des transports.

DOCUMENT ANNEXÉ

LA BIBLIOTHÈQUE SOCIALE

SOMMAIRE

§ 1. Composition de la Bibliothèque en 1881.

§ 2. Mode adopté pour subdiviser les matières de chaque ouvrage, afin de compléter clairement les autres par des renvois à ces subdivisions.

§ 3. Histoire de la Bibliothèque.

§ 4. Concours apporté par la maison Mame, de Tours, à la création de la Bibliothèque et à la réforme sociale de la France et de l'Europe.

§ 5. Jugements sur la Bibliothèque, émis en Angleterre, en Allemagne et en France. (Extraits sommaires.)

§ 6. Régime adopté, en 1881, par l'école de la paix sociale pour la vente des ouvrages de sa Bibliothèque.

§ 7. L'école de la paix sociale, sa revue périodique et son avenir.

APPENDICE

I. — Sur l'ouvrage intitulé *Les Ouvriers européens.*

II. — Sur l'ouvrage intitulé *La Réforme sociale en France.*

III. — L'École de la paix sociale et ses publications en 1893 :

1. La Société internationale d'économie sociale et *les Ouvriers des Deux mondes.* — 2. Les Unions de la paix sociale. — 3. L'enseignement social. — 4. La revue *La Réforme sociale.* — 5. La bibliothèque de la paix sociale.

LA BIBLIOTHÈQUE SOCIALE

§ 1

Composition de la Bibliothèque en 1881.

Sous ce titre « la Bibliothèque sociale », je comprends les nombreux documents que j'ai publiés sur la science sociale depuis 1855, après avoir observé sans rien écrire, pendant vingt-six années, les populations de l'Europe et de l'Asie occidentale. J'ai été secondé dans la réunion des matériaux par divers collaborateurs. J'ai cité les noms des personnes qui m'ont donné ce genre de concours ; mais j'ai souvent regretté de ne pouvoir vaincre, sur ce point, les résistances opposées à mon désir. C'est ce qui est arrivé notamment pour la publication des monographies de familles, qui constituent la partie essentielle de mon principal ouvrage *les Ouvriers européens*. J'ai signalé en tête de chacune d'elles les hommes qui m'ont secondé dans l'observation des faits ; mais je n'ai pu citer que deux fois les noms des femmes qui, vu leur aptitude spéciale pour les choses de la vie domestique, ont été presque partout mes principaux auxiliaires.

Le tableau synoptique inséré ci-après ne signale pas tous les documents composés par moi ou publiés sous ma direction. Il comprend tous les ouvrages nécessaires à la bibliothèque d'un homme studieux qui veut connaître les vérités de la science sociale et lire avec fruit la presse périodique de l'école.

TABLEAU SYNOPTIQUE DE LA BIBLIOTHÈQUE SOCIALE EN 1881

TITRES DES OUVRAGES	TITRES ABRÉGÉS POUR LES RENVOIS
OUVRAGES PUBLIÉS AU 1er MARS 1881	
Les Ouvriers européens, 1re édition, 1 vol. in-folio	O e, 1855.
Les Ouvriers européens, 2e édition, 6 vol. in-8o.	O e, 1877-1879.
Tome I. *La Méthode d'observation;* ou le même tome légèrement modifié pour l'école des voyages ; tiré hors de la série, sous le titre de *La Méthode sociale.*	O e, I — M s.
Tome II. *Les Ouvriers de l'Orient à familles stables*	O e, 1877, II.
Tome III. *Les Ouvriers du Nord à familles stables.*	O e, 1877, III.
Tome IV. *Les Ouvriers de l'Occident à familles stables.*	O e, 1877, IV.
Tome V. *Les Ouvriers de l'Occident à familles ébranlées*	O e, 1878, V.
Tome VI. *Les Ouvriers de l'Occident à familles désorganisées.*	O e, 1878, VI.
Les Ouvriers des deux mondes, 5 vol. in-8o	O m, 1857-1875.
Tome Ier. 1857.	O m, 1857, I.
Tome II. 1858.	O m, 1858, II.
Tome III. 1861.	O m, 1861, III.
Tome IV. 1862.	O m, 1862, IV.
Tome V. 1re partie, 1875. (V. ci-après Appendice de 1893, III. 1 et 5.).	O m, 1875, V.
La Réforme sociale en France, 6e édit., 4 vol. in-18	R s, 1878.
L'Organisation du travail, 4e édit., 1 vol. in-18	O t, 1877.
L'Organisation de la famille, 2e édit., 1 vol. in-18	O f, 1875.
La Paix sociale après e désastre e 871, 2e édit., 1 vol. in-18	P s, 1876.
La Correspondance sociale, 8 broch. in-18	C s, 1875.
La Constitution de l'Angleterre, 2 vol. in-18	C a, 1875.
La Réforme en Europe et le Salut en France, 1 vol. in-18	R e, 1875.
La Question sociale au xixe siècle, 1 broch. in-18	Q s, 1879.
La Constitution essentielle de l'humanité, 1 vol. in-18	C e, 1881.
ESSAIS PROGRESSIFS DE PUBLICATIONS PÉRIODIQUES	
Bulletins annuels de la Société d'Économie sociale.	
Tome Ier. 1865 et 1866.	B p, 1865-1866.
Tome II. 1867 et 1868.	B p, 1867-1868.
Tome III. 1869 à 1872.	B p, 1869-1872.
Tome IV. 1873 à 1875.	B p, 1873-1875.
Tome V. 1875 à 1877.	B p, 1876-1877.
Tome VI. 1878 à 1879.	B p, 1878-1879.
Tome VII. 1re partie, 1880	B p, 1880.
Annuaires des Unions et de l'Économie sociale.	
Tome Ier. 1875. — Publication annuelle.	A p, 1875.
Tome II. 1876. — —	A p, 1876.
Tome III. 1877 et 1878. — Publication trimestrielle.	A p, 1877-1878.
Tome IV. 1879. — —	A p, 1879.
Tome V. 1880. — —	A p, 1880.
FONDATION DÉFINITIVE DE LA PRESSE PÉRIODIQUE	
La Réforme sociale. — Revue bi-mensuelle. (V. ci-après Appendice de 1893, III, 4 et 5.). .	R p, 15 janv. 1881.

Ce tableau synoptique, complété ci-après par l'histoire de la Bibliothèque sociale (§ 3), indique à la fois le but que se sont proposé les fondateurs de cette institution, la voie qu'ils ont suivie depuis 1855, et le point précis qu'ils ont atteint le 15 janvier 1881, c'est-à-dire au moment même où j'écris ces lignes. Le but est la publication du plan de réforme signalé pour la première fois dans *les Ouvriers européens*. La voie suivie est celle qui nous a conduits, grâce à une série d'efforts persistants et progressifs, de la publication de ce livre à l'institution d'une vraie presse périodique. Le point d'arrivée est la distribution du premier numéro de la revue nommée *la Réforme sociale*, instituée par une corporation commerciale, ayant pour titre « Société de la réforme sociale ». Je vais indiquer successivement le régime financier de cette corporation, puis les conditions de succès, en vue desquelles les fondateurs l'ont adopté.

Dès l'année 1856, époque où fut fondée la Société d'économie sociale, je fus souvent invité par l'Empereur, par les membres de l'Académie des sciences, par le baron James de Rothschild et les riches commerçants qui accordaient leur patronage à cette société, à lui créer un organe dans la presse périodique. Ces instances redoublèrent en 1865, quand l'impuissance relative des livres eut été constatée : lorsque, malgré la publication des *Ouvriers européens* et de *la Réforme sociale* (1864), le Corps législatif rejeta la proposition de M. le baron de Veauce tendant à restaurer l'autorité paternelle.

Les patrons de la Société d'économie sociale con-
stituèrent alors un capital de 120 000 francs, qui
fut jugé nécessaire pour la fondation d'une revue
hebdomadaire, ayant pour but la réforme sociale
de la France. Aux termes des lois françaises, les
personnes qui avaient pris l'engagement de fournir
ce capital durent adopter un projet d'acte qui en
attribuait l'exploitation à une société commerciale en
commandite ; mais elles n'avaient nullement le gain
pour objet. Loin de là, elles avaient l'intention bien
arrêtée d'allouer, à titre d'encouragement, au gérant
et aux rédacteurs, les intérêts et les bénéfices que cet
acte attribuait aux fondateurs de la société. En conséquence, dans le cas où leur projet aurait été mis
à exécution, elles se proposaient d'appeler cette société « la corporation de la réforme sociale ». Bien
que la principale difficulté de ce genre d'entreprise
fût ainsi écartée par la générosité des fondateurs,
notre projet ne fut point réalisé pendant les cinq
années qui précédèrent la chute de l'empire. Nous
ne pouvions alors nous appuyer sur les convictions
énergiques qu'a développées aujourd'hui dans le cœur
d'une jeunesse dévouée au salut de la patrie l'enseignement donné par notre école sur l'art des voyages
et les monographies des familles ouvrières. Nous
échouâmes par conséquent dans toutes les recherches
qui furent faites à cette époque pour réunir les
rédacteurs capables de mener l'entreprise à bonne
fin.

Aujourd'hui, en ce qui touche les deux conditions
de succès nécessaires à cette même entreprise, la

8*

situation est complètement renversée. L'ancien patronage de la Société d'économie sociale a été en grande partie désorganisé par les révolutions et les catastrophes nationales. Nous ne disposons plus du capital qu'avait réuni la « corporation commerciale de 1865 »; mais, par compensation, ces événements mêmes ont excité le zèle des membres survivants de cette corporation; et, grâce à leur concours, l'école de la paix sociale a été fondée sur un enseignement solide. L'organisation de cet enseignement, donné jusqu'à ce jour exclusivement dans la vie privée, forme en ce moment plusieurs maîtres qui, unissant la connaissance du monde moral à celle du monde physique, offrent déjà les premiers rudiments du personnel apte à fonder l'université sociale (VI, 10). Ces maîtres, de leur côté, en enseignant l'art des voyages et la méthode, ont formé des disciples dressés à la connaissance des vérités sociales par le travail des monographies de familles. C'est parmi les hommes ainsi formés que notre nouvelle corporation a trouvé les rédacteurs de sa revue et le rédacteur en chef gérant. Quant à la difficulté que nous opposait la situation financière, nous n'avons pas tenté de la résoudre en faisant appel à la Société d'économie sociale et aux Unions de la paix. Nous savons que, dans les circonstances actuelles, elles ont engagé leurs ressources pour d'autres œuvres de bien public. Nous nous sommes donc décidés, mes amis et moi, à nous contenter provisoirement d'une publicité bi-mensuelle, et à constituer nous-mêmes dans un cercle restreint le capital que notre rédacteur en chef jugeait suffi-

sant dans le cas où un certain concours des sociétés-sœurs serait assuré à la revue nouvelle. Ce
concours est acquis à *la Réforme sociale* par une
combinaison qui n'augmente pas les cotisations
annuelles, mais qui permet à chaque membre des
Unions et au conseil de la Société d'économie sociale
de changer, dans certains cas, l'emploi attribué
antérieurement à ces cotisations. De son côté, la
Revue s'emploie à développer les cinq institutions
de notre école, savoir : la Société d'économie sociale,
le Comité de la Bibliothèque, les Conférences de la
paix, les Unions de la paix sociale et l'école des
voyages.

Le plan adopté par la corporation de la *Réforme
sociale* se résume en une formule simple : subordon-
ner l'avenir de cette sixième institution aux résultats
de l'expérience et à l'avis des maîtres qui dirigent
les travaux des cinq autres. En ce qui touche les
décisions à prendre au sujet de cet avenir, deux cas
peuvent se présenter. Dans le premier, il faudra
revenir à la conclusion qui avait été admise en 1865 :
rendre la Revue hebdomadaire en l'adaptant, comme
en Angleterre et aux États-Unis, aux convenances
des familles qui observent le repos du dimanche, et
qui désirent trouver, ce jour-là, une diversion morale
et intellectuelle au travail de la profession; appeler
alors un capital supplémentaire et augmenter le prix
de l'abonnement. Dans le second cas, conserver le
régime actuel; et, si le succès survient, consacrer
les bénéfices à une rétribution supplémentaire des
rédacteurs et à l'amélioration de la Revue.

Dans tous les cas qui peuvent se présenter, la Revue a pour mission de développer, au sein de la Société d'économie sociale, le patronage scientifique qui
lui a donné naissance. Elle lui procurera ainsi les
ressources nécessaires pour mener de front, avec une
activité suffisante, les deux publications qui lui sont
spéciales. La première est une collection de monographies de familles ouvrières, ayant pour titres : *les
Ouvriers des deux mondes;* créée en 1856, elle fait
suite à la collection nommée *les Ouvriers européens.*
La seconde est le *Bulletin* des séances de cette Société, où les membres expriment les conclusions
qu'ils tirent des faits exposés dans ces deux collections. Les monographies de l'Europe, œuvre individuelle, sont closes depuis 1855 ; celles des Deux
Mondes, œuvre collective, se poursuivront tant que
durera la Société qui les a commencées. Le rapprochement des deux collections fournira aux historiens de
l'avenir une connaissance qui a manqué aux historiens du passé : celle des changements survenus dans
la condition physique et morale de l'humanité, à
mesure qu'a été restreinte l'étendue des territoires
disponibles. (V. ci-après Appendice, I et III, 1.)

La Revue ne doit pas intervenir dans les débats
politiques d'où sortira la réforme; mais elle peut enseigner ainsi, en termes généraux, les conditions dans
lesquelles cette réforme se produira. Le mal actuel
provient de l'antagonisme qui divise maintenant les
classes dirigeantes et les gouvernants des quatre partis réformistes. Tant que ce mal subsistera, la condition première de la guérison sera le retour à l'union

qui a régné momentanément parmi eux de juillet 1848 au 2 décembre 1851 : il sera donc à désirer que le gouvernement du pays soit attribué aux hommes de paix qui ont l'ascendant moral nécessaire au rétablissement de cette union. Lorsque enfin, après de longs débats, la réforme sera opérée conformément aux principes et aux coutumes de la Constitution essentielle, une transformation se sera produite spontanément au sein des anciens partis. Il conviendra alors que le gouvernement appartienne aux hommes les plus capables, soit de conserver les coutumes et les principes ainsi restaurés par l'accord des quatre partis, soit de les modifier avec discernement, selon les changements survenus dans la condition des hommes et la nature des lieux.

Notre corporation ne peut concourir à l'œuvre de la réforme en secondant les tendances manifestées maintenant par l'un des quatre partis politiques ; mais elle leur sera utile à tous, en reproduisant par extrait dans sa revue les enseignements privés qui émanent des maîtres de notre école. Dans l'état rudimentaire de sa publicité naissante, *la Réforme sociale* ne consacrera qu'une place insuffisante à ces extraits ; mais elle les complétera par des renvois faits aux divers ouvrages de la Bibliothèque. Nous entrevoyons que l'enseignement oral des maîtres, ainsi complété par celui qu'offre la Bibliothèque, contribuera de deux manières à produire l'union des partis. Dans une première époque, quelques-uns de nos lecteurs, qui restent dans la vie privée et qui s'inspirent aujourd'hui de l'esprit de lutte ou de vio-

lence, apercevront les avantages que peut leur assurer l'esprit de paix : ils adhéreront publiquement aux
doctrines de la *Réforme sociale;* puis cette adhésion,
reproduite dans de très petites brochures, continuera,
dans la Bibliothèque, l'action exercée par les neuf
premiers numéros de la *Correspondance sociale.* Les
gouvernants qui disposent de la force publique inclinent plus à la lutte et à la violence, et, en conséquence, ils sont moins portés à la paix, mais, tôt ou
tard, ils céderont à l'évidence produite par notre enseignement confirmé par notre pratique. La situation
qu'ils occupent ne comporte pas une adhésion publique; mais ils ont un autre moyen de manifester
leur conviction : dans une seconde époque, ils auto-
riseront nos maîtres à justifier par un enseignement
public l'utilité de notre doctrine ; dans la troisième
enfin, ils les aideront à poser les premiers fondéments
de « l'université sociale ».

§ 2

**Mode employé pour subdiviser les matières de chaque ouvrage,
afin de compléter clairement les autres par des renvois à ces
subdivisions.**

La Bibliothèque sociale comprend, comme on le
voit, de nombreux ouvrages. Elle enseigne la science
des sociétés, c'est-à-dire les faits les plus importants
et les plus compliqués que l'on puisse observer à la
surface du globe terrestre. L'ensemble de la science
ne peut être exposé avec tous les détails nécessaires

que dans une série d'ouvrages distincts, ayant chacun pour objet certains groupes de faits principaux. En composant les ouvrages signalés au tableau précédent, j'ai voulu pourvoir à l'enseignement qui, dans l'état actuel de souffrance, me paraît indispensable aux classes dirigeantes de l'Europe.

Cependant, une collection ainsi composée d'une vingtaine d'ouvrages réduits, pour la plupart, à un petit volume, ne peut suffire à cet enseignement que si deux conditions sont remplies. En premier lieu, chaque ouvrage doit présenter, sur les matières qui y sont spécialement traitées, les détails nécessaires à l'intelligence de tous les autres. En second lieu, ces matières y doivent être tellement disposées qu'un lecteur, renvoyé par un autre ouvrage à l'une de ces matières, pour se procurer un complément d'information, puisse facilement le trouver. Le moyen employé pour satisfaire à ces deux conditions est d'un usage fréquent dans les ouvrages classiques de la science sociale : il consiste à établir, dans chaque ouvrage auquel des renvois peuvent être faits, des subdivisions qui se multiplient selon le degré de complication des matières. Quant à la rédaction des renvois, elle doit être faite, suivant les cas, en termes fort différents : elle est complexe, si l'auteur prévoit que la majeure partie de ses lecteurs ignorera l'existence de l'ouvrage auquel il les renvoie; elle se réduit à une notation simple, même à l'égard d'un ouvrage compliqué, si l'auteur prévoit que ses lecteurs ont une connaissance suffisante de ce même ouvrage. Cette distinction importe beaucoup au progrès des études ayant pour objet la science sociale : je crois donc opportun de la mettre en pleine lumière par un exemple.

Pendant longtemps, les Européens ont considéré la Bible comme le livre classique de la science sociale. Chaque famille en avait au moins une connaissance sommaire. Il en est autrement aujourd'hui, notamment en France; en sorte que si la direction imprimée à l'enseignement primaire se perpétue et se développe, le nom même de ce livre sera oublié par une grande partie de la population. Lors donc qu'un auteur voudra rappeler aux Français une vérité transmise au moyen d'un verset du livre saint par la sagesse des siècles, il devra employer souvent une formule aussi longue que le verset lui-même. C'est ce qui arrivera notamment pour l'un des axiomes dont la connaissance est la plus nécessaire à l'Europe actuelle : pour celui qui signale le danger des discordes intestines. Pour indiquer cet axiome à nos descendants d'après l'édition en dix tomes du P. Carrières, il faudra intercaler dans le texte de l'auteur le renvoi suivant : (voir dans *la Bible*, l'évangile selon saint Matthieu, tome IX, chapitre XII, verset 25). Nos ancêtres, au contraire, étaient amplement avertis par le renvoi (*Matth.* IX, XII, 25).

Lorsque je publiai, en 1855, l'édition in-folio des *Ouvriers européens*, je ne soupçonnais pas que cet ouvrage deviendrait le livre classique d'une école composée de nombreux adhérents. Sous cette forme première, le livre, composé d'un seul volume, comprenait quatre parties indépendantes où les matières, au

lieu d'être uniformément subdivisées en chapitres et
en paragraphes, étaient classées sous des noms et
selon des systèmes différents. De là il est résulté
qu'en composant les ouvrages qui ont suivi ce premier livre, je n'ai pu y faire que des renvois insuffi-
sants, quand ils se bornent à mentionner la page de
l'in-folio classique. J'ai évité cet inconvénient dans la
deuxième édition, publiée en 1879. Toutes les matières y ont été uniformément subdivisées en tomes,
en chapitres et en paragraphes nombreux. Le même
plan de subdivision sera adopté pour les éditions nouvelles et les livres nouveaux. Quant au titre employé
pour désigner chaque ouvrage auquel renverront ces
éditions et ces livres, il sera pris dans le tableau
synoptique qui précède : ce sera le texte de la première colonne si, comme le présent livre, ils doivent
avoir pour lecteurs le public ; ce sera la désignation
abrégée de la seconde, s'ils sont spécialement destinés
à l'enseignement de l'école.

§ 3

Histoire de la Bibliothèque.

J'ai dit, dans les *Ouvriers européens*, l'origine de la
Bibliothèque sociale. Je l'ai rappelée en termes plus
précis dans le présent livre. La pensée première de
l'œuvre a été conçue en juillet 1848, après les deux
effusions de sang qui avaient eu lieu à Paris en
février et en juin. Cette pensée ne vint pas de moi :

elle naquit tout à coup dans l'esprit des quatre partis réformistes qu'avaient créés nos révolutions, mais qui, à la vue des maux de la patrie, se trouvèrent alors réunis par l'évidente nécessité de la réforme sociale. Sur l'indication de plusieurs notabilités du temps qui, pendant les années précédentes, avaient suivi mes travaux pour en appliquer les résultats, quelques chefs de ces partis vinrent alors m'inviter à publier les faits sociaux que j'avais recueillis et les inductions que j'en avais tirées. Cette invitation contrariait directement le plan de vie que je m'étais tracé. Déjà en 1837, à l'époque de mon mariage, j'avais dû opter une première fois entre les applications solides de ma science préférée, la métallurgie, et les vaines conceptions de la politique contemporaine. Je résistai d'abord énergiquement aux instances qui m'étaient faites. Je cédai ensuite au sentiment patriotique qui inspirait mes amis; mais je m'engageai seulement à publier un ouvrage qui serait intitulé *les Ouvriers européens*, et fournirait les informations nécessaires aux hommes d'État unis pour opérer la réforme en France et en Europe. J'ai indiqué dans le présent livre comment l'union de ces hommes fut rompue par l'acte de violence de décembre 1851, et comment la persistance de cette rupture, malgré l'exécution ponctuelle de mon engagement, a retardé jusqu'à ce jour l'accomplissement de la réforme (VI, 11). J'ai maintenant à expliquer comment, par un concours de circonstances imprévues, l'engagement de 1848, qui se réduisait à publier un seul livre, m'a conduit, de proche en proche, à écrire une Bibliothèque.

Lorsqu'en juillet 1848, je quittai Paris pour compléter, par sept voyages successifs, l'observation des faits sociaux recueillis en Europe et en Asie pendant les dix-huit années précédentes, j'étais tombé d'accord avec mes amis sur le but et le plan de la réforme sociale qui était nécessaire à la France. Ces mêmes convictions étaient partagées par la plupart des hommes d'État qui avaient été gagnés à la cause du salut social et qui, s'appuyant sur le livre dont la publication était convenue, en principe, devaient procéder à « la réforme pacifique des idées et des institutions ». Cette convention avait pour base un fait nouveau. Les partisans de la monarchie traditionnelle, et les hommes attachés aux deux monarchies qu'avait successivement instituées l'usage du droit de révolte (VI, 6) s'étaient, pour la première fois, entendus avec les hommes de paix que la force des choses rattachait au principe de la souveraineté élective. Ainsi associés, les chefs de nos quatre partis inclinaient tout naturellement vers l'esprit de conciliation dont j'ai indiqué précédemment le principe : ils devaient rechercher de bonne foi, pour chaque question de réforme, la distinction qu'il faut établir, à notre époque, entre les principes permanents et les « coutumes variables » de la Constitution essentielle (VI, 10 et 11); en d'autres termes, le choix à faire, dans chaque cas controversé, entre les traditions et les nouveautés nécessaires. Je pris confiance en l'avenir quand je vis l'Assemblée nationale revenir, en matière d'enseignement public, par la loi du 15 mars 1850, au régime libéral recommandé par le cardinal de Richelieu[1]. A partir de ce moment, je poursuivis donc, avec une nouvelle ardeur, mes quatre derniers voyages de revision en Europe et en Asie.

Comme je l'ai dit ci-dessus, cet accord fécond des quatre partis réformistes n'existait plus, en mai 1855, lorsque mon livre fut enfin publié après un rude travail. L'acte de violence d'où sortit le second empire n'eut pas seulement pour résultat d'empêcher les trois autres partis de donner leur concours à la réforme dans le parlement et le ministère. Rendus, par cet acte même, méfiants les uns envers les autres, les trois autres partis cessèrent de se concerter pour accomplir la réforme. En présence du changement survenu, sous ces influences, dans les rapports mutuels des partis politiques, je ne retrouvai pas, en 1855, la liberté d'esprit sur laquelle je comptais depuis sept ans. Non seulement je ne pus revenir à ma science favorite, mais je fus conduit, quelques mois après la publication des *Ouvriers européens,* à occuper une nouvelle situation, dans laquelle je dus poursuivre, en m'appuyant sur les vérités de la science sociale, la réforme que les chefs de parti ne voulaient plus entreprendre, ni dans la vie publique, ni même dans la vie privée.

Ma nouvelle mission se présentait dans des circonstances favorables. Précisément à l'époque où je pu-

---

[1] « Puisque la faiblesse de notre condition humaine requiert « un contrepoids en toutes choses, il est plus raisonnable que « l'université et les jésuites enseignent à l'envi, afin que l'ému- « lation aiguise leur vertu. » (CARDINAL DE RICHELIEU; testament politique, Iʳᵉ partie, chapitre II, section 11.)

bliais les *Ouvriers européens,* l'Empereur me nommait
commissaire général de l'exposition universelle .ur
la proposition du prince Napoléon, qui présidait alo.
la commission impériale. Déjà, l'année précédente, il
avait appris que l'Académie des sciences se proposait
d'accorder le prix de statistique à mon ouvrage, et,
en conséquence, il en avait autorisé l'impression à
l'imprimerie impériale. Le secrétaire perpétuel de
cette Académie lui avait, en outre, exposé la nature
des inductions sociales que j'avais dû séparer de mes
travaux numériques, pour que l'ouvrage pût· être
signalé au public par la délivrance de ce prix spécial.

Parmi les conclusions ainsi omises dans la première édition des *Ouvriers européens* figurait, avant
toutes les autres, la nécessité d'assurer au peuple le
pain quotidien, c'est-à-dire de satisfaire l'un des deux
besoins que j'ai nommés « essentiels » dans le présent
livre. Ce fut cette idée qui attacha tout d'abord l'Empereur à mes travaux. Il accordait à la souffrance
physique du pauvre une compassion que je n'ai vue
développée au même degré chez aucun de mes contemporains. Ceux qui approchaient habituellement
de sa personne constataient qu'il avait « la main ouverte »; et ils comprenaient bientôt la convenance de
mettre des bornes aux appels qu'on les priait de
faire à son extrême générosité. L'Empereur voyait
le salut de la France dans la restauration de l'autorité paternelle. Il fondait cette conviction sur les deux
motifs principaux rappelés dans *le résumé et la conclusion* du présent livre. Selon les déclarations qu'il
réitérait avec force, pendant ses nombreuses visites

à l'exposition de 1855, cette autorité donnait satisfaction aux deux besoins essentiels. Le bienfait en était acquis à la société quand deux conditions étaient remplies : quand le pain quotidien est assuré aux familles par la transmission intégrale du foyer domestique et des autres instruments de travail que les ancêtres ont réunis; quand la pratique de la loi morale est garantie par une bonne éducation que les descendants ont reçue avec des sentiments de respect et d'obéissance. Il comprenait que le sort d'une société est subordonné à l'organisation de la famille; et c'est par lui que j'ai d'abord connu la pensée de Vico, placée comme épigraphe en tête du présent livre. A cet égard, je n'ai découvert chez lui qu'une lacune, due à l'absence de certaines notions concernant l'ordre économique : il ne comprenait pas assez que la transmission intégrale du patrimoine n'est possible et ne se concilie avec l'intérêt de tous les descendants que si l'esprit d'épargne règne dans la famille, avec le mépris du luxe et de la mode dans le régime des repas, des mobiliers et des vêtements. L'impulsion malsaine imprimée aux mœurs publiques et privées par le luxe de la cour, et surtout par le système antisocial des nouvelles habitations urbaines adoptées en France, furent les calamités du second empire. J'ai souvent entendu la critique de ce régime dans la bouche même de dames appartenant à la famille impériale. A cette exception près, l'Empereur trouva dans mon ouvrage les idées de réforme dont le germe existait dans son esprit, idées dont le développement avait été supprimé dans le corps de cet ouvrage, mais dont la trace était

visiblement conservée dans l'*Appendice*. A plusieurs
reprises, l'Empereur m'exprima chaudement la satisfaction avec laquelle il avait rencontré la confirmation de ses propres idées dans un livre conçu et
patronné par « la science », en dehors des préoccupations de la politique. Ce sentiment se développa encore
de 1855 à 1858, par la lecture persistante de mon in-
folio [1] ; il explique la confiance qui me fut accordée,
pour l'étude des questions sociales, jusqu'à la chute
de l'empire. L'Empereur, en effet, me fit appeler à
plusieurs reprises aux séances du conseil privé [2] ; il

[1] Je n'ai constaté cette persistance développée à un tel degré
que chez deux lecteurs : l'empereur Napoléon III et lord Ash-
burton, pair d'Angleterre.

[2] Deux de ces séances, auxquelles furent appelées d'autres personnes étrangères au conseil, furent tenues en 1858. Elles eurent
pour objet la restauration de l'autorité paternelle par la liberté
testamentaire, qui est la grande force morale des Anglais et de
leurs essaims des deux mondes (V, 9 et 4). L'Empereur présidait
la séance et se prononça vivement pour la réforme. Celle-ci fut
soutenue seulement par MM. de Morny, de Persigny, de la Tour
et par moi. Les présidents du conseil d'État et du sénat com-
battirent cette réforme en termes non moins vifs. Deux ministres
gardèrent le silence par deux motifs différents : l'un, qui aurait
eu la charge de défendre le projet de réforme devant le parlement, croyait la réforme indispensable ; mais il me déclara le
lendemain que dans sa conviction elle y serait repoussée, vu
l'état de l'opinion publique ; le second, feu M. Achille Fould, m'a
souvent exprimé l'opinion que l'abolition du partage forcé des
héritages ne suffirait pas pour assurer le salut de notre race ;
mais qu'il fallait substituer à ce régime celui de la conservation
forcée, institué sous le premier empire. Ainsi entravé par les
erreurs du pays, l'Empereur renonça momentanément à son
projet. Malheureusement, chaque fois que ce mécompte se re-
produisit, il se crut obligé d'entretenir, par des entreprises hasar-
deuses, le prestige de son gouvernement : en fait, la guerre

daigna me nommer conseiller d'État après l'exposition universelle de 1855 et m'élever à la dignité de
sénateur après celle de 1867[1]; il me consulta constamment sur les projets de réforme qui lui étaient
proposés ou qui étaient le fruit de ses propres réflexions[2]; enfin, il créa, pour ainsi dire, la Biblio-

d'Italie fut la conclusion immédiate de la délibération que je
viens de rappeler.

[1] Par ces deux nominations, l'Empereur voulut à la fois honorer le commissaire général, et témoigner sa sympathie pour la
réforme que réclamait l'auteur des *Ouvriers européens.*

[2] Ainsi, après l'insuccès de la délibération de 1858 (note 2),
l'Empereur voulut avoir mon avis sur un projet de réforme sociale
qu'il avait conçu en étudiant assidûment, comme il le faisait
depuis trois ans, les monographies de familles de mon in-folio.
En comparant ces monographies, il avait été frappé du bien-être
relatif dont jouissent les ouvriers des manufactures rurales. Il en
avait conclu que son gouvernement devait provoquer, par des
mesures spéciales, la transformation des ateliers urbains, en ateliers ruraux. Ainsi, par exemple, pour les filatures de coton et
de laine, qui élaborent une matière première importée des pays
étrangers, il pensait que les ateliers établis dans les campagnes
pourraient être exemptés du droit de douane, qui continuerait
à peser sur les ateliers établis dans les villes. L'Empereur me
reçut seul aux Tuileries et me donna lui-même lecture du projet
qu'il avait rédigé de sa propre main. Aux objections que je lui
soumis respectueusement, il répondit à quatre reprises, en in-
sistant sur les préjugés nationaux, qui ne permettaient pas de
recourir au vrai moyen de réforme. Peu à peu mes répliques
prirent un caractère si vif, que l'Empereur, surpris, mais de
plus en plus bienveillant et attentif, prolongea l'entretien pendant
quatre heures. Dans cette longue séance, je développai surtout
les vérités résumées ci-après.

Il serait injuste, contraire à toute tradition et presque imprati-
cable, d'introduire l'inégalité dans le régime douanier, qui pèse
uniformément sur les villes et les campagnes. La réforme est
difficile chez une nation qui, depuis cent quatre-vingt-dix-huit
années, se laisse envahir par le vice et l'erreur. Dans de telles

thèque sociale en me chargeant de réagir par un livre contre les divers préjugés nationaux auxquels il se heurta successivement, et qui s'opposèrent en définitive, sous son règne, à la réforme sociale de la France [1].

conditions, cette réforme est urgente; mais, pour l'opérer, il faut être à la fois patient et tenace. Il faut se garder d'enfreindre, en vue de cette urgence, les bonnes traditions qui se conservent. L'alliance du travail agricole et du travail manufacturier est une coutume bienfaisante, en ce qu'elle allège, pour les patrons ruraux, les charges que leur impose le service régulier du pain quotidien. Toutefois cette coutume n'a qu'une importance médiocre dans les contrées où l'esprit de patronage a disparu. Or la conservation de l'esprit de patronage implique la permanence héréditaire des rapports qui unissent la famille du maître à celle des ouvriers. En France, cette permanence ne sera donc rétablie que par la réforme qui rendra au père de famille le pouvoir de transmettre intégralement à ses descendants le domaine et les autres instruments de travail qu'il a reçus de ses ancêtres.

J'offris au surplus à l'Empereur de mettre ces vérités en pleine lumière par une enquête. L'Empereur, ayant accepté cette proposition, chargea M. Schneider, vice-président du Corps législatif, et M. Rouher, ministre de l'agriculture, du commerce et des travaux publics, d'y donner suite conjointement avec moi. L'enquête fut achevée en un mois dans tous les départements : elle justifia mes prévisions et elle accrut la confiance de l'Empereur dans la méthode d'observation. La monographie du savonnier de Marseille fut un élément du rapport soumis à l'Empereur à la suite de l'enquête. (O m. 1861, III, et O c. 1877, IV.)

[1] Les trois ouvrages principaux qui figurent dans la Bibliothèque me furent réclamés sans relâche par l'Empereur et l'Impératrice, savoir : *la Réforme sociale*, après les deux mécomptes de 1858 ; *l'Organisation du travail* et *l'Organisation de la famille*, après le mécompte de 1865, lorsque le Corps législatif eut rejeté le projet présenté par le baron de Veauce, pour la restauration de l'autorité paternelle, fondée sur la liberté du testament. Ce projet fut soutenu seulement par quarante-deux députés. J'ai signalé les noms de ces députés dans tous mes écrits, afin que nos descendants honorent leur mémoire.

J'ai démontré dans ce livre que la réforme sociale
de la France aura pour point de départ la restauration de l'autorité paternelle, formulée en principe par
l'article 371 du Code civil, d'après le texte du Décalogue, mais contrairement à l'esprit qui a inspiré
l'ensemble de ce même Code. J'ai maintenant à indiquer les causes qui, de 1855 à la fin de l'empire, me
sont apparues comme les principaux obstacles opposés
à la réforme.

La cause première de ces obstacles est l'erreur qui
porta nos législateurs révolutionnaires à violer les
deux principes éternels de la Constitution essentielle
avec l'espoir, toujours déçu depuis lors, de trouver
dans cette violation le moyen de fonder leurs gouvernements éphémères. Parmi ces législateurs, les plus
coupables furent ceux de la Convention [1], puis ceux du
consulat et du premier empire [2].

[1] Le *Moniteur officiel* rapporte en ces termes laconiques les
motifs qui déterminèrent la Convention, dans sa séance du
7 mars 1793, à établir le partage forcé des héritages.
« N*** demande que les testaments faits en haine de la révolu-
« tion soient abolis. — Mailhe dit qu'il faut remonter à la source
« du mal. Il constate que beaucoup de pères ont testé contre
« des enfants qui se sont montrés partisans de la révolution.
« — Prieur: Je demande que la loi se reporte à juillet 1789. Sans
« cela, vous sacrifiez les cadets voués à la révolution; vous
« sanctionnez la haine des pères pour les enfants patriotes. —
« N*** : Je demande au moins qu'on abolisse à dater de ce jour. »
[2] « Mon frère, je veux avoir à Paris cent fortunes, toutes
« s'étant élevées avec le trône et restant seules considérables,
« puisque ce ne sont que des fidéicommis, et que ce qui ne sera
« pas elles, par l'effet du Code civil, va se disséminer. »
« Établissez le Code civil à Naples; tout ce qui ne vous est pas
« attaché va se détruire alors en peu d'années, et ce que vous

Pour revenir aux coutumes de transmission intégrale, il suffit de se reporter aux motifs allégués
pour établir le partage forcé. Or, pendant une lutte
de quatorze années, les partisans du régime actuel
l'ont toujours défendu par des arguments fondés sur
l'esprit de justice et l'intérêt des héritiers. Cette erreur est adoptée par l'opinion publique; elle a beaucoup contribué, jusqu'à ce jour, à empêcher la réforme sociale de la France.

L'erreur qui perpétue le partage forcé de la propriété foncière pèse particulièrement sur les classes
ouvrières. A notre époque de suffrage universel et
d'antagonisme social, les ouvriers des villes donnent
généralement à leurs votes une direction opposée à
l'accomplissement de la réforme. D'un autre côté, la
liberté de réunion, qui leur a été partiellement rendue
par la loi du 6 juin 1868, commence à porter ses
fruits : elle a formé quelques hommes capables de
discerner leurs véritables intérêts : il y a donc op-
portunité à organiser sur ce point en leur faveur un
enseignement spécial.

En général, les quatre partis politiques qui par
leurs divisions perpétuent la souffrance actuelle ont
des opinions fort diverses sur les questions que sou-

« voulez conserver se consolidera. Voilà le grand avantage du
« Code civil. Il faut établir le Code civil chez vous; il consolide
« votre puissance, puisque, par lui, tout ce qui n'est pas fidéi-
« commis tombe, et qu'il ne reste plus de grandes maisons que
« celles que vous érigez en fiefs. C'est ce qui m'a fait prêcher un
« Code civil, et m'a porté à l'établir. » (Lettre du 5 juin 1806,
de Napoléon I\er\ au roi Joseph. — *Mémoires du roi Joseph*, t. II,
p. 275; Paris, 1853.)

lève la restauration de l'autorité paternelle. Les uns,
comme les hommes de la Convention et les fondateurs du premier empire, s'inspirent des idées qu'ils
croient favorables à leur cause; dans chaque parti,
la majorité offre une diversité extrême d'opinions,
selon les circonstances qui ont mis pour eux en
lumière ou les ont empêchés de connaître les vrais
intérêts de la famille. Cette diversité d'opinions est
le grand obstacle contre lequel s'est constamment
heurté l'Empereur dans la poursuite de ses projets de
réforme. Cet obstacle sera difficilement écarté, même
par des hommes de bonne foi cherchant individuelle-
ment la vérité dans les livres ou dans la presse périodique. La lumière se fera aisément, au contraire,
dans l'esprit des chefs de parti, le jour où ils seront
unis, comme ils l'étaient en juillet 1848, pour discuter contradictoirement les conditions de la réforme.
C'est en vertu de ce motif que l'enseignement donné
par les livres et la presse périodique de notre école
doit tendre surtout aujourd'hui à rétablir l'union des
quatre partis, qui fut désorganisée par l'acte de violence du 2 décembre 1851.

Un fait qui a produit sur mon esprit une impression
profonde me conduit de plus en plus à résumer dans
cette tendance le point de départ de la réforme.

En novembre 1869, par ordre de l'Empereur, je
me rendis au palais de Saint-Cloud, à un dîner de
famille. Ce dîner fut suivi d'un entretien particulier
qui se prolongea pendant plus de deux heures. Dans
cet entretien, l'Empereur me chargea de faire, au
sujet de la réforme sociale, une tentative suprême : il

me confia la mission de rappeler « en son propre nom » les principes de *l'organisation du travail* et de *l'organisation de la famille,* à cinq sénateurs. Il me désigna expressément les noms de ceux qu'il jugeait les plus aptes à produire par leurs discours impression sur le sénat, et à provoquer ainsi, dans ce corps, un mouvement d'opinion favorable à la restauration de l'autorité paternelle. Je remplis de mon mieux cette mission, mais j'échouai, comme en 1858 devant le Conseil privé, et en 1865 devant plusieurs membres du Corps législatif, parce que je trouvai mes confrères imbus de convictions inébranlables. Le plus perspicace et le plus habile, l'un des deux hommes qui pourraient encore aujourd'hui accomplir la réforme, me chargea de dire à l'Empereur qu'il se croyait incapable de remplir ses intentions, vu que la majorité du sénat partageait l'erreur de la nation entière. L'un d'eux se montra plus égaré que les autres par l'enseignement qui persuade aux légistes français que la loi écrite a plus d'autorité que la Coutume : il répondit moins nettement à l'invitation que je lui transmis au nom de l'Empereur; mais, peu de temps après notre entretien, son fils publia une brochure favorable à la conservation du régime actuel de partage forcé.

Le suprême effort qui m'a été demandé en novembre 1869 n'a donc pas été plus fructueux que les précédents. Toutefois, quand je récapitule dans ma pensée les nombreux rapports que j'ai eus depuis 1855 avec l'Empereur, je trouve que l'entretien de Saint-Cloud a mis pour moi en pleine évidence l'idée maîtresse dont nos gouvernants doivent s'inspirer pour accomplir la réforme. Dans cet entretien, en effet, l'Empereur se montra découragé à la vue des « points noirs » qui apparaissaient de toutes parts, et inquiet de la responsabilité qu'il avait assumée lors de son avènement au trône. Plusieurs de ses expressions me donnèrent lieu de penser qu'il regrettait l'époque où, de concert avec les quatre partis réconciliés, il promulguait la loi du 15 mars 1850, qui développa la liberté de l'enseignement secondaire, et celle du 31 mai (même année), qui restreignit certaines exagérations du suffrage universel.

Puisse cet exemple devenir un enseignement salutaire pour notre nation! Puissent nos gouvernants éviter à l'avenir le recours à la violence! Puissent-ils surtout, pour opérer enfin la réforme, se concerter, sous l'inspiration de l'esprit de paix, avec les classes dirigeantes qui président à la direction des quatre partis politiques!

§ 4

Concours apporté par la maison Mame, de Tours, à la création de la Bibliothèque, ainsi qu'à la réforme sociale de la France et de l'Europe.

L'histoire de la maison Mame confirme un fait signalé dans tous mes écrits, à savoir : la mission bienfaisante exercée, dans tous les arts usuels, par ceux que Platon nommait « les hommes divins » et que j'ai appelés plus simplement « les Autorités so-

ciales ». Sous tous les régimes sociaux, quand leurs
voisins cèdent aux entraînements provoqués par les
alternances de succès et de revers, ces hommes
restent fidèles aux sentiments et aux coutumes de
leurs ancêtres. Ils conservent au foyer domestique et
à l'atelier de travail la stabilité et la paix, c'est-à-dire
les deux grands symptômes du bonheur. Même au
milieu des catastrophes, ils transmettent aux générations nouvelles les bons exemples qui peuvent ramener les nations souffrantes à la prospérité.

En 1796, M. Amand Mame fondait l'établissement
et se mettait courageusement à imprimer, dans les
conditions de bon marché imposées par les circonstances, de bons livres pour les écoles et les églises
qui se rouvraient au début du siècle. Les exemples
d'énergie et de persévérance qu'il donnait à son fils
furent pour celui-ci la meilleure des écoles. En 1831
et en 1833, le fondateur s'associait successivement
son gendre et neveu, M. Ernest Mame, puis son fils,
M. Alfred Mame. Quinze années de travail et de
progrès assurèrent l'avenir de l'entreprise. En 1845,
M. Alfred Mame resta seul à la tête de cette industrie, qu'il connaissait dans tous ses détails et
dont il devait porter si haut la destinée. Le modeste
établissement créé par son père et que son fils, à son
tour, l'aide maintenant à diriger, est devenu « la
plus vaste fabrique de livres du monde ». Sa production dépasse 20.000 volumes par jour, et il emploie environ 1.000 ouvriers, sans compter le personnel des industries qui l'alimentent. Le rêve de
M. Alfred Mame était de fabriquer « tout un livre »,

c'est-à-dire de recevoir le papier blanc et de livrer
le volume relié : ce rêve, il l'a pleinement réalisé.
Par la beauté des caractères, le fini de l'exécution,
la perfection achevée de la typographie et les grâces
variées de l'illustration, les livres de MM. Mame,
depuis le plus humble des livres d'heures jusqu'aux
œuvres de grand luxe, ont été placés aux premiers
rangs par les jurys des Expositions universelles de
Paris, de Londres, de Rome, de Vienne, et ont plus
d'une fois valu à la maison des distinctions exceptionnelles.

En même temps que la continuité des traditions
de famille assurait ainsi à l'établissement créé par
MM. Mame le plus éclatant succès, la paternelle
sollicitude des patrons garantissait à leur personnel
ouvrier les meilleures conditions matérielles et morales. Tout a été fait à cet égard : caisse de secours
mutuels, secours aux veuves et aux orphelins, pen-
sions de retraite pour la vieillesse, cité ouvrière,
caisse de participation et de prévoyance, crèches,
asiles, écoles et ouvroirs... A l'aide de ces diverses institutions, fécondées par le patronage de MM. Mame,
le personnel entier de la maison est à l'abri de toute
misère. La direction morale n'est pas moins pré-
voyante : suppression de l'ivrognerie et du chômage
du lundi, maintien des bonnes mœurs, surveillance
des jeunes filles, travail au foyer assuré aux mères
de familles... Les chômages et les grèves sont in-
connus, car MM. Mame ont spontanément relevé
les salaires toutes les fois qu'une cause légitime
le motivait. Aussi recevaient-ils, en 1867, l'un des

grands prix qui furent alors décernés aux établissements où régnaient à un degré éminent l'harmonie
sociale et le bien-être des ouvriers.

Après tant de travaux et de succès, MM. Mame
n'ont pas cru leur œuvre terminée. Sans doute ils
avaient toujours suivi la devise du fondateur de leur
maison : « Publier de bons livres; » mais ils voulurent contribuer plus directement à la guérison des
maux de notre patrie. Dès les premiers mois de l'année 1870, à la vue des « points noirs » qui menaçaient
le gouvernement du second empire, ils vinrent m'exposer leur désir et se concerter avec moi pour éditer
au prix de revient, parfois même au-dessous, les
ouvrages de la Bibliothèque. A cette époque, ils
ont exprimé dans les termes suivants les motifs qui
nous assuraient leur concours; et, depuis lors, ils
s'en sont constamment inspirés.

« Dès le début de notre carrière commerciale, nous
« avons compris la nécessité de développer nos ate-
« liers dans les conditions qui pouvaient le mieux
« faire régner l'harmonie entre notre famille et celles
« qui lui sont attachées. Sous ce rapport, nous
« sommes restés soumis à certains usages qui tom-
« bent en désuétude dans beaucoup d'ateliers français
« ou étrangers.

« Or, en lisant les écrits de M. Le Play, nous
« fûmes tout d'abord frappés de deux traits princi-
« paux. En premier lieu, les Autorités sociales, dont
« l'auteur a recueilli avec tant de soin la pratique et
« la doctrine, ont conservé dans leurs ateliers toutes

« les coutumes qui ont eu, pour nous et pour nos
« ouvriers, les plus heureux résultats. Nous avons
« naturellement trouvé dans cette circonstance un
« motif d'attachement à notre tradition. En second lieu,
« ces mêmes Autorités gardent avec de grands avan-
« tages plusieurs autres coutumes qui n'auraient pas
« été moins bienfaisantes pour nous, si elles nous
« avaient été plus tôt connues. Ainsi, par exemple,
« nous constatons avec regret que les capitaux im-
« mobilisés dans la ville de Tours pour l'extension de
« nos ateliers, eussent produit dans la banlieue de
« meilleurs résultats pour nos ouvriers. Nous aurions
« pu, en effet, tout en leur assurant la même somme
« de salaires, les aider à conquérir les avantages
« matériels et moraux que donne partout la propriété
« du foyer domestique, lié à de petites dépendances
« rurales. Nous avons dû conclure, de notre propre
« expérience, que la connaissance de ces coutumes,
« pratiquées en partie par notre maison, serait fort
« utile à une foule de manufacturiers qui les ignorent
« complètement et qui s'engagent, en conséquence,
« dans des voies fausses ou dangereuses.

« Nous n'avons pas moins été frappés de l'accueil
« fait aux livres de M. Le Play. Ces livres n'offraient
« pas l'attrait de l'amusement ou de la curiosité, le
« luxe des images ou les autres causes de la réus-
« site en librairie ; ils ne s'aidaient même pas des
« ressources de la publicité. Ils pénétraient cepen-
« dant, avec un succès toujours croissant, parmi
« les classes éclairées, et spécialement parmi les per-
« sonnes qui nous sont unies par les liens de l'amitié.

« L'accueil bienveillant fait à ces livres par les
« divers organes de la presse française a été pour
« nous un autre symptôme significatif. La pratique
« des Autorités sociales préposées à la direction des
« arts usuels est fondée, en partie, sur les innova-
« tions matérielles que nos contemporains admirent;
« mais elle repose surtout sur la conservation des
« vérités morales et des principes traditionnels qu'ils
« oublient de plus en plus. Or les livres de M. Le
« Play ont surtout pour but de décrire cette prati-
« que : ils contrarient donc généralement le mouve-
« ment habituel de l'opinion. Dès lors, la sympathie,
« ou tout au moins la tolérance de la presse, nous
« sont apparues comme les signes précurseurs d'une
« prochaine réforme.

« Enfin nous avons beaucoup remarqué l'impression
« que ces mêmes livres ont produite hors de notre
« pays. A l'étranger, où l'on se méfie d'ordinaire de
« nos productions politiques, où l'on nous reproche
« les théories abstraites, arbitraires, déclamatoires
« et parfois perverses, les ouvrages de M. Le Play
« ont tout d'abord excité de l'étonnement et une
« sorte d'incrédulité. On semblait se demander si ce
« méthodique et respectueux observateur des saines
« coutumes était bien du pays qui, un certain jour,
« a prétendu déraciner toutes ces coutumes et les
« jeter au vent. »

Je résume, dans les termes suivants, la mission de
bien public remplie sous nos yeux par les chefs de la
maison Mame. En ce qui concerne le passé, ils ont

poursuivi, sans relâche, le but que se sont proposé les Autorités sociales de tous les temps : ils ont voulu procurer à leurs ouvriers et à leurs autres collaborateurs les bienfaits qu'assurent la possession du pain quotidien et la pratique de la loi morale ; à cet égard, ils ont organisé tout ce qu'on peut tenter de nos jours en France, au milieu des influences malsaines qui se développent dans nos grandes villes et sous la pression des lois qui sapent incessamment dans nos familles le principe de l'autorité, de la stabilité et de la paix. En ce qui concerne l'avenir, ils espèrent inculquer les deux désirs qui les préoccupent à leur postérité, puis les satisfaire avec son concours. En premier lieu, transporter les ateliers actuels dans la banlieue de Tours et placer ainsi leurs ouvriers sous la salutaire influence de la vie rurale. En second lieu, fortifier le concours donné jusqu'à présent à la réforme sociale, par la vente à bas prix de la Bibliothèque : contribuer ainsi à la restauration de la famille stable, principe de toute prospérité[1].

[1] Comme le jury solennel de 1867, le jury de l'exposition universelle de 1889 (Économie sociale, sect. XIV, Institutions patronales) a rendu hommage à MM. Mame en leur attribuant l'un de ses grands prix. Tout récemment, les « noces de diamant » de M. et Mme Alfred Mame ont été l'occasion d'une touchante manifestation des sentiments d'affection et de reconnaissance qui unissent les patrons et tous leurs collaborateurs. MM. Mame ont en outre fait à leur personnel un don vraiment royal, et accru par de nouvelles libéralités les bienfaits des institutions de retraites. (V. la Réforme sociale du 16 février 1893.)

Au moment où s'achève cette édition, M. Alfred Mame vient d'être enlevé à l'affection des siens et à la vénération de sa famille industrielle, après une longue vie d'honneur et de vertu, dont la tradition demeure pour ses descendants le plus noble des héritages.

§ 5

Jugements sur la Bibliothèque, émis en Angleterre, en Allemagne et en France.

(Extraits sommaires.)

ANGLETERRE

Extrait de la revue anglaise *Saturday Review* (5 juin et 23 décembre 1871).

« Devant le spectacle inouï que nous offre la nation
« française, on se demande si quelqu'un a pu pré-
« voir et prédire l'étrange et triste chute de ce grand
« peuple, tombant au moment où il semblait jouir,
« dans l'ordre matériel, d'une prospérité exception-
« nelle. Nous ne parlons pas d'une de ces prédictions
« habituelles aux moralistes et aux prédicateurs; nous
« signalons un ouvrage rationnel et sérieux où les
« causes de la chute soudaine d'une des premières
« nations du monde, alors qu'elles étaient encore dis-
« simulées sous des apparences de force et de succès,
« auraient été découvertes et démontrées distincte-
« ment par un esprit calme et pénétrant, que l'ima-
« gination ne guidait pas... Il y a un ouvrage qui
« répond à notre question; c'est la *Réforme sociale*,
« publiée par M. Le Play dès 1864... »

Après avoir fortement constaté le caractère et la
valeur scientifique de M. Le Play, ses longs travaux,

ses voyages, sa vie d'observation, les résultats puissants auxquels il est parvenu, l'écrivain anglais montre M. Le Play tournant vers l'état de la France son esprit de comparaison et de critique; il ajoute : « Cette « longue étude de la société française le conduisit à « condamner vivement la situation de son pays; il « exposa d'une manière claire et nette les motifs de « cette condamnation, et il exprima pour l'avenir les « plus sérieuses inquiétudes. Appréciant à leur juste « valeur les théories abstraites et les remèdes hé- « roïques auxquels l'opinion, en France, se confie « volontiers, il ne pouvait espérer de guérison que « dans une réaction morale, énergique et incessante. »

L'auteur de l'article revient ailleurs sur la même idée : « En 1864, dit-il, dans un moment de grande « prospérité, alors que personne ne songeait au dan- « ger, M. Le Play entreprit d'indiquer à ses conci- « toyens les périls auxquels la société française était « exposée. Ces périls n'étaient pas du genre de ceux « sur lesquels les ennemis du système impérial ai- « maient à s'appesantir... Les maux sur lesquels « M. Le Play insistait sont ceux qui attaquent les « caractères et les idées; ce sont les coutumes « vicieuses gouvernant les classes élevées aussi bien « que les classes inférieures, pervertissant leur esprit, « affaiblissant leurs facultés et leurs forces. »

Et ailleurs : « Selon M. Le Play, aucun change- « ment de gouvernement, aucune violente révolution « ne peut délivrer la France des deux maux qui l'af- « fectent principalement, maux qui ne sauraient être « guéris que par une amélioration lente, profonde,

« continue, dans le caractère, les opinions et les cou-
« tumes du corps social tout entier. »

Ailleurs encore : « M. Le Play ne pense pas que
« ces maux puissent être attribués exclusivement à
« certaines formes de gouvernement ou à des constitu-
« tions défectueuses; il leur découvre d'autres causes,
« plus profondes; et ces causes, presque invisibles,
« mais puissantes et toujours agissantes, il les con-
« state et les signale à l'aide des lumières que lui
« fournissent l'examen attentif des faits et la com-
« paraison de la société française avec les conditions
« sociales et les usages d'autres nations. » L'auteur
de l'article énumère, à ce propos, quelques-unes des
idées fausses dont M. Le Play voudrait guérir ses
compatriotes : c'est tour à tour la confiance exagérée
que l'on fonde sur les progrès des sciences et ceux
de l'industrie; l'erreur où l'on est que de pareils progrès puissent tenir lieu d'un bon état moral, qu'ils
puissent même survivre à la perte de la moralité publique; c'est encore l'ignorance où l'on est, en France,
des vraies traditions historiques du pays. Il signale
plusieurs conséquences funestes de ces erreurs, notamment les chimériques entreprises de réaction
contre des abus, des antagonismes sociaux qui n'ont
pas existé; l'oubli ou l'abandon des principes et des
institutions les plus salutaires, qui assurent ailleurs
le bien-être et la liberté des populations.

Il faudrait reproduire tout l'article du *Saturday
Review*, si l'on voulait donner une idée complète des
formes variées par lesquelles l'écrivain anglais exprime
son étonnement de trouver, en M. Le Play, un auteur

qui avait si sûrement analysé et averti la société française. L'article se termine ainsi : « Si nous avions étudié ce livre il y a sept ans, nous aurions sans doute été frappés de la grande perspicacité dont M. Le Play fait preuve en indiquant si clairement la plupart des plaies et des faiblesses de la France. Nous aurions compris, notamment, que les mariages tardifs et stériles, le partage forcé des héritages, l'éducation vicieuse de la jeunesse, les idées fausses sur le régime du travail, pouvaient, à la longue, amener une catastrophe. Mais nous aurions supposé qu'il n'avait pas suffisamment aperçu certaines influences qui, à son insu, faisaient contrepoids et conservaient à la France sa force et sa vigueur, malgré les vices évidents de son état social... »

L'écrivain anglais insiste, dans son second article, sur plusieurs de ses jugements. Il admire surtout le courage avec lequel l'auteur combat les erreurs de ses concitoyens, et rappelle ceux-ci à l'observation du Décalogue. Selon lui, M. Le Play a été bien inspiré en attribuant la décadence de son pays à la violation de la triple loi du respect dû « à Dieu, source de toute autorité; au père, son délégué dans la famille; à la femme, lien d'amour entre tous les membres de la communauté ». L'écrivain conclut en recommandant l'étude des ouvrages de M. Le Play à « ceux qui ont charge du bien-être de l'Angleterre ».

ALLEMAGNE

Extrait de la *Revue trimestrielle allemande* (Deutsche Vierteljahrschrift, 1865, Heft IV, 2, Nr. CXII).

M. le docteur Schæffle, professeur à l'université de Tubingen, et depuis ministre du commerce de S. M. l'empereur d'Autriche, commence son article en exprimant sa surprise. Il s'étonne de ne pas trouver, dans la *Réforme sociale,* écrite par un Français, « des théories enfantines, mal digérées, prétendant « improviser le bonheur de l'humanité, la transfor- « mation de la société..., des mots vides, des phrases « brillantes..., un plan de réforme bâclé en une « heure »; mais bien, tout au contraire, « le résultat « mûri d'une foule d'études de détail, fondées sur l'ex- « périence et les faits, » aussi opposées « à l'esprit de « réaction qu'à l'esprit de révolution ». M. Schæffle, abordant les opinions propres aux Autorités sociales, fait honneur à M. Le Play de la manière dont il expose leur doctrine, de l'érudition abondante et sûre qu'il apporte à l'appui de ses propositions. Il se montre particulièrement touché de la partie relative à la famille. « Il est rare, dit-il en terminant, de rencon- « trer un écrivain adonné aux questions sociales, qui « soit à la fois le partisan de l'industrie et d'une re- « ligion positive, l'adversaire de la phraséologie scep- « tique et de la corruption intellectuelle, le défen- « seur des forces morales, et enfin le partisan de la « méthode expérimentale, dans la critique du maté- « rialisme moderne. Il est plus rare encore de trouver

« un auteur chez lequel ces sages principes soient le
« résultat de trente années d'étude. »

M. le docteur Schæffle place à la fin de son article
une longue énumération des réformes réclamées dans
l'ouvrage qu'il analyse. Comme M. Le Play, il pense
que, pour sortir du cercle vicieux où elle est placée,
la France doit les accomplir dans leur ensemble. Il
pense aussi que, dans cette transformation nécessaire,
il faut faire une part à l'action du temps; et il loue
M. Le Play d'avoir déclaré que le changement des
institutions devait marcher de front avec la rectifica-
tion des idées et le perfectionnement des mœurs.

Opinion émise par M. Wilhelm Roscher, dans l'ouvrage intitulé : *Geschichte der national Œconomik in
Deutschland;* grand in-8°, 1875; Munich, chez Olden-
bourg.

M. W. Roscher, conseiller intime de la cour de
Saxe, ancien recteur de l'Université de Leipzig, y
professe depuis un demi-siècle l'économie politique.
Il s'est acquis en Allemagne une haute renommée, en
donnant pour bases à son enseignement l'étude de
l'histoire et l'observation des peuples contemporains.
L'ouvrage cité ci-dessus fait partie d'une collection
en quatorze volumes publiée par l'Académie royale
de Munich sur l'histoire des sciences en Allemagne.
L'auteur critique les écrivains qui s'inspirent avec
exagération de l'esprit de nouveauté. Il s'applique
surtout à mettre en lumière ceux qui, dans leurs
travaux, pratiquent la vraie méthode des sciences

modernes et respectent la tradition. Il signale Gentz
comme le plus pratique et Adam Muller comme le
plus spirituel. Il loue chez le savant suisse, C.-L. de
Haller, la droiture et la direction logique des idées,
la ténacité et l'énergie avec lesquelles il a combattu,
pendant un demi-siècle, le contrat social de J.-J.
Rousseau, le naturalisme avec les autres théories ma-
térialistes, et, en général, les dangereuses nouveautés
importées du dehors dans son pays. M. W. Roscher
termine ce long exposé par cette conclusion :

« C'est en vain qu'on chercherait aujourd'hui en
« Allemagne une œuvre de réforme aussi importante
« et aussi logique que celle qui fut accomplie par de
« Haller jusqu'en 1854. Les hommes de tradition n'y
« ont rien produit qui puisse être comparé à *la Ré-*
« *forme sociale*, publiée en 1864, par M. F. Le Play,
« qui est à la fois un esprit profond, modéré et pra-
« tique. »

FRANCE

Les *Nouveaux Lundis*, par Sainte-Beuve.

Sainte-Beuve, dès l'apparition des *Ouvriers euro-*
péens et de la *Réforme sociale*, a consacré à ces ouvrages plusieurs articles, insérés plus tard dans les
Nouveaux Lundis (t. IX, 1867, p. 61 à 201).

Il décrit en détail les nombreux voyages, les longs
travaux et la méthode de M. Le Play, « esprit exact,
« sévère, pénétrant, exigeant avec lui-même..., l'un
« de ces hommes rares, chez qui la conscience en

« tout est un besoin de première nécessité, et dont le
« plus grand plaisir comme la récompense est dans
« la poursuite même d'un travail... »

Il félicite l'auteur d'avoir pris pour point de départ
de ses travaux cette forte constitution de la famille
« où l'ouvrier a la propriété de son habitation, où
« la mère de famille n'est pas obligée d'aller travailler
« chez les autres, où elle siège et trône, en quelque
« sorte, au foyer domestique, où elle est souverai-
« nement respectée, où les vertus naissent, s'en-
« tretiennent, se graduent d'elles-mêmes autour
« d'elle... »

Il approuve, en admirant leur précision analytique,
« ces monographies exactes et complètes qui ne
« laissent rien à désirer et qui sont d'excellentes es-
« quisses à la plume. Jamais la statistique n'avait
« encore été traitée de la sorte ni serrée d'aussi près,
« de manière à rendre tous les enseignements qu'elle
« contient, et rien que ce qu'elle contient. Doué d'un
« esprit de suite, de ténacité et de patience incroyable,
« obstiné et même acharné à mener son idée à fin et
« à la pousser aussi loin que possible, M. Le Play,
« en rassemblant les éléments du problème social, a
« fait un premier ouvrage qui, sans parti pris, est un
« modèle et qui devrait être une leçon pour tous les
« réformateurs, en leur montrant par quelle série
« d'études préparatoires, par quelles observations et
« comparaisons multipliées, il convient de passer
« avant d'oser se faire un avis et de conclure. »

Après *les Ouvriers européens*, Sainte-Beuve étudie
la Réforme sociale. Il s'étonne parfois que l'auteur

voie certaines réformes dans le retour au passé. Néanmoins il nomme M. Le Play « un Bonald rajeuni, pro-
« gressif et scientifique... Il est, dit-il, d'une géné-
« ration toute nouvelle; il est l'homme de la société
« moderne par excellence, nourri de sa vie, élevé
« dans son progrès, dans ses sciences et dans leurs
« applications, de la lignée des fils de Monge et de
« Berthollet; et s'il a conçu la pensée d'une réforme,
« ce n'est qu'à la suite de l'expérience et en combi-
« nant les voies et moyens qu'il propose avec toutes
« les forces vives de la civilisation actuelle, sans pré-
« tendre en étouffer ni en refouler le développement.
« Toutefois il a vu des plaies, il les a sondées, il a
« cru découvrir des dangers pour l'avenir et, à cer-
« tains égards, des principes de décadence si l'on n'y
« avisait et si l'on n'y portait remède; et non seule-
« ment en bon citoyen il pousse un cri d'alarme, non
« seulement il avertit, mais en savant, en homme
« pratique, muni de toutes les lumières de son temps
« et de tous les matériaux particuliers qu'il a rassem-
« blés, au fait de tous les ingrédients et des mobiles
« sociaux, sachant tous les rouages et tous les res-
« sorts, il propose des moyens précis de se corriger
« et de s'arrêter à temps. »

Sainte-Beuve explique ensuite comment l'auteur a
été conduit souvent à voir la réforme dans le retour à
la tradition nationale. A ce sujet, il dit : « La révo-
« lution française, en s'attaquant aux désordres des
« règnes antérieurs, et du même coup à tout l'ordre
« ancien, a dû faire appel à la passion plus encore
« qu'à la vérité. Aujourd'hui les abus que l'on combat-

« tait alors ont en partie disparu : la passion et sur-
« tout les erreurs que la passion a propagées sub-
« sistent encore. Il s'agit, selon M. Le Play, de purger
« le corps social de ces restes de levain irritant. Il
« s'agit de renoncer à quelques-unes des idées qui,
« mises en avant dans la lutte, n'étaient que des
« armes de guerre. »

Ne pouvant aborder chapitre par chapitre l'examen
des moyens de réforme, Sainte-Beuve loue du moins
l'auteur, en ce qui touche la famille, d'avoir voulu
relever parmi nous « la statue du respect ». Il est enfin complètement gagné par les citations qu'il extrait
de la *Réforme sociale,* au sujet de la tolérance, et
dit : « Je ne sais pas de plus belle page de moralité
« sociale à méditer. »

Lettres de Montalembert à M. A. Cochin (10 oc-
tobre 1864) et à un ami (8 janvier 1866).

Montalembert écrit dans sa première lettre : « Je lis
« le livre de Le Play, et j'en suis émerveillé... Il n'a
« pas paru de livre plus important et plus intéressant
« depuis le grand ouvrage de Tocqueville sur la dé-
« mocratie; et Le Play a le mérite d'avoir bien plus
« de courage que Tocqueville, qui n'a jamais osé bra-
« ver un préjugé puissant... Il faut que vous lui ren-
« diez pleine justice, et que nous adoptions son livre
« comme notre programme, sans nous arrêter aux
« dissentiments de détail, qui pourront être assez
« nombreux. »

Après une année de cruelles préoccupations, Montalembert reprend la lecture de la *Réforme sociale*, et il écrit à un ami : « Sachez que je vis depuis plus d'un « mois en communication intime avec Le Play. En re- « venant de mon voyage en Espagne, je me suis mis « à relire la *Réforme sociale*... Aujourd'hui je la lis, « je l'annote, je m'en imbibe goutte à goutte, à rai- « son de quatre pages par jour; je suis arrivé ainsi « à la fin du premier volume, où j'ose croire que rien « ne m'a échappé; et, cette lecture achevée, je n'hé- « site pas à dire que Le Play a fait le livre le plus « original, le plus utile, le plus courageux et, sous « tous les rapports, le plus fort de ce siècle. Il a, « non pas plus d'éloquence que l'illustre Tocqueville, « mais beaucoup plus de perspicacité pratique et sur- « tout de courage moral. Oui, ce que j'admire surtout « en lui, c'est le courage qui lui a permis de lutter à « visage découvert contre la plupart des préjugés do- « minants de son temps et de son pays, comme il l'a « fait très spécialement dans son excellent chapitre « sur l'enseignement, et partout où il confesse si net- « tement la chute originelle de l'homme, cette doc- « trine qui répugne si profondément à l'orgueil ser- « vile de nos contemporains. C'est par là, encore plus « que par sa prodigieuse science des faits et son rare « talent d'exposition, c'est par la noble indépendance « de son esprit et de son cœur, qu'il sera vraiment « grand dans l'histoire intellectuelle du XIXᵉ siècle. »

Nota. — Il eût été facile d'allonger ces citations, notamment en y faisant figurer par extraits quelques-unes des études publiées dans les deux mondes au moment de la mort de F. Le Play; on en trouvera des fragments dans la revue *La Réforme sociale*,

§ 6

Régime adopté, en 1881, par l'école de la paix sociale pour la vente des ouvrages de sa Bibliothèque.

Si, comme l'enseignent les maîtres de notre école, la Bibliothèque sociale doit être pour l'Europe entière un instrument de paix, les partisans de la réforme ont le devoir de la propager autant que possible. Le premier moyen qui s'offre à la pensée est de distribuer gratuitement les ouvrages qui la composent; le second et le plus efficace consiste à réduire, autant que possible, le prix de vente de ces ouvrages, soit pour les hommes qui veulent les propager dans les foyers domestiques de leur voisinage, soit pour ceux qui aspirent à pourvoir de cet instrument de paix leur propre foyer. Je vais indiquer dans ce paragraphe comment l'école de la paix sociale fait aujourd'hui un nouveau pas pour se rapprocher du but. Je dirai, dans le paragraphe suivant, les motifs qui nous portent à penser que la revue bi-mensuelle, dont le premier numéro a paru le 15 janvier, nous mettra

années 1882 et 1883. Nous nous bornerons à rappeler ici trois travaux importants consacrés à faire connaître Le Play et son œuvre : l'un a pour auteur le grand historien de l'Italie, Cesare Cantù; il a paru dans la *Rassegna nazionale*, et *La Réforme sociale* l'a reproduit (1er février 1884); le second est le discours de réception de M. le marquis de Pidal à l'Académie royale des sciences morales et politiques de Madrid (1887); le troisième, dû à M. H. Higgs, a été publié par le *Quarterly Journal of Economics*, Harvard University (Cambridge, États-Unis), tome IV, p. 408, 1891. — (*Note de la seconde édition.*)

bientôt en mesure de nous en rapprocher davantage.

En 1864, la publication de *la Réforme sociale en France*[1] me permit de réparer en partie la mutilation que j'avais dû faire subir, en 1854, au livre des *Ouvriers européens* pour lui donner le caractère d'une « statistique », et motiver ainsi la haute approbation que l'Académie des sciences de Paris désirait donner à cet ouvrage. Je voulus que les éditeurs chargés d'en publier les éditions successives le vendissent au moindre prix possible; et, pour atteindre ce but, je débattis avec eux le prix de vente, en m'engageant d'ailleurs à leur livrer gratuitement le manuscrit de chaque édition, et en me réservant toutefois la propriété des éditions suivantes.

En 1870, grâce à cette prudente réserve, je pus accepter les propositions, beaucoup plus avantageuses au public, qui me furent faites par les chefs de la maison Mame. Depuis lors, le prix de fabrication de nos livres a été abaissé aux plus extrêmes limites par mes éditeurs, et aucune maison de librairie n'a eu la pensée de concourir avec eux. En fait, sans aucune convention écrite, la coutume qui leur attribue les éditions successives de nos ouvrages se fortifie chaque jour : nous avons tout intérêt à la conserver; de leur côté, nos éditeurs, inspirés par les convictions énergiques qui les attachent à l'œuvre de notre école, continuent sans hésitation les sacrifices qu'ils s'imposent depuis onze ans. Jamais, dans ce long intervalle de temps, il ne s'est élevé le moindre conflit, même

[1] V. ci-après Appendice, II.

au sujet du point le plus délicat de nos rapports mutuels, à savoir : la fixation du prix de vente de nos ouvrages. L'expérience a démontré que l'éventualité d'un tel conflit était conjurée d'avance par un sentiment commun, le désir de la réforme sociale.

Sous l'inspiration de ce sentiment, le principal auteur de la Bibliothèque livre gratuitement ses manuscrits aux éditeurs. Ceux-ci, de leur côté, fixent les prix de vente, en se bornant à tenir compte des dépenses effectivement faites. Le même esprit de sacrifice se retrouve chez les membres, les patrons, les administrateurs, les correspondants et le trésorier des deux sociétés, qui ont successivement constitué notre école, jusqu'au mois de décembre 1880. Comme les années précédentes, toutes les parties intéressées se sont donc entendues sans difficulté pour fixer les prix qui régleront en 1881 la vente de leurs livres. Il suffit de comparer les livres et les prix, pour apercevoir l'étendue des sacrifices que nous nous imposons.

Comme on le voit, le prix de la Bibliothèque entière se rapporte, pour deux tiers, aux monographies de familles et aux réformes qui, chez les nations compliquées de l'Occident, sont la conclusion de nos travaux; et il se rapporte, pour l'autre tiers, à des détails qui sont nécessaires à l'intelligence complète de ces réformes. La possession de la Bibliothèque entière est donc indispensable aux personnes qui veulent appliquer la méthode au progrès de la science sociale. C'est pourquoi le meilleur encouragement qui puisse être donné à ces personnes est de leur livrer cette Bibliothèque au-dessous du prix de revient, ainsi que font, dans leur commun accord, les auteurs, les éditeurs et la Société d'économie sociale.

§ 7

L'école de la paix sociale, sa revue périodique et son avenir.

L'école de la paix sociale vient de mettre à exécution un projet conçu en 1865, mais qui n'avait pu être réalisé à cette époque. Elle a réuni, en décembre 1880, le capital nécessaire à la publication d'une revue sociale bi-mensuelle; puis elle a livré au public, le 15 janvier 1881, le premier numéro de cette revue.

Les associés qui ont fourni ce capital ont dû se soumettre aux prescriptions des lois françaises; et, en conséquence, ils ont fondé une société en commandite. Malgré le caractère commercial qu'il a fallu donner à cette troisième société, les fondateurs ne se proposent point le gain pour objet. Ils veulent, dans les détails de leur administration, imiter les exemples que leur offrent les sociétés-sœurs auxquelles ils appartiennent. En fait, ils ont le dessein d'agir comme doit le faire une corporation de bien public; ils vont se concerter avec ces deux dernières pour améliorer l'œuvre commune, en s'attachant à augmenter l'utilité pratique de l'enseignement donné par les maîtres de l'école. Après avoir surmonté les difficultés inhérentes à la fondation de son établissement, la nouvelle corporation se préoccupe surtout d'atteindre ce but, grâce à l'entente amicale des trois sociétés. A cet effet, les fondateurs de la Revue consultent en ce moment la Société d'économie sociale et les correspondants qui dirigent les Unions locales.

J'ai indiqué ci-dessus comment mes amis et moi avons facilement résolu, en décembre 1880, le problème qu'impliquait l'organisation de notre presse périodique; comment, au contraire, nous avons en vain cherché cette solution dans le passé. Le progrès ainsi constaté pour le temps présent accroît ma confiance en l'avenir[1].

Après une longue vie d'efforts désintéressés, tous consacrés au même but, j'ai le bonheur de voir aujourd'hui adoptées par de nombreux adhérents des idées que je n'ai pas inventées, mais qui m'ont été en quelque sorte dictées par l'histoire du passé et par l'observation des peuples contemporains. Ceux mêmes qui sont encore rebelles à ces idées commencent à les discuter. Je ne crois pas me faire illusion en pensant que le plus difficile de l'œuvre commune est fait aujourd'hui. La méthode est constituée; d'immenses matériaux sont recueillis et coordonnés dans la Bibliothèque, l'école de la paix sociale a créé les maîtres de son enseignement et fondé la presse périodique qui doit le transmettre au public. Au temps, aux circonstances, à la force de la vérité et à Dieu de faire le reste !

---

[1] Voir dans l'Appendice de 1893, III, 4, les développements continus que la *Réforme sociale* a pris depuis l'année de sa fondation.

APPENDICE

I

SUR L'OUVRAGE INTITULÉ : *Les Ouvriers européens.*

La première édition a paru en 1855. L'auteur y décrit, dans les moindres détails, la condition de trente-six familles d'ouvriers. Il insiste sur les rapports qui unissent chacune d'elles aux classes supérieures de la société; et il déduit de ces faits les caractères distinctifs des principales constitutions sociales de l'Europe.

L'ouvrage comprend trois parties : une introduction avec un exposé de la méthode d'observation propre à l'auteur; un appendice résumant les principales conclusions; un Atlas comprenant trente-six monographies de familles d'ouvriers.

L'ouvrage, soumis au jugement de l'Académie des sciences de Paris, a été apprécié par une commission composée de MM. Bienaymé, Boussingault, Ch. Dupin, de Gasparin et Mathieu. Le savant rapporteur, M. Ch. Dupin, a bien voulu signaler le plan suivi par l'auteur comme un modèle de méthode; et il a exprimé le

vœu que des observations conçues dans le même
esprit fussent étendues à toutes les contrées. Il a proposé, au nom de la commission, d'accorder à l'auteur
le prix de statistique fondé par M. de Montyon ; et
il a terminé son travail par les réflexions suivantes :

« Les développements dans lesquels nous avons cru
« devoir entrer montrent le cas que nous faisons de
« l'ouvrage dont nous rendons compte à l'Académie.
« Ce travail est nouveau par son point de vue, par
« son ensemble, par son esprit mathématique à
« l'égard des faits constatés ; par l'esprit de modéra-
« tion avec lequel les idées propres à l'auteur sont
« présentées, soit à titre d'explications, soit à titre
« de conséquences. »

Le prix de statistique a été décerné à l'auteur, dans
la séance publique de l'Académie des sciences du
28 janvier 1856. La 1re édition est épuisée depuis 1856.

L'auteur a publié, de 1877 à 1879, sur un plan
nouveau et avec de nombreux compléments, une
2e édition in-8°, en 6 tomes ou livraisons. Il ne s'est
plus borné, comme dans la 1re édition, à l'exposé des
faits observés de 1829 à 1855, suivi d'un résumé des
conclusions les plus importantes ; il a d'abord complété cet exposé en y joignant les observations
recueillies de 1855 à 1879 ; de plus il y a introduit
dans son entier la doctrine qui ressort de l'étude rai-
sonnée de tous ces faits.

Le tome Ier forme à lui seul presque un ouvrage à
part sous le titre : *La Méthode d'observation appli-*
quée, de 1829 à 1879, à l'étude des familles ouvrières,
en trois livres ou précis sommaires touchant les origines, la description, l'histoire et les résultats de la
Méthode, avec une carte géographique des 57 familles
décrites.

Les cinq autres tomes sont consacrés aux 57 monographies ou descriptions méthodiques et comparatives de ces 57 familles ; elles y sont coordonnées suivant les trois régions naturelles qu'indique le caractère des faits sociaux qui s'y présentent.

La première de ces régions est l'Orient, qui se prolonge en Asie et en Afrique sur les rivages de la Méditerranée.

Le tome II a pour titre : *Les ouvriers de l'Orient et leurs essaims de la Méditerranée*, populations soumises à la tradition, dont le bien-être se conserve sous trois influences dominantes : le décalogue éternel, la famille patriarcale et les productions spontanées du sol. On y trouve les monographies suivantes :

La deuxième contrée sociale de l'Europe est le Nord ; le tome III lui est affecté avec le titre suivant : *Les ouvriers du Nord et leurs essaims de la Baltique et de la Manche,* populations guidées par un juste mélange de tradition et de nouveauté, dont le bien-être provient de trois influences principales : le décalogue éternel, la famille-souche et les productions spontanées du sol et des eaux. Voici les monographies de cette région contenues dans ce troisième tome :

La troisième et dernière région sociale de l'Europe est l'Occident ; elle ne présente pas l'unité de constitution que l'on trouve dans les deux premières : on y rencontre des populations parmi lesquelles le bien domine encore ; d'autres où les progrès du mal sont arrivés jusqu'à établir, avec le bien, une sorte d'équilibre ; d'autres enfin où la prédominance du mal déchaîne de cruelles souffrances. Aussi les monographies des familles de l'Occident sont-elles classées en trois séries, qui remplissent comme il suit les tomes IV, V et VI :

TOME IV. — *Les ouvriers de l'Occident.* — 1re *série: populations stables,* fidèles à la tradition devant les envahissements de la nouveauté, soumises au décalogue et à l'autorité paternelle, suppléant à la rareté croissante des productions spontanées par la communauté, la propriété individuelle et le patronage.

TOME V. — *Les ouvriers de l'Occident.* — 2e série : *populations ébranlées*, envahies par la nouveauté, oublieuses de la tradition, peu fidèles au décalogue et à l'autorité paternelle, suppléant mal à la rareté croissante des productions spontanées par la communauté, la propriété individuelle et le patronage.

Constitution essentielle. 10

TOME VI. — *Les ouvriers de l'Occident.* — 3e série : *populations désorganisées*, égarées par la nouveauté, méprisant la tradition, révoltées contre le décalogue et l'autorité paternelle, empêchées par la désorganisation du travail et de la propriété de suppléer à la suppression des productions spontanées.

Chacun des cinq derniers tomes commence par une introduction touchant la constitution sociale sous laquelle vivent les familles qui y sont décrites, et se termine par un épilogue résumant les changements que cette constitution a subis depuis 1855, date de la 1re édition, jusqu'à l'époque de la 2e. Chaque tome forme ainsi un manuel social d'une région déterminée, que l'on peut acquérir et consulter isolément.

II

SUR L'OUVRAGE INTITULÉ : *La Réforme sociale.*

L'auteur a entrepris, en 1858, la rédaction de cet ouvrage, sur la demande réitérée des personnes qui étaient alors en situation de coopérer à la réforme de la France. Il y a groupé, sous une forme analytique, les faits recueillis dans ses voyages et qui n'avaient été exposés que par un petit nombre de spécimens dans *les Ouvriers européens*. La première édition, publiée en 1864, a été suivie de six autres, en 1865, en 1867, en 1872, en 1874, en 1878 et en 1887. L'auteur, se référant à la pratique des peuples prospères, interprétée par les Autorités sociales, tend à un but qu'on peut résumer en peu de mots : signaler les conditions de l'ordre matériel et moral dans les sociétés de notre temps.

Amendé et complété dans chacune de ses six premières éditions, conformément aux nouvelles observations de l'auteur et aux critiques des hommes compétents, l'ouvrage comprend aujourd'hui une introduction, sept livres et une conclusion. Il est divisé en 69 chapitres et en 754 paragraphes. L'introduction a l'étendue d'un livre : elle expose la méthode qui a guidé l'auteur, puis la distinction du vrai et du faux telle qu'il l'a déduite du rapprochement des faits observés et de l'opinion des Autorités sociales. Les sept livres traitent successivement des principales branches de l'activité humaine : ils ont pour objet la religion, la propriété, la famille, le travail, l'association, les rapports privés et le gouvernement. Dans chacun de ces livres, l'auteur décrit les idées, les mœurs et les institutions qui font le succès des peuples les plus prospères de l'époque actuelle. Selon la déclaration unanime des Autorités sociales de l'Europe, déjà faite par Socrate et reproduite par Montesquieu, il enseigne que chaque pays doit fonder sa réforme sur les coutumes de ses époques de prospérité ou sur les pratiques classées au premier rang par l'opinion des contemporains. Enfin la conclusion donne le résumé des modifications qu'il y a lieu d'introduire successivement dans les idées, les mœurs et les institutions de l'Occident.

Le sommaire suivant résume le plan et indique l'importance relative des diverses parties de l'ouvrage.

SOMMAIRE DES TROIS TOMES

TOME I. — LA RELIGION. — LA PROPRIÉTÉ. — LA FAMILLE

Avertissement de la première édition. — Préface de la quatrième édition. — Avertissement des éditeurs sur l'œuvre de M. F. Le Play. = INTRODUCTION : Les idées préconçues et les faits, touchant la distinction du bien et du mal. = LIVRE PREMIER : La Religion ; le scepticisme n'est justifié ni par la science, ni par l'histoire, ni par la pratique des peuples modèles ; la religion en Russie, en Angleterre, aux États-Unis, en France ; la restauration des croyances, commencée par la réforme morale du clergé, sera complétée par l'abstention de l'État et par la pratique de la tolérance. = LIVRE DEUXIÈME : La Propriété ; les régimes de succession rendent fécondes ou stériles la propriété et les familles de propriétaires ; inconvénients et dangers des régimes de contrainte en matière de succession ; bienfaits du régime de la liberté testamentaire complétée par une coutume *ab intestat* tendant à fonder la vie privée sur le travail et la vertu. = LIVRE TROISIÈME : La Famille ; la stabilité des familles a pour base la propriété con-

tinue du foyer domestique : leur prospérité est surtout l'œuvre
d'une femme sage et pudique; l'autorité paternelle et la vieillesse
ont pour mission de transmettre aux générations nouvelles la tradition nationale, en les dressant au respect, au travail et à la
prévoyance; la jeunesse, sous cette contrainte indispensable,
dompte le vice originel et acquiert les vertus de l'âge mûr; la
famille-souche se montre particulièrement efficace pour assurer
le bonheur des individus et pour accroître par ses rejetons la
puissance de l'État.

TOME II. — LE TRAVAIL. — L'ASSOCIATION.
— LES RAPPORTS PRIVÉS

LIVRE QUATRIÈME : Le Travail; il a pour but social, non la richesse, mais la vertu; les arts usuels, moins propres que les arts
libéraux à élever le niveau intellectuel de ceux qui y sont adonnés,
les préservent mieux de la corruption; appréciation de l'influence
morale des diverses sortes de travaux auxquels s'adonnent les
populations, agriculture, art forestier, art des mines, industrie
manufacturière, commerce et colonisation, professions libérales.
= LIVRE CINQUIÈME : l'Association, ou l'union du travail dans la
vertu. — 1re partie : Les Communautés; illusions de notre temps
sur le rôle social réservé à l'association en communauté des ouvriers; le développement exagéré des sociétés par actions est une
réaction contre l'impuissance individuelle à laquelle nous réduit
notre régime de partage forcé; la communauté ne s'applique utilement qu'aux entreprises que la famille est insuffisante pour aborder. — 2e partie : Les Corporations; leur rôle est de compléter
l'activité individuelle, sans jamais l'amoindrir; aux corporations
libres revient surtout l'enseignement supérieur des sciences, des
lettres et des arts; écoles primaires, établissements d'enseignement secondaire, universités, écoles spéciales; l'éducation de la
jeunesse et de l'âge mûr. = LIVRE SIXIÈME : Les Rapports privés ou
la hiérarchie dans le travail et la vertu; le paupérisme est le genre
d'inégalité qu'il importe le plus de faire disparaître; pour cela,
le patronage libre est aussi efficace que l'ancien régime de contrainte; la réglementation spéciale des ateliers a de grands inconvénients; vices des régimes de monopole; le prétendu principe
des nationalités est une funeste erreur; utilité des petites nations;
respect des races souffrantes; rôle bienfaisant des vraies autorités
sociales.

TOME III. — LE GOUVERNEMENT

LIVRE SEPTIÈME : Le Gouvernement. — 1re *partie :* Le choix des
modèles; plus la souffrance s'accroît chez une nation, plus les pouvoirs de la vie publique empiètent sur la vie privée; la coutume,
les mœurs, la loi écrite; le gouvernement local; les petites nations
sont moralement plus saines que les grandes; modèles offerts par
les États scandinaves, les petits États allemands, la Suisse, les
Pays-Bas et la Belgique, l'Italie, l'Espagne; le modèle le plus
utile pour la réforme en France est la constitution sociale du
Royaume-Uni de Grande-Bretagne et d'Irlande; aperçu des institutions privées de ce grand État en 1864; la paroisse; le comté;
les agglomérations urbaines; les régimes provinciaux d'Angleterre,
d'Écosse et d'Irlande; le gouvernement central du Royaume-Uni;
l'esprit de la constitution britannique. — 2e *partie :* La Corruption
et la Réforme en France; l'antagonisme et l'intolérance, créés par
les abus de la monarchie en décadence, aggravés par les erreurs
de la Révolution; la bureaucratie irresponsable; les fausses méthodes de réforme; imperfections de la vie communale; ruine de
la vie provinciale; le gouvernement central a pour but essentiel
le règne de la paix publique.

CONCLUSION : Les Conditions de la réforme en 1864; l'épilogue
de 1878.

III

L'ÉCOLE DE LA PAIX SOCIALE ET SES PUBLICATIONS EN 1893

—

1. — *La Société d'économie sociale* et *Les Ouvriers
des deux mondes.*

(1re et 2e séries.)

La Société des études pratiques d'économie sociale
s'est constituée, en dehors de tout système politique,
pour remplir le vœu qu'a exprimé l'Académie des
sciences de Paris, en décernant le prix Montyon à
l'ouvrage intitulé : *Les Ouvriers européens* [1]. Elle

---

[1] Voir ci-dessus, I.

applique à l'étude comparée des diverses constitutions sociales la méthode d'observation de F. Le Play. Elle publie le résultat des recherches qu'elle encourage par des prix, dans un recueil ayant pour titre : *Les Ouvriers des deux Mondes.*

La première pensée de cette institution a été émise dans une réunion de savants, d'agriculteurs et de manufacturiers appelés à Paris par l'Exposition universelle de 1855. La Société a rédigé ses statuts le 11 avril 1856. Elle s'est définitivement constituée le 27 novembre suivant. Elle a exposé, dans une notice spéciale, datée du 1er janvier 1857, le but qu'elle poursuit et les moyens d'action qu'elle emploie. Elle a publié, en 1858, le tome Ier des *Ouvriers des deux Mondes.* Enfin elle a été classée, en 1869, par décret de l'empereur, comme établissement d'utilité publique ; et, en cette qualité, elle est autorisée à recevoir des dons et legs.

Les Ouvriers des deux Mondes, auxquels le présent ouvrage se réfère par de fréquents renvois, comprennent les monographies indiquées ci-après :

TOME PREMIER

TOME TROISIÈME

Ces cinq tomes forment une première série de monographies, publiées de 1858 à 1884. En juillet 1885, la Société d'économie sociale a commencé une deuxième série qui paraît par fascicules trimestriels et dont le quatrième tome est en cours. La première série comprenait quarante - six monographies ; la deuxième contient déjà trente-cinq descriptions de familles dont voici la liste :

TOME PREMIER
(2e série)

TOME DEUXIÈME

TOME TROISIÈME

TOME QUATRIÈME (en cours)

La Société d'économie sociale, pour guider ses collaborateurs et imprimer une direction uniforme à
leurs travaux, a publié, en 1862, un document ayant
pour titre : *Instruction sur la méthode d'observation
dite des Monographies de familles, propre à l'ouvrage
intitulé : Les Ouvriers européens.* Cette *Instruction* a
été, en 1887, revue, développée et augmentée de spécimens de monographies, afin de faire mieux connaître

la façon d'établir les budgets de recettes et de dépenses ainsi que les comptes qui y sont annexés.

La Société tient ses séances de novembre à mai, le deuxième lundi de chaque mois, à huit heures et demie du soir. A la fin de chaque session, des séances extraordinaires ont lieu à l'occasion de la réunion annuelle des Unions de la paix sociale. Dans toutes ces séances, la Société discute les questions sociales à la lumière des faits et de l'observation, et en dehors de toute idée préconçue. Elle publie, depuis le 1er janvier 1886 [1], le compte rendu de ses discussions dans la revue bi-mensuelle *La Réforme sociale, Bulletin de la Société d'économie sociale et des Unions de la Paix sociale*. Cette revue, que Le Play avait fondée en 1881, en lui donnant pour titre celui du plus célèbre de ses ouvrages [2], forme par an deux forts volumes in-8º de mille pages chacun, et constitue un répertoire varié d'études morales et de recherches économiques toujours inspirées par les leçons de l'expérience [3].

La Société d'économie sociale ne s'est point bornée à poursuivre cet ensemble de recherches et de publications, et à réunir de nombreux matériaux d'études :

[1] De 1856 à 1864 les procès-verbaux des séances sont restés manuscrits ; de 1865 à 1885 ils ont été publiés dans un *Bulletin* qui forme 9 volumes in-8º, avec tables analytiques. En janvier 1886, la Société est devenue propriétaire de la revue *la Réforme sociale*, qui depuis lors remplace le *Bulletin*. Les deux premières séries de *la Réforme sociale* (1881-1890) constituent une collection de 20 volumes in-8º, dont plusieurs sont presque épuisés.

[2] Voir ci-dessus, II.

[3] On peut se procurer au secrétariat de la Société, 54, rue de Seine, le *Bulletin, la Réforme sociale* et les *Ouvriers des deux Mondes*, à des conditions dont on trouvera le détail ci-après, III, 5 : La Bibliothèque de la paix sociale.

elle s'est attachée, partout où son action se pouvait
faire sentir, soit à encourager l'enseignement scientifique de l'économie sociale, soit à provoquer des
enquêtes méthodiques sur la condition morale et la
situation matérielle des populations ouvrières, soit à
susciter l'application pratique des résultats déduits de
l'observation. A cet effet, elle patronne des cours et
des conférences pendant chaque session; elle donne
des prix à distribuer dans les écoles de tout rang qui
ont organisé un enseignement social; elle a créé en
1892 des récompenses destinées à honorer, dans les
milieux ouvriers, les vertus de famille et l'attachement
à l'atelier; enfin, dans la mesure que lui permettent
les donations qu'elle a reçues, elle s'efforce de développer par des concours la connaissance et l'emploi
de la méthode d'observation dans les études sociales.

C'est pour obéir aux mêmes préoccupations que la
Société a aidé son fondateur F. Le Play dans les travaux relatifs au nouvel ordre de récompenses créé à
l'exposition universelle de 1867 en faveur des ateliers
qui conservent le mieux la paix sociale. De même, à
l'exposition universelle de 1889, un grand nombre de
ses membres se sont dévoués, soit dans les commis-
sions et les jurys, soit comme exposants, à cette
exposition d'économie sociale qui a si hautement
témoigné de la fécondité du patronage volontaire.
C'est ainsi encore qu'elle a encouragé de son appui le
développement des institutions de prévoyance, de
coopération ou de mutualité, aussi bien que les efforts
qui, répondant à un généreux appel, ont voulu dans
ces dernières années accomplir un grand devoir social
en améliorant dans nos cités les logements de l'ouvrier et du pauvre[1].

[1] Pour cette partie spéciale de ses travaux, la Société a reçu

Parmi les hauts encouragements que la Société d'économie sociale a reçus, elle aime surtout à compter la médaille d'or du Prix Audéoud, décernée par l'Académie des sciences morales et politiques, et le Grand Prix donné par le Jury international d'économie sociale de l'exposition universelle de 1889.

La Société comprend des membres honoraires et des membres titulaires. La cotisation annuelle des membres honoraires est de 100 francs au minimum. La cotisation des membres titulaires est fixée à 25 fr. Les uns et les autres ont droit à assister aux séances de la Société, à prendre part à ses travaux, à user gratuitement de sa bibliothèque, à se procurer à des prix réduits les publications qu'elle édite ou qu'elle patronne, enfin à recevoir la revue bi-mensuelle *La Réforme sociale* et les fascicules trimestriels des *Ouvriers des deux Mondes.*

2. — *Les Unions de la Paix sociale.*

L'étude du passé et l'observation du présent enseignent que certaines institutions sociales engendrent invariablement la paix, tandis que d'autres créent ou entretiennent la discorde. Tout homme de bonne foi, s'il est instruit de ce contraste, tire lui-même la conclusion pratique. Cette étude comparée des constitutions sociales de tous les lieux et de tous les temps a été commencée, il y a un demi-siècle, par F. Le Play et continuée, depuis cette époque, d'après la même méthode, par un groupe considérable d'observateurs. Mais il est nécessaire de propager partout les conclu-

une médaille d'or du Jury d'économie sociale (sect. XI, habitations ouvrières), à l'exposition universelle de 1889.

sions ainsi déduites de l'étude des faits et de les mettre
en pratique.

C'est pour atteindre ce but que les *Unions de la
Paix sociale* se sont spontanément constituées autour
de F. Le Play, à la suite des événements de 1871. Elles
sont aujourd'hui réparties en France et à l'étranger,
par petits groupes autonomes, unis entre eux par la
communauté de la méthode et reliés par la revue *la
Réforme sociale* qui leur sert d'organe. Les plus importants de ces groupes sont aujourd'hui ceux de
Lille, Lyon, Bordeaux, Angers, Moulins, etc... Les
Unions locales tiennent des séances périodiques, organisent des conférences publiques et des cours dans
les écoles de divers degrés et distribuent des prix.
Plusieurs assemblées régionales ont lieu chaque
année; les principales ont été celles de Lille, Lyon,
Montluçon, Moulins, Angers, Nevers, Bourges, Clermont-Ferrand, Brioude, Bordeaux, etc...

L'action des *Unions* s'exerce surtout par l'intermédiaire de CORRESPONDANTS locaux. Le titre de COR-
RESPONDANT est accordé aux membres qui veulent
bien entrer en rapport avec le secrétaire général des
Unions et prendre l'initiative de la formation d'un
groupe dans leur voisinage. Le rôle des CORRESPON-
DANTS est de servir d'intermédiaires soit pour transmettre au comité de rédaction de *la Réforme sociale*,
et faire ainsi connaître à tous leurs confrères les faits
curieux et les observations spéciales de leur localité;
soit pour provoquer autour d'eux l'application des
réformes indiquées par les enseignements de l'expérience; soit enfin pour recruter des adhésions et présenter des membres nouveaux.

Depuis 1882, un Congrès rassemble chaque année
à Paris, dans la seconde quinzaine de mai, les mem-

bres des Unions et de la Société d'économie sociale [1]. Chacune de ces sessions comprend des séances générales, des réunions de travail et de discussion, des visites sociales à des établissements industriels, des exploitations agricoles et des œuvres d'assistance. En outre, une réunion spéciale est réservée aux correspondants et aux délégués des Unions locales.

Pour être admis dans les *Unions de la Paix sociale*, il faut être présenté par un membre, ou adresser directement au secrétaire général une demande d'admission. Cette adhésion aux doctrines des *Unions* implique l'obligation morale de concourir à leur développement, par la propagande des idées et le recrutement des adhérents. Tous les membres ont donc le devoir : 1º de lire quelques-uns des livres de Le Play, dont rien ne peut remplacer l'étude ; 2º de propager autour d'eux la connaissance de ces mêmes livres et de la revue *la Réforme sociale* ; 3º de gagner ainsi aux *Unions de la Paix sociale* de nouveaux membres qui deviendront à leur tour de zélés auxiliaires. Les noms des membres nouvellement admis seront publiés dans la *Réforme sociale*.

Les *Unions* se composent de membres *associés* et de membres *titulaires*. Les uns et les autres payent une cotisation annuelle de 15 francs (de janvier à décembre) qui leur donne droit à recevoir *la Réforme sociale*. Mais les membres *titulaires* concourent plus intimement aux travaux qui servent de base à la doctrine des *Unions*. Ils payent, outre la cotisation annuelle, un droit d'entrée de 5 francs au minimum au

---

[1] Les compagnies de chemins de fer accordent la faveur des billets à demi tarif aux membres qui prennent part à ces congrès.

moment de leur admission. Ils reçoivent, en retour,
pour une valeur égale d'ouvrages de F. Le Play.

Adresser les communications, envois d'argent ou
demandes de livres, au secrétariat, 54, rue de Seine,
à Paris.

3. — L'enseignement social.

L'enseignement de la science sociale, dont Le Play
signale ci-dessus (§ 1) la place parmi les institutions
de l'école, s'est aussi considérablement développé. A
la vérité, « le maître formé par quarante années de
travaux » (Ouvr. européens, t. Ier, XVII, 10), qui avait
été le collaborateur assidu de l'auteur de la Réforme
sociale et longtemps le seul professeur en quelque
sorte de cet enseignement, M. Ad. Focillon, nous a
été enlevé en 1890. Frappé une première fois, au
milieu même de ses leçons, en 1883, il avait dû momentanément les interrompre, pour les reprendre
ensuite jusqu'à la fin de sa vie. D'autres d'ailleurs
s'étaient peu à peu groupés autour de lui, et quelques-
uns de ses élèves ont pu prendre part à leur tour aux
travaux de cet enseignement. C'est ainsi que nous
relevons les noms et les sujets suivants dans les cours
donnés sous les auspices de la Société d'économie
sociale et des Unions :

M. AD. FOCILLON, ancien directeur de l'école muni-
cipale Colbert : La famille dans ses rapports avec les
autres éléments de la Constitution sociale (1888). —
Les réformes des institutions publiques en France
d'après l'observation comparée des autres nations
(1889). — Le Play, sa vie, sa méthode et son œuvre
de reconstitution de la science sociale (1890).

M. E. Cheysson, inspecteur général des ponts et chaussées, professeur à l'École des mines : Les voyages d'études économiques et sociales; La monographie d'atelier (1887).

M. Claudio Jannet, professeur à la faculté libre de droit de Paris : La méthode d'observation et ses applications (1886). — La fortune mobilière et la spéculation (1893).

M. Urbain Guérin : Les monographies de famille et les voyages d'étude (1886 et 1888). — La propriété et son rôle social sous ses diverses formes; La communauté (1887); La propriété patronale (1889); La petite propriété (1891). — Les associations ouvrières dans l'industrie moderne (1890). — Les réformes nécessaires du gouvernement local; commune et province (1892).

M. A. Béchaux, professeur à la faculté libre de droit de Lille : L'économie sociale et le Code civil (1890). — Le rôle de l'État d'après la science sociale (1891).

M. Hubert-Valleroux, avocat : Les associations professionnelles ; Corporations d'arts et métiers et syndicats professionnels (1892).

Les cours ont lieu maintenant chaque hiver dans la grande salle de la bibliothèque de la Société d'économie sociale (rue de Seine, 54).

A ce même mouvement d'études, il faut aussi rattacher le cours libre professé depuis quatre ans à l'école de droit de Paris par M. du Maroussem, docteur en droit, sur *la Question ouvrière d'après la méthode monographique*. Chaque année le cours comprend d'abord l'exposé de la méthode des monographies de familles et d'ateliers, puis l'application de cette méthode à l'étude d'un métier parisien : les Charpentiers (1890); les Ébénistes du faubourg Saint-Antoine (1891); les

Ouvriers du jouet (1892); les Halles centrales de Paris (1893) [1].

Des exercices pratiques joints à plusieurs de ces cours ont donné lieu à des distributions de bourses de voyage ou à des concours avec prix.

Il convient enfin de rappeler ici les conférences et les cours organisés par les Unions de la paix sociale. Ce sont tantôt des leçons régulières avec devoirs et exercices, tantôt des conférences dominicales. Cet enseignement, pour lequel la Société et les Unions donnent chaque année des ouvrages à distribuer en prix, a lieu soit dans des écoles primaires supérieures, soit dans des écoles professionnelles. Il s'est multiplié surtout à Lyon, Saint-Étienne, Roanne, Lille, Aubusson... Un prix fondé par la Société encourage les études économiques et sociales à l'École des hautes études industrielles de Lille. Le groupe des Unions du Nord a donné cette année une série de conférences très suivies et terminées par un concours avec deux prix (200 fr. et 300 fr.) et plusieurs mentions.

L'école de la paix sociale, on le voit, appuyée sur sa revue périodique *la Réforme sociale*, s'applique, selon le vœu de son fondateur, à propager le goût des études sociales, la connaissance des monographies et la pratique de la méthode d'observation.

---

[1] Les leçons de chaque année forment un volume avec plusieurs monographies. Les deux premiers volumes ont paru (A. Rousseau, *édit.*).

4. — *La Réforme sociale*, revue bi-mensuelle, fondée en 1881 par F. Le Play.

PRINCIPAUX COLLABORATEURS : Alb. Le Play, E. Cheysson, J. Michel, Cl. Jannet, A. Delaire, J. Lacointa, Ant. d'Abbadie, P. Allard, F. d'Artigues, G. Ardant, F. Auburtin, A. Babeau, H. Beaune, A. Béchaux, Boyenval, J. Cazajeux, J. Ferrand, A. Fougerousse, J. de Garidel, A. Gibon, A. Gigot, U. Guérin, Cl. Juglar, Et. Lamy, E. Levasseur, R. Lavollée, L. Lefébure, G. Picot, Ch. de Ribbe, Eug. Rostand, J. A. des Rotours, A. Silvy, R. Stourm, Ch. Welche, V. Bogisic, Victor Prants, Ch. Dejace, Dr Kaempfe, Prof. Nagy de Felso-Eor, Santangelo Spoto Ippolito, etc. etc.

En publiant *les Ouvriers européens*, Le Play a défini, dès 1855, les procédés d'observation propres à l'étude des sociétés et en a montré la féconde application. Plus tard, de terribles désastres ont frappé notre patrie. Par une sorte de prévision scientifique, appuyée sur l'observation, l'auteur de la *Réforme sociale en France* les avait entrevus et annoncés à une époque où l'horizon était serein et, sur quelques points, radieux. Après ces jours d'épreuves, il a repris avec l'inflexibilité et le calme de la science la démonstration commencée et, de la même voix qui avait prédit la décadence, il s'est efforcé d'indiquer le chemin du salut. A son appel ont répondu de toutes parts les hommes de dévouement. De là sont nées, en 1872, les *Unions de la paix sociale*. Enfin un enseignement s'est organisé pour propager l'emploi de la méthode et en favoriser les applications.

C'est pour servir de lien à cet ensemble d'efforts, et

pour satisfaire ainsi à un vœu souvent renouvelé, que la revue bi-mensuelle *la Réforme sociale* a été créée au mois de janvier 1881 afin de remplacer, en le développant, l'*Annuaire*[1] qui publiait les travaux des Unions depuis 1875. Les succès si marqués qui l'ont accueillie dès son début prouvent qu'elle répondait à une nécessité et qu'elle arrivait à son heure. Elle a immédiatement groupé autour d'elle, en France et à l'étranger, ce public nombreux et intelligent qui commence à se fatiguer des improvisations hâtives du journalisme, qui éprouve une répugnance secrète pour les agitations sans but et pour les affirmations stériles, et qui désire préparer enfin à la société moderne un avenir de stabilité et de prospérité.

Toutefois les conditions de son organisation première, décrites ci-dessus par son fondateur (ch. VI, § 11 et Doc. ann. § 7), se sont modifiées avec le temps. L'expérience a montré que la forme « commerciale » adoptée par la « corporation de la réforme sociale » comportait plusieurs inconvénients. Suivant les conseils laissés par Le Play, ceux qui dirigent les diverses institutions de l'école de la paix sociale se sont concertés avec la société commerciale, et d'un commun accord celle-ci s'est liquidée. En janvier 1886, la *Réforme sociale* est devenue ainsi la propriété de l'aînée des deux sociétés sœurs, la Société d'économie sociale, dont elle remplace le *Bulletin*. Depuis ce moment, elle continue à étudier les problèmes économiques et sociaux qui prennent aujourd'hui le premier rang dans les préoccupations de l'opinion publique, et elle en demande la solution à l'observation des

---

[1] *Annuaires des Unions et de l'Économie sociale,* 1875-1880; 5 volumes, prix 15 francs.

faits, selon la méthode de F. Le Play, en dehors de tout esprit de parti et de toute théorie préconçue.

En 1891, la *Réforme sociale* a reçu des agrandissements importants. Au prix d'une très minime augmentation de cotisation, elle a porté chacun de ses fascicules de 48 à 80 pages; c'est-à-dire qu'au lieu de 1200 pages par an elle en donne maintenant 2000. En même temps elle a commencé la publication régulière d'une analyse critique des recueils économiques de la France et de l'étranger, qui en fait le guide le plus utile pour ceux qui étudient la science sociale.

La Réforme sociale paraît le 1er et le 16 de chaque mois.

Les membres de la Société d'économie sociale et les membres des Unions de la Paix sociale reçoivent la revue en retour de leurs cotisations annuelles.

Les personnes étrangères aux deux Sociétés peuvent s'abonner aux conditions suivantes : FRANCE : Un an, 20 fr.; six mois, 11 fr. — Union postale : Un an, 25 fr.; six mois, 14 fr. — Les abonnements partent du 1er janvier ou du 1er juillet. — Chaque livraison 1 franc.

Toute demande d'abonnement ou de renouvellement doit être accompagnée d'un mandat-poste au nom de M. Prévost, administrateur de *la Réforme sociale*.

Prix de la collection :

La première série complète (10 vol.) : 80 fr. — Les tomes I, III, IV, presque épuisés, ne se vendent qu'avec la collection complète. Chacun des autres volumes se vend séparément au prix de 5 fr.

La deuxième série complète (10 vol.) : 80 fr. — Les

tomes IX et X, presque épuisés, ne se vendent qu'avec la collection complète. Chacun des autres volumes se vend séparément au prix de 5 fr.

La troisième série (en cours). — Chaque volume, 7 fr.

5. — *La Bibliothèque de la Paix sociale.*

De 1855 à 1869, les ouvrages composant cette Bibliothèque ont été publiés sous divers formats, avec le concours de plusieurs éditeurs. Dès cette première époque, le principal auteur se préoccupa uniquement de favoriser la diffusion de ces ouvrages dans le public, en obtenant qu'ils lui fussent offerts au meilleur marché possible.

En 1869, les lecteurs habituels de la Bibliothèque commencèrent à émettre l'opinion que l'enseignement déjà constitué pourrait être utile à la réforme sociale de l'Occident. L'idée de fonder sur cet enseignement les *Unions de la paix sociale* se fit jour de toutes parts. C'est dans ces circonstances que les Éditeurs actuels de la Bibliothèque vinrent offrir un concours absolument désintéressé.

Ils ont exposé eux-mêmes[1] les motifs de cette généreuse intervention.

Le catalogue suivant donne la composition de la Bibliothèque au 1er mai 1893.

---

[1] *La Réforme sociale en France :* Avertissement des Éditeurs, t. Ier, p. xxii, et ci-dessus, 4.

CATALOGUE DE LA BIBLIOTHÈQUE

1re SECTION. — Œuvres de F. Le Play, Alfred Mame et fils, éditeurs.

NOTA. — Parmi ces ouvrages, les uns se composent d'études comparées sur la population ouvrière des diverses régions du globe, et offrent les vrais fondements de la science sociale ; les autres ont pour objet spécial de décrire les idées, les mœurs et les institutions qui offrent les meilleurs modèles, pour la réforme sociale de la France et des autres nations de l'Occident.

Les Ouvriers européens, Études sur les Travaux, la Vie domestique et la Condition morale des populations ouvrières de l'Europe.

Première édition, 1 volume in-folio, publiée à l'imprimerie impériale en 1855, couronnée par l'Académie des sciences de Paris (épuisée depuis 1856).

Deuxième édition, 1877-1879, en 6 tomes in-8° raisin, vendus séparément au prix de. . . .   6 fr. 50

Tome 1er. — LA MÉTHODE D'OBSERVATION. = Tome II. — LES OUVRIERS DE L'ORIENT. = Tome III. — LES OUVRIERS DU NORD. = TOME IV. — LES OUVRIERS DE L'OCCIDENT, 1re série (Populations stables). = Tome V. — LES OUVRIERS DE L'OCCIDENT, 2e série (Populations ébranlées). = Tome VI. — LES OUVRIERS DE L'OCCIDENT, 3e série (Populations désorganisées).

La méthode de la science sociale. — Abrégé des OUVRIERS EUROPÉENS, comprenant *la méthode d'observation, la doctrine et le précis alphabétique des faits.* — 1 volume in-8°, 1879. — Prix. . . . .   6 fr. 50

La Réforme sociale en France, déduite de

l'observation comparée des peuples européens. —
3 volumes in-18. 7ᵉ édition, 1887. — Prix des trois
volumes . . . .   6 fr.

L'Organisation du travail, selon la Coutume des ateliers et la loi du Décalogue. — 1 fort vol.
in-18. 6ᵉ édition, 1893. — Prix . . . .   2 fr.

L'Organisation de la famille, selon le vrai
modèle signalé par l'histoire de toutes les races et de
tous les temps. — 1 vol. in-18. 3ᵉ édition, 1884, revue
et corrigée. — Prix . . . .   2 fr.

La Paix sociale après le désastre, 2ᵉ édition. Avec un Épilogue de 1875. — Prix.   60 cent.

**Correspondance sur les Unions de la
Paix sociale.** — 8 brochures in-18 (n° 1 à n° 8).
— Prix de chaque brochure. . . . . . .   30 cent.

Nº 1. L'URGENCE DE L'UNION EN FRANCE, lettre de M. le comte
de Butenval. — Nº 2. L'ACCORD DES PARTIS POLITIQUES, lettre de
M. Lucien Brun. — Nº 3. LE RETOUR AU VRAI ET LE RÔLE DU
CLERGÉ, lettre de Mgr Isoard. — Nº 4. LA QUESTION SOCIALE ET
L'ASSEMBLÉE NATIONALE, réponse aux questions des députés
membres de l'Union. — Nº 5. LE PRINCIPE ET LES MOYENS DU
SALUT EN FRANCE, lettres de lord Denbigh et de lord Robert Mon-
tagu. — Nº 6. LA PRESSE PÉRIODIQUE ET LA MÉTHODE; à propos
de l'œuvre de M. F. Le Play; lettre-conférence, par M. Emm.
de CURZON. — Nº 7. PRÉLUDE AUX UNIONS LOCALES, notice sur
la Bibliothèque de la paix sociale, avec le précis historique des
travaux qui en ont préparé la fondation. — Nº 8. LA MÉTHODE
EXPÉRIMENTALE ET LA LOI DIVINE, lettre de M. P. Pradié, député
à l'Assemblée nationale.

La Constitution de l'Angleterre, considérée dans ses rapports avec la loi de Dieu et les
coutumes de la paix sociale (avec collaboration de
M. A. Delaire). — 2 vol. in-18, 1875. — Prix.   4 fr.

La Réforme en Europe et le Salut en

France. *Programme des Unions de la Paix sociale.*
— 1 vol. in-18, 1876. — Prix. . . . . . 1 fr. 50

La Constitution essentielle de l'humanité. Exposé des principes et des coutumes qui créent la prospérité ou la souffrance des nations. — 1 vol. in-18. 2ᵉ édition, 1893. — Prix. . . . 2 fr.

La question sociale au XIXᵉ siècle. Épilogue général des *Ouvriers européens.* — Une broch. in-18. 2ᵉ édition, 1879. — Prix. . . . . 30 cent.

L'École de la paix sociale; son histoire, sa méthode et sa doctrine. — Une brochure in-18, 1881. — Prix. . . . . 30 cent.

Les Conditions de la Réforme en France après cent ans d'erreur et de révolutions; conclusion de la *Réforme sociale en France.* — Nouvelle édition, annotée par M. Ad. Focillon; 1888, br. in-18. — Prix. . . . . 30 cent.

2ᵉ SECTION. — Ouvrages publiés par la Société d'Économie sociale et par les Unions de la paix sociale.

NOTA. — On trouvera de plus amples renseignements au secrétariat de la *Société d'Économie sociale,* rue de Seine, 54, à Paris.

Les Ouvriers des deux mondes, publiés sur la demande de l'Académie des sciences de Paris par la Société des études pratiques d'économie sociale, pour faire suite aux *Ouvriers européens.*

1ʳᵉ SÉRIE. — 5 vol. in-8ᵒ (1858 à 1885). — Prix des cinq volumes (rares). . . . . 80 fr.

2ᵉ SÉRIE. — Commencée en juillet 1885, t. IV, en cours. — Prix de chaque tome. . . . . 15 fr.

La 2ᵉ série paraît par fascicules trimestriels. — Prix de chaque fascicule . . . . 2 fr.

(Par souscription 1 fr. 50.)

Instruction sur la Méthode d'observation dite des *Monographies de famille*. — 2ᵉ édition. 1887, revue et développée par M. Ad. Focillon, membre fondateur de la Société d'économie sociale ; augmentée de spécimens de monographies. — Une forte brochure in-8ᵒ de 208 pages. — Prix. . . .   2 fr.

Bulletin des séances de la Société des études pratiques d'économie sociale. — 9 vol. in-8ᵒ (1866 à 1885). — Prix des neuf volumes. . . . . .   68 fr.

Annuaires des Unions et de l'Économie sociale, pour les années 1875 à 1880. — Prix des cinq volumes . . . .   15 fr.

La Réforme sociale, revue bi-mensuelle, fondée par F. Le Play en 1881.

1ʳᵉ SÉRIE. — 1881-1885, 10 vol. (rares).   80 fr.

2ᵉ SÉRIE. — 1866-1890, 10 vol. (rares). .   80 fr.

3ᵉ SÉRIE. — Commencée en 1892 ; chaque volume . . . .   7 fr.

La Réforme sociale paraît le 1ᵉʳ et le 16 de chaque mois, et forme par an deux forts volumes de 900 à 1000 pages chacun, avec tables analytiques.

Les membres de la Société d'économie sociale et les membres des Unions de la paix sociale reçoivent *la Réforme sociale* en retour de leurs cotisations. Les personnes étrangères à ces deux sociétés peuvent s'abonner aux conditions suivantes : France : un an, 20 fr. ; six mois, 11 fr. — Union postale : un an, 25 fr. ; six mois, 14 fr. — Bureaux et secrétariat, rue de Seine, 54, à Paris.

La Réforme sociale et le centenaire de la Révolution ; travaux du congrès de 1889, avec une lettre-préface de M. Taine, et une introduction sur les principes de 1789, l'ancien régime et la Révolution, in-8ᵒ . . . .   10 fr.

Les Unions de la paix sociale, leur programme d'action et leur méthode d'enquête ; par

A. Delaire, secrétaire général des Unions. — 5ᵉ édition, 1892. — Une brochure in-32. . . . 0 fr. 15

Unions de Bourbonnais, Berri et Nivernais; Réunions régionales de Montluçon, Moulins, Nevers et Bourges. — Chaque fascicule in-8º. — Prix. . . . . 2 fr.

Unions d'Auvergne et Velay; Réunions régionales de Clermont-Ferrand et de Brioude. — Chaque fascicule in-8º. . . . . 2 fr.

Unions de Lyonnais, Forez et Bresse; Réunion régionale de Lyon, 1890. — Broch. in-8". 1 fr.

Unions du Nord. — Assemblée générale de Lille, 1893. — Broch. in-8º. . . . . 1 fr.

La liberté de tester; Discussion sur le régime des successions (Extrait du *Bulletin de la Société d'économie sociale*). — 1 vol. in-8º. . . . . . 3 fr.

Enquête sur l'application des lois de succession.

1ʳᵉ SÉRIE : I. Dauphiné; Pays basques. — II. Provence.

2ᵉ SÉRIE : I. Rapport général; Enquête dans les Cévennes, les pays basques, la Guienne, la Franche-Comté. — II. La petite propriété, les lois d'*Homestead exemption*, etc. — III. L'autorité paternelle : Enquête dans la Creuse, le Limousin, le Pas-de-Calais, etc.

Prix de chacun des cinq fascicules in-8º.   2 fr.

FIN

TABLE DES MATIÈRES

CHAPITRE II

LES TRAITS VARIABLES DE L'HUMANITÉ

CHAPITRE III

LES PRINCIPES ET LES COUTUMES DE LA CONSTITUTION ESSENTIELLE

CHAPITRE IV

LA PROSPÉRITÉ ET LA SOUFFRANCE DANS L'HISTOIRE

CHAPITRE V

LA PROSPÉRITÉ ET LA SOUFFRANCE CHEZ LES MODERNES

. . . .

CHAPITRE VI

LA RÉFORME PACIFIQUE DES IDÉES ET DES INSTITUTIONS

RÉSUMÉ ET CONCLUSION

DOCUMENT ANNEXÉ
LA BIBLIOTHÈQUE SOCIALE

APPENDICE

ŒUVRES DE F. LE PLAY

(Alfred Mame et Fils, éditeurs)

Les Ouvriers européens. 2e édit.; 6 vol. in-8º.
  Chaque volume séparément, 6 50. — Les 6 volumes.   39 »
La Méthode sociale. 1 vol. in-8º 6 50
La Réforme sociale en France. 7e édit.; 3 vol. in-18.   6 »
L'Organisation du travail. 6e édit.; 1 vol. in-18.   2 »
L'Organisation de la famille. 3e édit.; 1 vol. in-18.   2 »
La Paix sociale. 2e édition. Brochure in-18. . . . » 60
La Constitution de l'Angleterre. 2 vol. in-18. .   4 »
La Réforme en Europe et le Salut en France.
  1 vol. in-18. . . . . 1 50
La Constitution essentielle de l'humanité. 2e édit.;
  1 vol. in-18. . . . . 2 »

SOCIÉTÉ INTERNATIONALE D'ÉCONOMIE SOCIALE

Médaille d'or du Prix Audéoud (*Académie des sciences morales et politiques*).
Grand Prix (*Exposition universelle de 1889, Économie sociale*).

La Société a été fondée, en 1856, par F. Le Play pour remplir le vœu exprimé par l'Académie des sciences, en couronnant les *Ouvriers européens*. Elle applique à l'étude des constitutions sociales la méthode des monographies de familles. Elle publie ces monographies dans les *Ouvriers des deux Mondes*, et le compte rendu de ses séances dans la revue *La Réforme sociale*. Les membres reçoivent ces deux publications. La Société, en outre, organise des cours et des enquêtes, et distribue des prix.

Les Ouvriers des deux Mondes, Monographies de familles
  faisant suite aux *Ouvriers européens.*
  1re série (1857-1885); 5 vol. in-8º (*rares*) . . . .   80 »
  2e série (commencée en 1885); chaque fascicule trimestriel. . 2 »
Bulletin de la Société d'économie sociale (1865-1885).
  9 vol. in-8º. . . . . 68 »

LES UNIONS DE LA PAIX SOCIALE

Les Unions, fondées en 1872, ont pour but de propager et de mettre en pratique les doctrines de l'École de la paix sociale. Elles sont réparties par petits groupes en France et à l'étranger. Leur action s'exerce par l'intermédiaire de correspondants locaux.

Annuaires des Unions de la paix sociale. Recueil périodique de leurs travaux (1875-1880). 5 vol. . . . . . 15 »

LA RÉFORME SOCIALE

Revue bi-mensuelle fondée par F. Le Play en 1881.
TROISIÈME SÉRIE

Les cotisations de la Société d'économie sociale (25 fr.) ou des Unions de la paix sociale (15 fr.) donnent droit à recevoir la revue *La Réforme sociale*, qui est l'organe de ces deux sociétés, et qui forme par an deux volumes in-8º de 1000 pages chacun.

Les personnes étrangères aux deux sociétés peuvent s'abonner aux conditions suivantes :

  France : Un an, **20** fr.; six mois, **11** fr.
  Union postale : Un an, **25** fr.; six mois, **14** fr.
La Réforme sociale (1re et 2e séries), (1881-1890). 20 vol.
  in-8º, rares . . . . 140 »

Secrétariat : 54, rue de Seine, à Paris.

www.ingramcontent.com/pod-product-compliance
Lightning Source LLC
Chambersburg PA
CBHW071618270326
41928CB00010B/1673